L'Homme au secret

Un roman

Fergus Hume

Writat

Cette édition parue en 2024

ISBN : 9789359947488

Publié par
Writat
email : info@writat.com

CHAPITRE I.

UNE RENCONTRE INATTENDUE.

" Avec une crainte anxieuse je t'ai évité, toi qui hantes le mal de mes premiers jours, pourtant par quelque ruse du destin nous nous retrouvons ; je te prie, monsieur, laisse-moi m'éloigner. Et place les mers rugissantes entre nous deux, il y a mais chagrin dans notre camaraderie.

C'était la grande route menant au village de Garsworth , large, profondément défoncée et quelque peu recouverte d'herbe, avec d'un côté une haute haie d'ajoncs à fleurs jaunes et de l'autre une clôture brisée et en lambeaux, sur laquelle s'appuyait un homme absorbé dans la méditation, les yeux fixés sur le soleil couchant.

La clôture, pourrie et couverte de mousse, longeait le bord d'une petite colline dont la pente avait été récemment moissonnée et était maintenant couverte de chaume jaune et hérissé, panaché de plaques de terre brunâtre d'apparence nue.

Au pied de la colline coulait l'étroite rivière Gar, dont les eaux lentes coulaient paresseusement entre des bancs de boue bas, bordés de rangées de saules têtards et d'herbes touffues qui cachaient les terriers des rats d'eau. Au-delà, vers les collines lointaines, s'étendaient les marécages humides et mélancoliques, avec leurs longues rangées de fossés gluants, leurs mares immobiles d'eau noire et leurs bouquets épars d'arbres rabougris. Encore plus loin apparaissait une maigre lisière de forêt, au-dessus de laquelle on pouvait apercevoir la tour carrée et grise d'une église, et sur tout brillait un ciel rouge en colère barré de fines lignes de nuages lourds, se profilant d'un noir intense sur la lumière cramoisie accentuée derrière.

C'était une scène sinistre, car au-dessus de la solitude maussade et de la désolation des marécages, l'écarlate féroce du coucher du soleil brillait, transformant la ligne élancée de la rivière et les sombres flaques d'eau en une teinte de sang, comme s'ils avait été frappé par la peste égyptienne.

Un vent froid, lourd des miasmes malsains des marais, soufflait sur la terre humide, et à travers la plaine flottait une brume blanche vaporeuse, donnant aux arbres rabougris un aspect étrange et spectral derrière son voile d'ombre.

L'homme, penché par-dessus la clôture, retira une cigarette de sa bouche et frissonna légèrement.

"Pouah!" murmura-t-il avec un frisson inquiet, "c'est comme la Vallée de l'Ombre de la Mort." Puis, replaçant sa cigarette, il continua à contempler le paysage étrange auquel le terme s'appliquait singulièrement.

C'était un visage curieux sur lequel brillait la lumière rouge du soleil, long et étroit, avec des mâchoires de lanterne et un nez fin en forme de faucon. Des sourcils noirs filiformes alignés en ligne droite au-dessus de yeux sombres et perçants et une maigre moustache noire tordue avec désinvolture aux extrémités sur des lèvres bien fermées. Des cheveux bouclés, couleur d'ébène, portés plus longtemps que d'habitude et touchés de gris sur les tempes, sortaient de sous son doux éveil, autour duquel était tordu un mouchoir bleu à pois blancs. Un visage livide, d'aspect cadavérique, avec l'expression hagarde de quelqu'un qui a vécu une vie rapide ; il paraissait néanmoins plein d'animation et d'énergie nerveuse.

Il était grand, bien au-dessus de la moyenne, avec des épaules tombantes et une silhouette élancée et bien tricotée, vêtu d'un costume grossier de tissu gris fait maison, qu'il portait avec une certaine grâce naturelle. Ses pieds étaient bien dessinés et soigneusement chaussés de bottes de couleur beige , et ses mains, longues et fines, étaient celles d'un artiste.

Pas vraiment beau, peut-être, mais avec une certaine touche insolente d'insouciance qui convenait à son visage d'aspect espagnol et le marquait immédiatement comme un bohème. Un homme qui ne se souciait de personne tant que ses désirs personnels étaient satisfaits, un homme qui ne reculait devant rien pour satisfaire ces désirs, bref, un homme qui avait vécu quarante-cinq ans dans le monde sans se faire un seul ami ; ce fait parle de lui-même. Véritable vaurien, toujours au bord du gouffre, mais qui, par miracle, ne perdait jamais l'équilibre, Basile Beaumont avait fasciné beaucoup d'hommes et de femmes, mais ils trouvaient toujours son amitié trop coûteuse à entretenir ; donc le résultat était toujours le même, ils se retiraient tôt ou tard, sous un prétexte ou un autre, le laissant seul et seul.

M. Beaumont fumait une cigarette - il fumait toujours des cigarettes - matin, midi et soir, ces petits rouleaux de papier mortels étaient entre ses lèvres minces, et bien que les médecins l'aient prévenu du danger pour ses nerfs, il riait de leur des coassements .

« Nerfs, mon cher monsieur, » dit-il légèrement ; "Les hommes dans ma situation ne peuvent pas se permettre d'être nerveux ; ils sont un luxe pour les riches et les idiots. Pourquoi devrais-je avoir des nerfs ? Je ne bois pas ; je ne m'enfuis pas avec les femmes d'autres hommes ; je ne le fais pas." m'inquiéter de l'inévitable - bah ! fumer est mon seul vice rédempteur.

Il avait cependant un certain nombre d'autres vices, comme de nombreux jeunes hommes l'ont découvert à leurs dépens. Certes, lui-même ne buvait pas, mais il incitait les autres à le faire et ne convoitait pas non plus la femme de son voisin . Pourtant, il n'était nullement opposé à l'idée de jouer le rôle de Sir Pandarus de Troie, pourvu que cela soit dans son propre intérêt de le faire. donc. De plus, il jouait.

C'était dans cette passion terrible, rarement, voire jamais vaincue, qu'il trouvait ses plus grands plaisirs. La table recouverte de drap vert, les hiéroglyphes peints des cartes, les espoirs, les peurs, les gains, les pertes, n'étaient pour lui qu'une représentation de sa vie quotidienne à petite échelle. Il jouait avec les hommes comme il jouait avec les cartes, rencontrant des fortunes variées dans les deux cas, et risquant sa chance aussi imprudemment au jeu de la vie qu'au jeu du baccara. C'était un coquin, un scélérat, un vaurien de la plus haute qualité, ruiné en poches et en illusions ; mais il resta toujours dans les limites de la loi et, de plus, pécha d'une manière éminemment gentleman, qui ôta à la vie sordide et fiévreuse qu'il menait ses traits les plus répugnants.

Pourquoi cet homme artificiel, qui ne vivait que dans l'éclat des becs à gaz et qui, tel un hibou, fuyait la lumière du jour, était venu dans un village aussi isolé que Garsworth était une énigme. mais néanmoins une énigme facile à résoudre. Son objectif était double. En premier lieu, il avait quitté Londres pour échapper aux exigences de créanciers persistants, et en second lieu, étant originaire de ce petit hameau ennuyeux, il était revenu visiter les scènes de sa jeunesse qu'il n'avait pas vues depuis trois ans et demi. vingt ans.

Ce n'était pas un désir sentimental – non, M. Beaumont et le sentiment s'étaient séparés depuis longtemps ; mais Garsworth était un endroit mort et vivant où personne ne songerait à le chercher, il pouvait donc y rester en sécurité jusqu'à ce qu'il voie une occasion d'arranger ses affaires pécuniaires et de quitter l' Arcadie qu'il détestait pour le Londres qu'il aimait.

Artiste de profession, bien qu'il n'ait pas touché un pinceau depuis des années, il jugea nécessaire de reprendre son ancien emploi pour justifier son séjour à Garsworth , car les honnêtes paysans se méfiaient quelque peu de Basil Beaumont, son caractère n'ayant été en rien celui de Basil Beaumont. le meilleur lorsqu'il quitta son pays natal pour chercher fortune. Il vivait donc tranquillement à la principale auberge du village, flânait dans les champs, dessinait des paysages pittoresques de manière décousue, et entre-temps correspondait avec un cher frère faucon de la ville quant à ses chances de retour dans la métropole.

Sa cigarette brûla rapidement alors qu'il se penchait par-dessus la clôture en pensant à son avenir, alors jetant le moignon, il sortit sa blague à tabac et un petit livre de papier de riz, pour en fabriquer un autre, se parlant entre-temps comme le font les mode des hommes solitaires.

"Deux semaines," dit-il d'un ton pensif, tout en roulant adroitement le tabac entre ses doigts fins, "deux semaines dans ce lieu béni, eh bien, il y a une bonne chose, le reste me fera du bien, et j'y retournerai." Ville stable comme un roc ; le médicament est désagréable, mais le résultat sera excellent. Quelle malchance j'ai eu ces derniers temps, tout semble contre moi. Il faudra que je fasse un gros effort pour obtenir de l'argent, ou je je vais finir mes jours dans un workhouse... pouah !" frissonnant encore, "pas ça... Dieu, comme je redoute la pauvreté ! Qu'à cela ne tienne," continua-t-il gaiement en haussant les épaules, "il y a beaucoup d'imbéciles dans ce monde, et comme tout a été créé dans un but spécial, je présume *le bon Dieu* a fait des imbéciles pour plumer les nids des hommes intelligents.

Il rit doucement de ce cynisme, puis, allumant la cigarette, la mit dans sa bouche et reprit son monologue.

"Quarante-cinq ans et je vis toujours grâce à mon intelligence. Ah, Basil, mon ami, tu as été un terrible imbécile, et pourtant, si je devais revivre ma vie, je ne sais pas si j'agirais différemment. Les circonstances ont été trop fortes pour moi. Avec un certain revenu, j'aurais pu être un honnête homme, mais le destin, putain ! pourquoi est-ce que je blâme cette malheureuse divinité dont les hommes font toujours le bouc émissaire de leurs propres défauts ? C'est moi, et nul autre, je ne devrais le maudir. Eh bien, riche ou pauvre, honnête homme ou scélérat, j'irai avec tout le reste de mon espèce à travers la vallée de l'ombre.

Il leva les yeux une fois de plus vers la scène mélancolique devant lui, quand soudain son oreille rapide capta le bruit de pas venant vivement le long de la route, et il sourit intérieurement lorsque le piéton invisible commença à siffler « Garryowen ».

"Beaucoup de spiritueux", murmura-t-il en effaçant la cendre de sa cigarette, "ou peut-être pas assez, vu qu'il doit se remonter le moral avec des mélodies irlandaises."

Les pas se rapprochèrent et peu de temps après, un homme s'arrêta au centre de la route en voyant la silhouette immobile appuyée avec indolence contre la clôture. Un homme blond au visage vermeil, de taille moyenne, vêtu d'un costume de marche, avec un sac à dos sur l'épaule et un lourd bâton à la main.

"Tiens!" s'écria-t-il en frappant le sol de son bâton, jusqu'où est-il jusqu'au village ?

Basile Beaumont sursauta légèrement en entendant la voix, puis un sourire diabolique apparut sur son visage alors qu'il se retournait paresseusement pour répondre à la question.

"Environ un mile, Nestley ," répondit-il distinctement.

Tout en parlant, le piéton poussa un cri et, avec un juron murmuré, s'élança vers l'endroit où se tenait l'autre.

"Beaumont!" murmura-t-il, reculant à la vue de ce visage moqueur et méphistophélique souriant de son émotion.

— À votre service, dit Beaumont en mettant négligemment les mains dans ses poches. "Et que faites-vous dans cette partie du pays, docteur Duncan Nestley ?"

Nestley ne répondit pas, mais regarda fixement l'artiste comme s'il était transformé en pierre, mais l'autre croisa son regard fixement et parut plutôt amusé par cet examen minutieux.

"On met longtemps à reconnaître un vieil ami", observa-t-il enfin en soufflant une fine gerbe de fumée.

"Ami", répéta Nestley avec un profond soupir, se remettant. "Oui, tu étais mon ami, Basil Beaumont."

« Pourquoi « étaient » ? » » demanda froidement l'artiste.

"Parce que c'est toi qui as failli gâcher ma vie", répondit Nestley d'une voix grave.

Beaumont sourit d'un air saturnien.

"Moi," dit-il d'un ton ironique. "Mon bon ami, vous me faites trop d'honneur . Je n'oserais jamais ruiner un individu aussi célèbre que Duncan Nestley , FRCS, et diable sait quelles autres lettres de l'alphabet."

Le piéton s'est retourné violemment contre lui et, s'avançant, lui a fait face les poings serrés. L'artiste n'a jamais pâli, mais a regardé fixement son antagoniste en colère. Alors Nestley , toute la colère s'éteignant sur son visage, retomba dans sa première position avec un rire morne.

« Vous avez la seule vertu d'un scélérat, je vois, » dit-il amèrement. "Courage."

« Homme d'une vertu et de dix mille crimes », citait facilement Beaumont. "Foi, c'est quelque chose d'avoir ne serait-ce qu'une seule vertu en cet âge dégénéré. Où vas-tu ?" ajouta-t-il alors que Nestley se détournait.

"En allant?" répéta violemment le docteur. "N'importe où, à condition que ce soit loin de toi."

Beaumont haussa les sourcils avec une surprise affectée, puis, haussant les épaules, sortit sa montre.

"Il est maintenant entre cinq et six heures", dit-il en le remettant, "et il fera nuit lorsque nous atteindrons Garsworth , qui est le village le plus proche. Je reste là-bas, mais si vous choisissez de le faire, retournez-y pour éviter le lépreux moral, j'ose dire que vous arriverez à Shunton à midi.

"Je ne viens pas avec toi", réitéra résolument Nestley , alors que l'artiste s'avançait sur la route.

« Personne ne vous a frappé, monsieur », a-t-elle dit », rétorqua Beaumont avec un ricanement, en continuant son chemin. "Au revoir, un agréable voyage."

Nestley regarda le ciel, dont la lumière rouge s'éteignait rapidement. Quelques étoiles brillaient dans la couleur pâle , et la brise froide devenait de plus en plus froide tandis que les brumes recouvraient les marais comme un épais voile blanc. Il avait froid et faim, alors la perspective d'avoir quelque chose à manger et une nuit de repos au lieu de retourner péniblement à Shunton l'a décidé. Il se secoua avec impatience, fit quelques pas en avant, puis s'arrêta irrésolument.

"Bah ! Pourquoi devrais-je m'en soucier ?" se dit-il avec colère. "Beaumont ne peut plus me faire de mal maintenant. Après cinq ans, je vois à peine comment son influence peut m'affecter. De toute façon, je tenterai ma chance."

Au loin, il pouvait voir la grande silhouette de l'artiste qui se promenait facilement, alors, après s'être arrêté un moment pour allumer sa pipe, il marcha rapidement après lui. Alors même qu'il le faisait , la phrase « Ne nous soumets pas à la tentation » lui traversa l'esprit, avec la rapidité de l'éclair, et un frisson, non provoqué par le vent glacial, parcourut son corps, mais il écarta l'avertissement avec » un rire inquiet et marcha rapidement sur la trace de son mauvais génie.

CHAPITRE II.

SON GÉNIE MALÉFIQUE.

« Tu m'as apporté autrefois beaucoup de chagrin, tu as entaché ma vie par des paroles et des actes empoisonnés, tu as transformé de saintes pensées en mal, tu m'as fait craindre d'affronter les regards intrépides d'honnêtes hommes, de peur qu'ils n'aperçoivent mes rapides diableries savantes et pleurent. , « C'est parti, c'est parti ; ce type est un fripon. »

Garsworth était l'un de ces villages étranges et démodés qui, en raison de leur position isolée, conservent pourtant la simplicité primitive des âges antérieurs. La gare la plus proche, Duxby Junction, où la vapeur et l'électricité transportaient continuellement les nouvelles du monde, était distante de vingt milles, de sorte que dans ce village isolé, les paysans n'entendaient que peu de choses sur les agissements des nations. se contentant de rester dans un état d'ignorance arcadienne comme leurs ancêtres l'avaient fait avant eux.

Il n'y avait même pas de diligence pour Duxby , et le seul moyen de communication était les charrettes des transporteurs, qui parcouraient chaque semaine la grande route poussiéreuse, tirées paresseusement par leurs chevaux élégants. Le bourg le plus proche était Shunton , presque aussi calme et primitif que Garsworth , et les fermiers robustes qui s'y rendaient les jours de marché vendaient leur bétail et leur blé, ramassaient les petites nouvelles qui y étaient venues de Duxby , puis rentraient parfaitement chez eux. satisfait de la vie et d'eux-mêmes. Ces gens-là étaient des gens aisés, car de nombreuses fermes riches étaient cachées dans les vastes terres marécageuses, des fermes qui s'étaient transmises de père en fils à travers de nombreuses générations, et comme ni l'agitation agraire ni les questions épineuses de loyers n'avaient pénétré jusqu'à cette région reculée. À cet endroit, ils labouraient leurs terres, admiraient leurs propriétaires et poursuivaient en paix leur vie monotone.

Le village, construit sur un plan primitif, se composait d'une rue longue et large, avec une rue semblable qui la traversait, de sorte que la petite ville était divisée en quatre sections presque égales. Au croisement des quatre routes apparaissait un grand espace ouvert faisant office de verdure du village, au centre duquel se dressait une croix de pierre antique avec des sculptures élaborées, très usées par le temps, qui aurait été érigée par un certain Geoffrey Garsworth à son retour de la troisième croisade. Pour preuve, on pouvait voir, parmi les sculptures, des représentations de branches de palmiers et de coquilles Saint-Jacques, symboles à la fois de la végétation orientale et des pérégrinations des pèlerins ; mais le Dr Larcher , vicaire de Garsworth , fervent archéologue, soutenait que la croix avait été placée là par les moines cisterciens, qui occupaient autrefois un monastère près du village. Le digne vicaire, étant d'une nature quelque peu polémique, avait l'habitude de s'échauffer sur le sujet et avait des opinions bien arrêtées sur la croix et l'église, opinions qu'il était assez disposé à partager à tout étranger curieux qui pourrait avoir la chance d'avoir des antiquaires. tendances.

Et c'était une belle vieille église, d'architecture irrégulière, avec de lourds piliers de pierre soutenant des arcs en plein cintre et en ogive de style roman normand, des vitraux remarquablement fins et un haut toit de chêne foncé richement sculpté. Situé à l'extrémité du village, près du pont, le cimetière dans lequel il était placé descendait jusqu'au bord de la rivière, et parfois l'ombre puissante de la tour carrée tombait sur le ruisseau.

Un peu plus bas se trouvait le presbytère, construit en pierre grise à la manière pittoresque des Tudor, renfermant un carré vert sur trois côtés, tandis que le quatrième était ouvert sur le Gar. De son terrain, on pouvait voir la travée gracieuse du pont, une structure quelque peu moderne, qui menait à un vaste terrain communal envahi par les ajoncs dorés, et au loin, au milieu d'une épaisse forêt de hêtres, d'ormes et de chênes, s'élevaient les tours. de Garsworth Grange, où vivait le seigneur du manoir.

Le village ne possédait qu'une seule auberge, étrangement intitulée « La Maison du Bien-Vivre », une construction ancienne aussi fantastique que son nom. Situé un peu en retrait de la rue, il était construit en pierre grise, avec de lourdes poutres encastrées dans les murs dans le style ancien, et l'étage supérieur dépassait l'étage inférieur d'une manière encombrante, menaçant apparemment à chaque instant de se déséquilibrer. Il y avait de larges battants à carreaux de diamant, avec des rangées de pots de fleurs contenant des géraniums écarlates brillants se tenant sur les larges rebords, et sur la gauche un grand pignon s'avançait à quelque distance du bâtiment principal, tandis que dans le coin ainsi formé, C'était l'immense porche, avec ses bancs encombrants pour le confort des copains du village. L'espace devant était pavé jusqu'à la rue, et là se dressait le grand poteau avec l'enseigne qui se balançait, sur laquelle étaient courageusement peints un baron de bœuf et une chope de bière en gage de la bonne humeur qui régnait à l'intérieur. Le toit était en chaume gris et usé par les intempéries, soigneusement garni autour des fenêtres et des avant-toits, tandis qu'au-dessus se dressaient de grandes cheminées tordues et teintées de rouge. Au total, une auberge anglaise typique de la période des diligences, très respectable et intensément conservatrice.

Il faisait assez sombre lorsque le Dr Nestley atteignit ce havre de repos, mais la lumière généreuse jaillissait des fenêtres en ruisseaux rougeâtres avec un air de confort des plus invitants. La porte était grande ouverte, laissant échapper un flot de lumière douce dans l'obscurité glaciale, et le nouvel arrivant pouvait entendre le murmure des voix des hommes, avec de temps en temps un rire grossier, tandis qu'une odeur de tabac rassis imprégnait l'atmosphère. De toute évidence, les commères du village faisaient une grande fête, et alors que Nestley passait sous le porche, il aperçut vaguement à travers l'air embrumé de fumée un certain nombre d'entre eux assis dans la salle à manger, tirant régulièrement des bouffées de leurs pipes et vidant leurs chopes avec une grande satisfaction.

Job Kossiter , le propriétaire de cette maison de divertissement, fit bientôt son apparition en réponse à la convocation impérative de Nestley et attendit les ordres dans un silence impassible. M. Kossiter était un grand et gros homme , avec un grand et gros visage rouge de santé, un cerveau d'une lenteur bovine et l'habitude de répéter toutes les questions posées de manière méditative, afin de se donner le temps de réfléchir à sa réponse.

"Je veux un lit pour cette nuit, propriétaire", dit Nestley en s'appuyant contre le mur et en examinant les proportions rondelettes de mon hôte, "et à présent, quelque chose à manger."

M. Kossiter fixait ses yeux de bœuf sur l'étranger et répétait les mots lentement comme un enfant apprenant sa leçon.

"Il veut", observa Job impassible, "un lit pour ce soir et enfin pour manger; monsieur, vous pouvez les avoir tous les deux."

"Vous avez raison", répondit joyeusement le médecin. "Préparez quelque chose immédiatement et montrez-moi une chambre. Je veux me laver les mains."

— Il veut, répéta machinalement Kossiter , se laver les mains. Margery !

En réponse à cet appel, une jeune femme brillante et vive, vêtue d'une robe aux imprimés soignés, s'est avancée et a confronté Nestley .

"Il veut", dit Job en regardant tour à tour Margery et Nestley , "un lit, quelque chose à manger, une chambre et une toilette ;" puis, après avoir donné tous les renseignements requis, il s'éloigna lentement pour s'occuper des besoins des rustiques dans la salle des fêtes, tandis que Margery, d'une voix aussi aiguë que son apparence, invitait Nestley à la suivre dans sa chambre.

" Seigneur, monsieur, " dit-elle d'une voix stridente, trébuchant légèrement dans les escaliers, " si seulement j'avais su comme vous étiez En venant , j'aurais mis les choses un peu au clair, mais père ne le dit jamais, père non.

"Il ne savait pas que j'arrivais", répondit Nestley en entrant dans la chambre et en enlevant son sac à dos. "Je suis un oiseau de passage, apporte-moi de l'eau chaude."

"Oui, monsieur," répondit Margery, s'arrêtant avec sa main sur la poignée de la porte, "et quelque chose à manger, monsieur ?"

"Bien sûr, du bœuf froid, des cornichons, peu importe ce qu'il y a. J'ai trop faim pour être délicat."

"Vous ne dînerez pas avec l'autre gentleman, monsieur, n'est-ce pas ?" a demandé Margery, "M. Beaumont, monsieur."

"Non, non", répondit durement Nestley , une ombre sombre traversant son visage. "Je veux être seul."

"Très bien, monsieur", dit Margery, plutôt alarmé par le ton de sa voix. "Je vais apporter de l'eau chaude, monsieur... oui, monsieur."

Elle ferma la porte derrière elle, et Nestley , s'asseyant sur le lit, lui rongea sauvagement la moustache.

"Sous le même toit", grogna-t-il méchamment. "Je ne sais pas si je suis sage... pshaw, c'est pas grave, il ne me fera plus de mal, je n'ai pas d'argent, et Beaumont s'en fiche de faire n'importe quoi pour rien..." -ma pauvreté est mon meilleur bouclier contre lui."

A ce moment, Margaret frappa à la porte et lui rendit son eau chaude ; il différa donc ses idées au sujet de M. Beaumont le temps de se rendre respectable. Après avoir lavé la poussière de la route de son visage et de ses mains, il brossa ses vêtements, arrangea ses cheveux, puis descendit au salon de l'auberge, où il trouva une table de souper bien garnie qui l'attendait et Margery allumant la lampe.

Le salon était une pièce pittoresque, au plafond bas, sous tous les angles, avec des placards étranges et des alcôves inutiles dans des endroits inattendus, de lourds meubles en chêne noir, des paniers de fruits en cire et des fleurs en papier, un petit harmonium dans un coin et un air général d'intense. propreté et confort. Renvoyant Margery, le Dr Nestley prépara un excellent souper avec une ronde de corned-beef, mais repoussant la chope de bière qui se trouvait près de lui, il remplit un verre d'eau et le but. Son repas terminé, il alluma sa pipe, et, approchant sa chaise du feu, avec un soupir de reconnaissance, il se livra à ses réflexions. La lampe brillait d'une faible lumière jaune, mais l'éclat rougeâtre du feu illuminait la pièce et brillait sur les meubles cirés et le plafond en plâtre. C'était vraiment un endroit agréable pour rêver, mais à en juger par le froncement de sourcils sur le visage de Nestley , ses pensées étaient tout sauf agréables, car en fait il pensait à Basil Beaumont. Il est difficile de dire si un sentiment de sympathie ou une veine de magnétisme animal a attiré vers lui le sujet de ses réflexions, mais très peu de temps après, la porte s'est ouverte silencieusement et M. Beaumont, calme et complaisant, est entré dans la pièce.

Cet intrus indésirable se dirigea vers la cheminée et, appuyé contre la cheminée, regarda Nestley indigné avec un sourire fade.

« Vous avez apprécié votre dîner ? » » demanda-t-il froidement en retirant sa cigarette.

— Ce n'est pas mieux de vous voir, grogna le docteur en tirant fort sur sa pipe.

« Notre excellent Duncan, observa M. Beaumont d'un ton léger, est plutôt en colère.

À cette observation impertinente, Nestley commença à montrer de la colère.

"De quel droit as-tu le droit d'entrer dans cette pièce ?" » demanda-t-il sauvagement.

"Le meilleur droit du monde", rétorqua doucement Basil. "C'est une salle publique ; je fais partie du public, donc je l'utilise."

Le Dr Nestley fronça de nouveau les sourcils et sa bouche plutôt faible frémit nerveusement alors qu'il regardait le visage placide de l'homme appuyé contre la cheminée. De son côté, Beaumont glissa ses mains dans ses poches, croisa ses longues jambes et, après avoir regardé curieusement la silhouette recroquevillée dans le fauteuil, se mit à parler d'une voix délicatement modulée, qui était un de ses plus grands charmes.

"Nous étions amis il y a cinq ans, Nestley , mais maintenant nous nous rencontrons comme ennemis. En règle générale, je ne suis pas curieux, mais j'avoue que j'aimerais en connaître la raison."

"Vous le savez bien", dit Nestley d'un ton maussade.

" Ah ! Laissez-moi voir. Je pense que sur la route ce soir vous m'avez accusé de ruiner votre vie. Je vous en prie, dites-moi comment... je ne pense pas, " observa M. Beaumont d'un ton réfléchi, " je ne pense vraiment pas Je t'ai emprunté de l'argent."

Le Dr Nestley retira sa pipe et leva la main pour cacher le frémissement nerveux de sa bouche. L'artiste continuait à fumer tranquillement, attendant que l'autre parle, alors voyant cela, Nestley , avec un grand effort, se redressa sur sa chaise et le regarda fixement.

« Écoutez-moi, Basil Beaumont, » dit-il lentement. "Il y a cinq ans, quand je t'ai rencontré, je n'étais qu'un garçon ----"

"Oui, un affreux petit", répondit insolemment Beaumont. "Je t'ai appris tout ce que tu sais."

"Vous l'avez fait", rétorqua amèrement Nestley en se levant. "Vous m'avez appris des choses que j'aurais dû ignorer. J'avais un peu d'argent..."

"J'ai assez gagné aux cartes", murmura froidement Beaumont.

" Cela ne me dérangeait pas ", dit Nestley , qui se promenait dans la pièce dans un état d'agitation incontrôlable, " vous aviez cela, et bienvenue - il faut payer pour son expérience, je suppose. Non ; c'était pas l'argent, mais je t'ai reproché de m'avoir appris à boire du vin avec excès.

"JE!" dit Basil surpris, eh bien, je ne bois jamais de vin avec excès, alors comment pourrais-je vous l'apprendre ?

"Ah!" répondit l'autre d'un ton significatif en s'arrêtant dans sa marche, votre tête est trop forte, la mienne ne l'est pas. J'étais un garçon intelligent et susceptible de bien réussir dans ma profession. Vous m'avez rencontré quand je suis arrivé à Londres, j'ai aimé pour une raison inexplicable, et j'ai entrepris de me montrer ce que vous appeliez la vie. Avec ma faible constitution et mon organisation très tendue, la boisson était pour moi comme un poison - elle faisait de moi un maniaque. Je n'y prêtais pas attention - j'avais pas d'amour héréditaire pour l'alcool, mais tu étais toujours à mes côtés, me tentant d'en prendre un autre verre. Ma volonté la plus faible était vaincue par ta volonté plus forte. J'ai bu, et cela m'a rendu fou, me faisant commettre mille folies pour lesquelles Je n'étais pas plus responsable qu'un enfant. J'ai pris l'habitude de boire toute la journée. Vous m'avez encouragé, Dieu sait pourquoi, sauf pour vos propres fins égoïstes. Si j'étais resté avec vous, j'aurais été dans un asile d'aliénés. ou dans le caniveau mais, grâce à Dieu, mon meilleur ange a prévalu et j'ai brisé le charme que tu m'avais laissé. En te quittant et en te quittant de la vie folle que je menais alors, je suis devenu un abstinent total, à quel prix je n'ai pas besoin de te le dire... -Personne ne pourra jamais comprendre les luttes et les angoisses que j'ai endurées, mais j'ai finalement vaincu. Depuis cinq ans, je n'ai pas touché une goutte d'alcool, et maintenant, maintenant que j'ai vaincu le diable qui me possédait autrefois , je vous retrouve une fois de plus, vous qui avez si failli me ruiner corps et âme.

Beaumont ne bougea pas pendant ce long discours, prononcé avec une intense émotion par Nestley , mais à la fin il haussa les épaules et se lança dans la tâche de fabriquer une autre cigarette.

"Une très excellente conférence", dit-il d'un ton moqueur, "très excellente, certes, mais tout à fait fausse. Je vous ai rencontré à Londres et, par gentillesse, je vous ai introduit dans une bonne société, mais je ne vous ai certainement pas appris à fabriquer une bête. de vous-même, comme vous l'avez fait ! »

"Tu m'as toujours poussé à boire."

"Hospitalité uniquement. Je vous ai demandé de boire quand je l'ai fait, mais je ne me suis pas ridiculisé."

"C'est vrai ! Tu n'as fait que me ridiculiser. Ce que tu pouvais prendre et ce que je pouvais prendre étaient deux choses très différentes. Ce qui était l'ivresse en moi était la sobriété en toi."

Beaumont rit et alluma la cigarette qu'il venait de fabriquer.

"Tu étais un idiot", dit-il poliment. "Quand tu as découvert que la boisson t'a fait du mal, tu aurais dû l'arrêter."

" Ah ! tu crois que c'est une tâche facile ? "

"Ce serait... pour moi."

"Pour vous!" s'écria Nestley avec véhémence, "oui, un homme du monde expérimenté comme vous a ses nerfs et ses passions bien sous contrôle. J'étais jeune, inexpérimenté, enthousiaste, vous étiez cool, calculateur et cynique. Vous avez bu trois fois plus que jamais. " Je l'ai fait, mais l'effet sur notre nature était différent. Tu étais considéré comme un homme sobre, moi - Dieu me vienne en aide ! - comme un ivrogne ! "

L'artiste sourit sarcastiquement.

"Eh bien," dit-il froidement, "tout cela s'est passé il y a cinq ans, pourquoi es-tu si désagréable maintenant ?"

"Je ne peux pas oublier comment tu as essayé de me ruiner."

« Humph ! » observa Beaumont en se dirigeant vers la porte, il n'y a rien de tel que de mettre nos péchés sur les épaules des autres ; cela évite bien des ennuis inutiles. Cependant, je ne souhaite plus discuter. Vous rejetez mon amitié, alors j'ai "Je n'ai rien d'autre à dire. Je suppose que tu seras parti à l'heure où je me lèverai demain matin, alors, comme nous ne nous reverrons probablement pas dans cette vie, je me dirai au revoir."

Il ouvrit la porte juste au moment où Nestley était sur le point de lui répondre, quand soudain il y eut un bruit : des voix d'hommes riant à tue-tête, puis l'aboiement aigu d'un chien et, un instant plus tard, un gros chat noir, avec toute sa fourrure. fin, se précipita dans la pièce, suivi par un fox-terrier impatient et très excité.

CHAPITRE III.

Potins de village.

C'est très étrange la fierté que nous ressentons à découvrir la vie de nos voisins , même si des paroles vaines peuvent briser un cœur, c'est très étrange la fierté que nous prenons à dire que celui-ci est un débauché, et que la chance de celui-là grâce au mal prospère. C'est très étrange la fierté que nous tirons de découvrir la vie de nos voisins .

Grognant et crachant, les yeux flamboyants et la queue touffue, la chatte vola rapidement dans la pièce, fit un parcours d'obstacles sur plusieurs chaises, et finit par se réfugier sur la cheminée, où elle se tenait le dos cambré, crachant librement, tandis que le fox-terrier, jappant brusquement, il essaya, sans succès, de bondir.

– Quelle bête de chien, dit tranquillement Beaumont ; "C'est Muffins, bien sûr."

"Au contraire", cria une voix riante à la porte, "avez-vous déjà connu Muffins quand il n'inquiétait pas un chat, ne tuait pas un rat ou ne faisait pas quelque chose de peu recommandable ?"

Le propriétaire de la voix était un grand jeune homme de vingt ans, aux cheveux blonds bouclés, au teint frais et aux yeux bleus joyeux. Il débordait de bonne humeur et d'enthousiasme et apparaissait comme l'incarnation d'une santé robuste et d'un esprit animal. Soudain, il aperçut Nestley , qui se tenait près de la cheminée et regardait la scène avec un sourire amusé.

"Je suis terriblement désolé pour mon chien, monsieur", dit-il en ôtant sa casquette avec un rire gai et en traversant la pièce à grands pas vers l'endroit où Muffins exécutait des sauts dignes d'un acrobate, "mais il croit que sa mission dans la vie est de tuer des chats, donc à l'heure actuelle..."

"Il accomplit sa mission avec beaucoup de zèle", termine Nestley en souriant.

" À propos, " interposa Beaumont en élevant la voix, " je ferais mieux de vous présenter deux hommes, M. Richard Pemberton, le Dr Duncan Nestley ."

Nestley s'inclina avec raideur, pensant que Beaumont prenait une liberté injustifiée en agissant ainsi, mais Pemberton, avec l'ingénuité de la jeunesse, attrapa la main du docteur et la serra chaleureusement.

"Ravi de vous voir", dit-il en regardant Nestley , "vous serez un parfait cadeau de Dieu dans cet endroit ennuyeux."

Ses manières étaient si cordiales que, sans être franchement grossier, Nestley ne pouvait refuser d'être aimable. Voyant qu'il avait atteint son objectif de présenter Nestley comme son ami, M. Beaumont sortit de la pièce avec un sourire cynique sur ses lèvres minces.

"Tu mesureras les épées avec moi, d'accord ?" se dit-il avec un petit rire. "Je ne te conseillerais pas d'essayer ce jeu, mon ami."

Pendant ce temps, Pemberton attrapa Muffins, qui faisait des tentatives frénétiques pour s'emparer de son ennemi félin, sur quoi le chat, voyant la côte dégagée, sauta et se précipita hors de la pièce, mais les Muffins méfiants, se tortillant pour se libérer, coururent après elle, le nez au sol, avec un cri aigu occasionnel.

" Là, " dit gaiement Pemberton, " Muffins a droit à une soirée amusante, car il ne quittera jamais le chat jusqu'à ce qu'il l'ait renversé. "

"Je suis désolé pour le chat."

"Vous regretterez Muffins quand vous le verrez revenir tout écorché", rétorqua le garçon, sur quoi ils rirent tous les deux.

« Vous restez ici longtemps ? » demanda Pemberton en regardant le médecin d'un air amical.

"Seulement ce soir, je fais une visite à pied", répondit négligemment Nestley
.

— Bon diable, dit l'autre en mettant les mains dans ses poches. "Je dois rester ici."

"Est-ce que c'est ta maison."

" D'une certaine manière, oui - élève au presbytère et tout ce tournage, vous ne savez pas - c'est un enterrement en cinq actes, mais nous parvenons à en tirer un peu de tra-la-la. ".

"Qui sommes nous?" » demanda le docteur, très amusé par les expressions familières de M. Pemberton.

"Oh ! J'ai oublié que tu es un étranger ici – eh bien, Reggy Blake, moi-même et Priggs ."

« Priggs ? »

"Un des élèves," expliqua le communicatif Richard, "un joyeux âne, qui écrit de la poésie, des lignes à Chloé, et tout ce genre de choses, n'a pas d'idée au-delà des Muses, comme il les appelle . vieux frumpies bestiaux... Reggy est une bonne sorte de type – il est dans la taverne maintenant – venez voir la fête – nous offrons souvent de la bière aux paysans et ils nous chantent des chansons – vingt couplets longs et sans arrêts.

"Connaissez-vous bien Beaumont ?" » a demandé Nestley en suivant son jeune guide jusqu'à la salle des fêtes.

"Pas vraiment, il n'est ici que depuis quinze jours, mais le vicaire le connaît; il est originaire de ces régions, pas un mauvais type mais il se tient terriblement hors de l'herbe; il se dresse assez librement sur ses pattes arrière. Le connaissez-vous ?"

"À mes dépens", répondit amèrement le docteur.

Pemberton le regarda fixement et était sur le point de demander le sens de cette étrange remarque, lorsqu'un éclat de rire retentit dans la salle des fêtes, remettant ainsi son enquête à une période plus favorable , il ouvrit la porte et entra, suivi de Duncan Nestley .

Les yeux du docteur le brûlaient un peu à cause de l'âcre fumée de tabac, mais lorsqu'il s'habitua davantage à l'atmosphère trouble, il se retrouva dans une longue salle au plafond bas autour de laquelle une quinzaine d'hommes étaient assis sur des bancs et fumaient vigoureusement. Sur une longue table en bois au centre se trouvaient un certain nombre de chopes en étain contenant de la bière et une grande cruche remplie de la même boisson généreuse se trouvait au bout. Une lampe à pétrole pendait au plafond, diffusant une lumière jaune terne, et le sol était recouvert de sciure de bois, entouré de crachoirs.

Au bout de la table était assis Reginald Blake, qui était aussi brun que Pemberton était blond. Un visage un peu triste au repos, mais maintenant pétillant de vie et d'animation. Décidément beau, avec un teint olive, des cheveux noirs coupés court et une petite moustache de la même couleur . Alors qu'il était assis là, balançant ses jambes et montrant ses dents blanches à chaque rire, Nestley pensait qu'il était un personnage très frappant, bien qu'un peu déplacé dans cette pièce chaleureuse.

"On dirait un Italien", pensa-t-il en regardant la silhouette grande et souple alors que Reginald Blake glissait de la table pour le saluer. "Il doit être né dans le Sud, ou peut-être est-il un Grec né en Angleterre, comme Keats."

Dick Pemberton n'a pas perdu de temps, mais a immédiatement présenté Nestley à son ami.

"Voici le Dr Nestley , Reggy - un étranger ici - a le blues, alors je l'ai amené ici pour voir le plaisir."

"Je crains que ce soit un plaisir plutôt simple", a déclaré Blake en tendant la main avec un sourire franc. "Je suis très heureux de vous voir, Dr Nestley . Vous trouverez cela bruyant mais c'est amusant."

« Que dirait le vicaire s'il savait que deux de ses élèves sont ici ? » demanda malicieusement Nestley .

Les deux jeunes hommes rirent de bon cœur.

"Oh, ça ne dérangerait pas mon cher vieux garçon", dit Pemberton en sortant un étui à cigares, "il nous fait confiance, en plus, nous travaillons dur toute la semaine et ne sortons de la chaîne que le samedi soir."

"Alors", observa Reggy en se servant d'un cigare pris dans l'étui de son ami, "nous étudions l'humanité ----"

"Comme on l'a vu au cabaret", termina le docteur en souriant.

"Comme on l'a vu dans le pub", acquiesça gravement M. Blake en allumant son cigare. "Dick et moi-même étudions la nature humaine."

"C'est très amusant", observa Dick confidentiellement. "Si nous étions en ville , je suis sûr que nous irions au music-hall, mais ici, nous nous amusons avec une simplicité rustique."

"Cette simplicité est mythique", dit Blake d'un ton satirique, "mais le chant est amusant - je dis Jarx ", ajouta-t-il en élevant la voix, "chante-nous ta chansonnette."

Jarx , un énorme géant de bonne humeur, s'excusa timidement, mais, pressé, il but une longue gorgée de bière, essuya sa grande bouche avec sa manche et, fixant ses yeux au plafond, se mit à chanter. Il commença d'abord trop bas, de sorte que sa voix semblait provenir de ses bottes, puis, s'excusant d'un air penaud auprès de la compagnie, il recommença sur un ton aigu. Ceci étant, l'autre extrême fut jugé tout aussi insatisfaisant, mais lors d'une troisième tentative, il trouva le juste milieu et se lança dans une chansonnette rustique dont le refrain fut solennellement chanté par la compagnie tandis qu'ils se balançaient lentement d'avant en arrière :

"Il y a la baignoire à cochon et la baignoire à cochon
Et la baignoire derrière la porte. Elle est partie avec l'autre type
Et elle ne reviendra plus jamais."

Chœur complet après une longue pause. "Elle ne le fera pas--"

Cette chanson comptait en moyenne une dizaine de couplets que le chanteur exécutait consciencieusement avec le chœur pour chaque couplet, d'abord en solo, ensuite avec toute la force de la troupe, qui chantait impartialement dans des tonalités différentes, de sorte que le résultat était tout sauf harmonieux. Par ce simple moyen, la chanson dura environ un quart d'heure, au grand amusement de Nestley et des jeunes hommes, qui se joignirent au chœur avec beaucoup d'enthousiasme, Dick dirigeant gravement avec son cigare.

M. Jarx ayant terminé sa mélodie, reprit sa place, sa pipe et sa bière, au milieu de grands applaudissements, et en réponse à une demande générale, un favori local à la voix aiguë chanta une chanson sur "Quatre filles irlandaises venues de l'île". of Wight", qui avait aussi l'attrait supplémentaire d'une danse dont la musique était assurée par l'interprète sifflant, lui étant son propre orchestre. Cette double démonstration de génie fut accueillie avec un grand ravissement et, à la fin, Nestley , se tournant vers les jeunes hommes, demanda si l'un d'eux chantait.

" Reggy le fait, " dit rapidement Dick ; "il a une voix de rossignol."

"Étalages!" rétorqua Reggy en rougissant sous sa peau foncée. "Pourquoi je n'ai jamais eu de leçon de ma vie."

"Non, génie autodidacte", dit l'incorrigible Dick. "Viens, mon vieux, laisse tomber."

Ainsi adjuré par son ami et pressé par le médecin, Blake consentit et chanta « Tu te souviendras de moi », cette chanson démodée qui contient tant de pathos.

Une voix de ténor, pure, riche et argentée comme une cloche, sans aucune culture, mais d'une puissance naturelle rare et d'une intensité d'expression dramatique. Une de ces voix sympathiques qui touchent droit au cœur, et tandis que Blake chantait les paroles attrayantes de la chanson, avec leur tendresse envoûtante et pathétique, Nestley se sentit étrangement émue. Même les campagnards, si ennuyeux qu'ils fussent, tombèrent sous le charme de ces notes sonores, et quand le dernier mot s'éteignit comme un long soupir, ils restèrent assis à réfléchir en silence, n'osant rompre le charme par des applaudissements.

"Vous avez un grand cadeau", a déclaré Nestley lorsque le chanteur a cessé. "Une voix merveilleuse."

Blake rougit de plaisir à ce mot d'éloge d'un étranger, et Dick, ravi de l'éloge du talent de son ami, intervint avec ravissement.

"'C'est... n'est-ce pas joyeux ? et il chante des chansons comiques... donne-nous un vieux type."

Blake aurait consenti, d'autant plus que les paysans semblaient désireux d'entendre quelque chose de plus adapté à leur compréhension que la ballade précédente, mais Nestley intervint précipitamment.

"Non, non," dit-il rapidement, ne voulant pas gâcher sa première impression de cette charmante voix en l'entendant descendre au niveau du chant du music-hall, "ne fais pas ça, ça gâcherait tout."

Le jeune homme le regarda avec surprise.

"Je ne m'en soucie pas beaucoup moi-même", a déclaré franchement Reginald, "mais les gens d'ici les aiment mieux que les chansons sentimentales."

A ce moment, Job Kossiter annonça à l'assemblée qu'il était temps de fermer le bar, donc en quelques instants la salle était vide de tout sauf Nestley et ses deux compagnons. Dick lui a demandé de prendre un verre de bière mais il a refusé.

"Je ne bois jamais", a-t-il dit sans ambages, "je suis abstinent."

Ils ouvrirent tous les deux les yeux, mais étaient trop polis pour faire des commentaires, alors afin d'atténuer l'embarras de la situation, le Dr Nestley commença à parler.

"Je suppose que vous avez des personnages bizarres ici", dit-il en remplissant une nouvelle pipe de tabac.

"Plutôt", dit promptement Dick, "le vieux Garsworth par exemple."

"Est-ce de l'écuyer dont vous parlez ?" dit une voix traînante à la porte, et en regardant vers elle, le trio vit M. Basil Beaumont entrer dans la pièce. Nestley se raidit un peu à mesure que son ennemi s'approchait d'eux, mais Dick Pemberton tourna son visage joyeux vers le nouveau venu et hocha la tête en réponse.

"Est-ce-que tu le connais?" Il a demandé.

Beaumont prit sa position préférée devant le feu et fumait avec complaisance.

"Oui. Quand j'ai quitté cet endroit il y a vingt-trois ans, j'ai beaucoup entendu parler de lui."

"C'est un avare", dit Blake méditatif.

"Il l'était quand je suis parti, et je suppose qu'il l'est toujours", a répondu Beaumont, "mais d'après tout ce que j'ai entendu, il était plutôt gay dans sa jeunesse."

« Jeunesse », répéta Dick avec mépris, « a-t-il déjà été jeune ?

"Je crois qu'il l'était, quelque part à propos du Déluge. Pourquoi il doit avoir quatre-vingt-dix ans maintenant."

"Plus de soixante-dix", a déclaré Blake.

"Merci pour la correction", répondit Beaumont en lui jetant un regard en coin; " plus de soixante-dix ans, oui, je devrais dire soixante-treize ou quatre ans, car il avait environ cinquante ans quand je suis parti ; il a vécu une vie tumultueuse jusqu'à quarante ans, puis il s'est mis tout à coup à économiser de l'argent, pourquoi, personne ne le sait. "

"Oh oui, ils le font", dit Reginald en retirant son cigare de sa bouche. "C'est une rumeur courante maintenant."

"Parlez-nous de tout ça", dit Nestley en s'installant dans son fauteuil.

"C'est une histoire curieuse", dit tranquillement Blake. "Squire Garsworth a mené une vie rapide, comme le dit Beaumont, jusqu'à l'âge de quarante ans, puis il est tombé sur des livres sur la transmigration de l'âme."

"Pythagoras?" demanda Beaumont.

"Oui, et Allan Kardec , spiritualisme et réincarnation ; il a appris grâce à ces livres à croire que son âme s'incarnerait dans un autre corps ; après une longue étude de cette théorie , il est devenu monomane."

"En un mot, fou", a déclaré Beaumont.

Nestley n'a voulu parler ni directement ni indirectement à Beaumont, mais cette observation a fait appel à sa fierté professionnelle, c'est pourquoi il a parlé.

« La monomanie ne signifie pas nécessairement la folie, même si cela peut le devenir ; mais autant que je puisse comprendre M. Blake, il me semble que Squire Garsworth a fait de cette étude un passe-temps, et après une longue concentration sur elle, son passe-temps a devenue une manie ; et encore une fois, la maladie, comme je peux l'appeler, a maintenant pris une forme plus dangereuse et est devenue une monomanie, ce qui signifie en réalité une folie sur un sujet particulier.

"Alors c'est de la folie", a insisté Beaumont.

"D'une certaine manière, oui", acquiesça Nestley ; "mais d'une manière générale, je ne le qualifierais pas de fou pour avoir simplement concentré sa puissance mentale sur un seul sujet."

« Vous le traiterez de fou quand vous entendrez parler de lui », dit Dick sombrement ; "Fuyez Reggy ."

"M. Garsworth ", a déclaré Blake, "a accepté la doctrine de la réincarnation avec certaines modifications. Kardec , Pythagoras et Cie croient qu'une âme nouvellement incarnée ignore ses existences antérieures, mais l'écuyer pense qu'elle sait tout sur ses existences antérieures. eux, par conséquent il croit que lorsque son âme - actuellement incarnée dans le corps de Garsworth - quittera ledit corps, elle se réincarnera dans un autre corps du même sexe, et se souvient de l'époque où elle était l'intelligence directrice de Squire Garsworth . Est-ce que je suis clair ?"

"Très clair", répondit Nestley , "mais si le châtelain croit que l'âme ne perd pas la mémoire, qu'en est-il de ses existences antérieures ?"

"Il en a tout un stock" , interrompit rapidement Dick, "allant des Pharaons jusqu'au Moyen Âge , mais je pense que le corps de Garsworth est la première fois que son âme utilise une enveloppe charnelle de nos jours."

"Curieuse manie", dit Nestley pensivement, "s'il n'est pas fou , il en est très près."

— Mais qu'est-ce que toutes ces bêtises d'incarnation ont à voir avec ses habitudes avares, dit Beaumont avec impatience, il ne veut pas passer son existence à être malheureux.

"C'est justement ça," expliqua calmement Reginald, "il semble que dans certaines de ses existences précédentes, il ait souffert de pauvreté, donc pour arrêter une telle calamité, il économise tout son argent dans cette existence pour le dépenser lors de sa prochaine vie. incarnation."

"Oh, il est complètement fou", dit Nestley d'un ton décisif.

"Mais comment propose-t-il de mettre la main sur l'argent ?" observa Beaumont avec incrédulité ; "Il sera dans un autre corps et n'aura aucun droit sur la succession de Garsworth ."

"C'est son secret", a déclaré Dick Pemberton, "personne ne le sait ; c'est une histoire bizarre, n'est-ce pas ?"

"Très", a déclaré Nestley , profondément intéressé. "Je voudrais étudier le cas. Est-ce qu'il vit seul ?"

"Non, sa cousine, Una Challoner, vit avec lui", s'empressa d'intervenir Blake, le visage rougeoyant .

" Ah, " pensa Beaumont en remarquant cela, " cas d'amour, je vois. Je suppose que Miss Challoner ne croit pas à ses théories folles ? " ajouta-t-il à voix haute.

"À peine", dit Dick avec mépris, "elle est trop sensée."

A ce moment, Job Kossiter entra dans la pièce et, après avoir lentement examiné le groupe, s'adressa à Reginald :

« Si je peux me permettre, monsieur Blake, monsieur, » dit-il de sa voix épaisse, « demanderiez-vous au vicaire d'aller chez le vieux châtelain ?

"Quoi de neuf?" demanda Blake en se levant.

"Il est très malade, monsieur, comme le dit Munks ," dit Kossiter en se grattant la tête, "et le docteur Bland, monsieur, il est malade aussi, monsieur, et ne peut pas y aller, de sorte qu'il n'y a pas de médecin pour le voir. , je pensais que le vicaire ----"

"Pas médecin ?" interrompit Beaumont vivement. "C'est absurde ! Ce monsieur", désignant Nestley , "est médecin, donc il peut y aller immédiatement."

"Oh, j'y vais", dit Nestley en se levant, plutôt heureux d'avoir l'occasion d'étudier le cas.

"Alors, monsieur, Munks attend dehors avec le chariot", observa Kossiter en se dirigeant vers la porte.

"Qui diable est Munks ?" » demanda Nestley en suivant le propriétaire.

"Le serviteur du châtelain", s'écria Dick, "et c'est un vieil âne au grain croisé."

"Je ne pense pas que vous ayez besoin de le dire au vicaire maintenant, monsieur", a déclaré M. Kossiter à Reginald.

"Non, bien sûr que non", répondit Blake, "ce monsieur fera plus de bien ; c'est du médecin dont il a besoin, pas du pasteur."

"Je n'en serais pas trop sûr, Reggy ", dit Dick alors qu'ils sortaient tous. "Il a besoin d'un peu de consolation spirituelle."

"Je pense qu'une camisole de force serait la meilleure solution", dit doucement Beaumont alors qu'ils se tenaient à la porte, "à en juger par votre histoire."

Les deux garçons se dirent bonsoir et rentrèrent chez eux, tandis que M. Beaumont se retirait dans l'auberge et que Nestley , montant dans la haute charrette à chiens, partait dans l'obscurité de la nuit pour sa mission inattendue.

CHAPITRE IV.

UN PATIENT EXTRAORDINAIRE.

Fou?
Ce n'est pas ce que le monde appelle folie - il est calme, il ne s'extasie pas
sur des sujets étranges - il maîtrise sa langue avec une sagesse merveilleuse -
il réfléchit avant de parler,
et pourtant je vous dis qu'il est fou, mon seigneur ; la lune régnait à sa
naissance. et toutes
les planètes se sont inclinées sous sa forte influence.

Si le Dr Nestley avait fait preuve d'imagination, il aurait pu croire qu'il était
chassé de la vieille église par l'une des statues, tant la silhouette à côté de lui
était sombre et raide. Munks avait un visage aux traits durs et des manières
tout aussi dures, et dans son costume de tissu gris grossier, il ressemblait au
Commandantore de Don Juan en train de se promener. Il se consacrait
exclusivement à l'animal aux os crus qu'il conduisait et répondait aux
questions du Dr Nestley d'une manière que l'on pourrait appeler agitée, ses
réponses étant remarquablement monosyllabiques.

Le châtelain était - il malade ? Qu'est-ce qui l'a rendu malade ?-- Je ne savais
pas ! Combien de personnes vivaient à la Grange ?-- Six ! Quels étaient leurs
noms ?-- L'écuyer, Miss Una, Miss Cassandra, Patience Allerby , Jellicks et
lui-même.

Comme Nestley ne trouvait pas ce style de conversation particulièrement
exaltant, il retomba dans le silence, et le pierreux Munks consacra une fois de
plus son attention au cheval aux os crus.

La charrette à chiens filait rapidement à travers le village endormi, avec les
maisons aux fenêtres sombres de chaque côté, sur le pont étroit et vibrant
sous lequel coulait la rivière grise et maussade, à travers la vaste commune,
où les buissons d'ajoncs semblaient fantastiques et irréels. au clair de lune,
avec seulement le ciel silencieux au-dessus et la terre silencieuse en dessous
– de grands arbres de chaque côté, certains criards du jaune et du rouge de
leur feuillage automnal, et d'autres décharnés et nus, leurs branches sans
feuilles prêtes pour les neiges de l'hiver. Si immobile, si silencieux, avec de
temps en temps le cri triste d'un oiseau de nuit venu des marais solitaires et
le battement régulier des sabots du cheval sur la route dure et blanche. Le
paysage, gris et incolore sous la pâle lumière de la lune, changeait avec la
rapidité d'un kaléidoscope. D'abord les haies enchevêtrées et odorantes qui

séparaient la route des champs moissonnés de près, ensuite un bosquet de hêtres, projetant sur le sol des ombres fantastiques, et puis, surgissant soudain de terre comme par enchantement, le bois épais et sombre qui entourait Garsworth Grange, comme s'il s'agissait du palais enchanté de la belle endormie. Les portes de fer rouillées étaient grandes ouvertes, et ils pénétrèrent dans le parc entre les hauts poteaux blancs, avec les léopards assis dessus, remontant la large avenue sinueuse avec les arbres agitant leurs branches sans feuilles dans le vent froid, tandis qu'ici et là, par intervalles, les formes blanches et nuageuses des statues apparaissaient indistinctement. Les roues craquaient les feuilles mortes qui tapissaient le chemin : une large étendue d'avenue, puis une large et basse terrasse de pierre blanche, à laquelle un escalier peu profond menait à travers des urnes et des statues jusqu'à Garsworth Grange.

Nestley n'eut pas le temps de prendre note des beautés architecturales du lieu ; car, descendant précipitamment, il monta les marches en courant, tandis que Munks , toujours sombrement silencieux, s'éloignait, vraisemblablement en direction des écuries. Ainsi, ici, Nestley se retrouvait seul dans ce monde blanc fantomatique, avec le vent vif sifflant de manière stridente dans ses oreilles, et devant lui un porche monstrueux aux nombreux piliers avec une porte massive à défilement grotesque avec des ferronneries, comme l'entrée d'un mausolée familial. Tandis qu'il cherchait une cloche pour sonner ou un heurtoir avec lequel frapper, la porte s'ouvrit lentement avec un grincement maussade, et une silhouette grande et mince, tenant une bougie vacillante, apparut.

Était-ce l'une des statues blanches et froides du jardin solitaire qui s'était réveillée par miracle ? avec ses traits parfaitement ciselés , délicatement distincts sous la couronne de cheveux pâles et dorés, un bras mince levé en l'air, tenant la bougie faiblement scintillante, un doigt éloquent posé en guise d'avertissement sur les lèvres rouges et charnues, tandis que le corps souple, vêtu d'une robe ample, robe blanche, était penchée en avant dans une pose gracieuse. Non pas Aphrodite, cette déesse de minuit, car le visage était trop pur et enfantin pour celui de la coquette divine, non pas Héra dans la volupté impériale de la beauté éternelle, mais Hébé, Hébé lumineuse et jeune fille, avec le sourire de la jeunesse éternelle sur les lèvres, et la vague innocence de la virginité qui brille dans ses yeux rêveurs.

La déesse s'attendait évidemment à voir le visage familier du médecin du village ; car elle recula avec étonnement lorsqu'elle aperçut un étranger et parut demander une explication sur sa visite. C'est ce qu'il a rapidement fourni.

« Le docteur Bland est malade, je comprends, dit-il poliment, mais je suis un médecin résidant à l'auberge, et comme le cas paraissait urgent, je suis venu à sa place.

La déesse sourit et son air glacial se dissipa rapidement.

"C'est très gentil de votre part, Docteur-- Docteur ----"

« Nestley », a déclaré ce monsieur, « Docteur Nestley ».

"C'est très gentil de votre part, docteur Nestley ", dit-elle d'une voix musicale, "et, en effet, le cas *est* très urgent - entrez s'il vous plaît."

Nestley entra et la jeune femme, fermant la lourde porte, fixa les innombrables fermetures. Attirant le regard de Nestley , alors qu'il observait, plutôt perplexe, la multiplicité des boulons et des chaînes, elle rit doucement.

"Mon cousin a très peur des voleurs," remarqua-t-elle en se retournant, "il ne resterait pas dans son lit s'il ne pensait pas que la porte d'entrée était fermée à clé. À propos, je dois me présenter. -Un Challoner!"

"J'ai entendu parler de vous, Miss Challoner", dit Nestley en la regardant avec admiration.

"De qui?" » demanda-t-elle rapidement.

"M. Blake et M. Pemberton."

Elle rougit un peu et s'inclina avec hauteur.

"Voulez-vous monter avec moi, Docteur," dit-elle en se détournant de lui.

Le Dr Nestley était sur le point de le suivre, lorsque son attention fut attirée par l'apparition inattendue d'une petite et grosse dame, pas du tout jeune, qui était néanmoins vêtue d'une robe rose d'apparence juvénile avec l'ajout remarquable d'un thé. - douillet perché sur sa tête ce qui lui donnait l'air d'être à moitié éteinte. Elle tenait également une bougie et se tenait devant le médecin, souriant narquoisement et coquettement.

"Présentez-moi, Una, ma chérie", cria-t-elle d'une voix fine et perçante qui semblait ridicule, venant d'une personne aussi grosse. "J'aime tellement les médecins. Ce n'est pas le cas de la plupart des gens, mais je suis bizarre."

Elle l'était certainement, tant par son apparence que par ses manières ; mais, Una étant habituée à ses excentricités, elle ne montra aucune surprise, mais, regardant la silhouette grotesque de sa grande taille, elle sourit gravement.

"Docteur Nestley , voici ma tante, Miss Cassandra Challoner", dit-elle d'une voix douce.

Miss Cassandra secoua sa tête de jeune fille et fit un étrange petit salut, auquel le docteur répondit poliment, puis se souvenant soudain du thé , l'arracha avec un rire d'excuse, exposant ainsi une tête de cheveux jaunes crépus.

"C'est une maison pleine de courants d'air", dit-elle pour expliquer sa coiffure particulière. " J'ai des douleurs névralgiques sur le côté de mon nez et dans mon œil gauche. Je suis sûr que c'est le gauche, docteur. Très étrange, n'est-ce pas ? Je porte le couvre-théière pour garder la chaleur dans ma tête. Chaleur " C'est bon pour les nerfs, mais vous savez tout cela, étant médecin. Comme c'est très étrange. Je veux dire, ce n'est pas étrange, n'est-ce pas ? "

Il est impossible de dire combien de temps elle aurait continué à divaguer sans but, mais, heureusement, une troisième femme, portant une bougie, apparut en descendant les escaliers, ce qui mit fin aux bavardages de Miss Cassandra.

"C'est Jellicks ", dit rapidement Miss Challoner, "le châtelain doit être pire."

Jellicks était une vieille femme laide d'une soixantaine d'années, avec un visage flétri et ridé, des cheveux rugueux et grisâtres et un type particulier de mouvement frétillant, quelque chose comme celui d'un chien qui a mal fait et veut s'attirer les faveurs de son maître en colère. Elle descendit les escaliers en se tortillant, se tordit jusqu'à Una et, dans un dernier mouvement, délivra son message en un seul mot et dans un murmure.

« Merde ! » » siffla-t-elle d'une manière basse et sifflante .

Le Dr Nestley commençait à se sentir déconcerté par l'étrangeté de sa position. Cette salle froide et voûtée, avec son toit élevé, ses pavés de diamants noirs et blancs, ses silhouettes massives en armure de chaque côté, semblait lui glacer le sang, et les trois bougies tenues par les trois femmes dansaient devant ses yeux comme de la volonté. -o'-the-follets. Une odeur de moisi imprégnait l'atmosphère, et les lumières vacillantes, qui ne servaient qu'à montrer l'obscurité, prenaient à son imagination déformée l'apparence de bougies de cadavre. Se débarrassant de ce sentiment avec effort, il se tourna vers Miss Challoner.

"Je pense que je ferais mieux de monter tout de suite", dit-il d'une voix forte et joyeuse. "Chaque instant est précieux."

Miss Challoner s'inclina en silence et le précéda dans les escaliers, suivie par Jellicks qui se tortillait et par la jeune Miss Cassandra, qui refusa d'être laissée derrière.

"Non, absolument non", gémit-elle en secouant sa bougie et en remettant le douillet sur sa tête. "C'est comme un tombeau - le "branche de gui", vous savez - très étrange - il pourrait mourir - son esprit et tout ce genre de choses - les nerfs, docteur, rien d'autre - chronique ; du côté maternel... chérie,

chérie. Je me sens comme une personne hantée dans le livre de Comment s'appelle-t-il ? Dickens. Charmant, n'est-ce pas ? Tellement étrange.

Et, en effet, il y avait une saveur fantomatique dans tout l'endroit alors qu'ils montaient lentement les larges escaliers, avec l'obscurité se refermant densément autour d'eux. Chaque pas semblait éveiller un écho, et les visages peints des vieux Garsworth fronçaient les sourcils et leur souriaient grotesquement depuis les murs alors qu'ils avançaient silencieusement.

Un large couloir, un autre petit escalier, puis une lourde porte, sous laquelle on apercevait un mince filet de lumière. S'arrêtant ici, Una l'ouvrit et tous les quatre entrèrent dans la chambre de Squire Garsworth , qui parut au médecin presque aussi froide et fantomatique que le couloir.

C'était une grande pièce sans moquette au sol ciré, presque sans meubles et sans lumière, sauf au fond, où une bougie, posée sur une petite table ronde, éclairait faiblement un immense lit à rideaux posé sur un petit carré de tapis. sur lesquels étaient également la table ronde susdite et deux lourdes chaises, le tout formant une sorte d'oasis lugubre dans le désert du sol nu.

Sur le lit gisait l'écuyer, un vieil homme atténué avec un visage comme sculpté dans du vieil ivoire, des yeux noirs féroces et de rares cheveux blancs coulant sous une calotte de velours noir. Une multitude de vêtements étaient entassés sur le lit pour le garder au chaud, et ses bras maigres et ses mains griffues étaient à l'extérieur des couvertures, arrachant sans relâche la couverture. À côté de lui se tenait une femme vêtue d'une robe couleur ardoise , au visage blanc sans expression et aux cheveux noirs et lisses, tirés en arrière sur sa tête finement formée. Elle gardait les yeux rivés sur le sol et les mains croisées devant elle, mais, en entendant un pas étrange, elle se tourna vers le médecin. C'était un visage étrangement triste, comme si l'ombre d'un grand chagrin était tombée sur lui et ne se dissiperait plus jamais. Nestley a deviné qu'il s'agissait de Patience Allerby , le nombre d'individus extraordinaires qui occupaient Garsworth Grange était donc désormais complet.

En entendant le médecin entrer, Squire Garsworth , avec la célérité suspecte d'un homme malade, se souleva sur son coude et scruta l'obscurité d'un air malveillant, ressemblant à un mauvais magicien d'antan.

"Qui est là?" » demanda-t-il d'une voix querelleuse, « quelqu'un pour me voler ; des voleurs et des coquins, tous, tous des coquins et des voleurs.

"C'est le docteur", dit Una en s'approchant de lui.

"Qu'est-ce qu'il apporte ? qu'est-ce qu'il apporte ?" demanda vivement le malade, la vie ou la mort ? Dis-le-moi vite.

"Je ne peux pas vous le dire avant d'avoir posé quelques questions", a déclaré Nestley en s'avançant dans le rayon de lumière.

"Ha!" s'écria Garsworth avec une suspicion soudaine, "pas Bland. Non; un étranger. Que veux-tu? Où est Bland?"

"Il est malade", dit distinctement Nestley en s'approchant de lui, "et ne peut pas venir, mais je suis médecin et je le ferai aussi."

Le vieil homme le regardait avec inquiétude, semblant le dévorer de la féroce intensité de son regard.

"Faible", murmura-t-il après une pause, "très faible, il y a encore de l'intellect dans le visage."

Puis il tendit brusquement la main et saisit celle de Nestley entre ses doigts fins et griffus.

"Je te ferai confiance," dit-il rapidement. "Tu es faible, mais honnête. Sauve-moi la vie et je te paierai bien."

"Je ferai ce que je peux", répondit simplement Nestley .

Le châtelain, avec effort, se redressa sur son lit et agita impérativement la main.

« Renvoyez-les tous », dit-il brusquement en désignant les femmes. "Je dois vous dire ce que je ne leur dirai pas. Un médecin est plus un confesseur qu'un prêtre. Va-t'en et laisse-moi avec mon confesseur."

Nestley était sur le point de protester, mais Una posa son doigt sur ses lèvres et les trois femmes se retirèrent sans bruit, portant leurs bougies. Lorsque la porte se referma derrière eux, l'immense chambre était toute dans l'obscurité, à l'exception de la faible lueur de la bougie près du lit, qui éclairait la figure pâle du vieillard maintenant épuisé, étendu sur ses oreillers. C'était certainement une situation très étrange, et Nestley , tout médecin moderne qu'il était, ressentait de petits frissons de crainte superstitieuse le parcourir. Il était sur le point de parler lorsque le châtelain, se tournant sur le côté, le regarda sérieusement et commença à parler.

"Je ne veux pas que vous diagnostiquiez mon cas", dit-il d'une voix basse et fiévreuse. "Je peux tout vous dire. Votre tâche est de fournir des remèdes. Je suis un vieil homme de soixante-quinze ans. C'est une longue vie, mais pas assez pour ce que je veux. L'épée a usé le fourreau. --mon âme est enfermée dans un corps épuisé et je veux que vous souteniez les forces vitales du corps. Je peux prendre soin de l'âme ; vous vous occupez du corps.

"Je comprends parfaitement", observa Nestley en tâtant son pouls. "Épuisement nerveux."

" Aha ! oui, c'est ça. J'ai trop travaillé et j'ai surmené mes nerfs. Vous devez les remettre dans leur état normal. Des toniques, de l'électricité, du repos, ce que vous voudrez, mais rendez-moi mes forces vitales dans leur état originel. " vigueur ."

"C'est impossible de faire cela", dit rapidement Nestley , "vous n'êtes pas jeune, rappelez-vous, mais je vais vous donner des médicaments qui remplaceront les tissus gaspillés et vous apporteront un soulagement, voire la santé; mais vous ne serez jamais fort. encore."

"Pas dans ce corps", s'écria Garsworth en se soulevant sur son coude, "non, mais dans ma prochaine incarnation, je serai... ah, vous avez l'air surpris, mais vous avez sans doute entendu parler de cet écuyer fou. Fou ! Pauvres imbéciles, ma folie est leur santé mentale. Je serai jeune et vigoureux dans mon prochain corps, et je serai riche. Toute cette vie, j'ai travaillé pour le prochain, mais je n'ai pas gagné assez d'argent. Non, pas assez la moitié ... Rétablis-moi, afin que je puisse achever mon travail, alors je quitterai volontiers ce corps usé pour un nouveau. Je te paierai, oh oui, je te paierai.

Il retomba épuisé sur les oreillers, épuisé par la rapidité de son discours, et Nestley appela bruyamment à l'aide. Patience Allerby entra dans la chambre et, sur l'ordre du médecin, apporta du vin dans un verre. Cette Nestley tenait les lèvres du malade, tandis que la gouvernante, de l'autre côté du lit, tenait la bougie pour qu'il puisse voir. Le vin a insufflé une vie fictive au vieil homme, et voyant qu'il était plus facile, Nestley a décidé de retourner à Garsworth afin d'obtenir des médicaments.

Il passa les vêtements sur le châtelain et se pencha pour parler.

« Vous devez rester tranquille, » dit-il d'une voix lente, « et prendre du vin chaque fois que vous vous sentez épuisé. Je vous enverrai un sédatif ce soir, et demain matin je vous appellerai pour vous voir.

Le malade, trop épuisé pour parler, fit un mouvement de la main pour montrer qu'il comprenait, et resta blanc et immobile, en contraste complet avec son ancienne agitation. Nestley voyait que l'effort l'avait beaucoup fatigué, et il était d'autant plus désireux de lui donner quelque potion apaisante, que chaque paroxysme d'excitation épuisait les nerfs et l'affaiblissait. Mais même dans son anxiété, alors qu'il le regardait immobile avec les bougies de chaque côté du lit, il ne pouvait s'empêcher de le comparer, dans son esprit, à un cadavre étendu en prévision de l'enterrement. Cette pensée était horrible, mais l'atmosphère de la maison semblait engendrer d'horribles pensées, alors il se précipita vers la porte, impatient de quitter ce château de cauchemar.

Patience Allerby , d'un pas doux et silencieux, l'éclaira en bas et, l'ayant vu en sécurité dans le couloir, revint sans un mot.

"Une femme étrange", pensa Nestley en s'occupant d'elle, "et une maison étrange ;" puis il se tourna vers Una et Miss Cassey, qui attendaient son rapport avec impatience.

"Je lui ai donné un peu de vin", dit-il en enfilant ses gants. "Gardez-le aussi silencieux que possible et j'enverrai des opiacés de Garsworth ; il est dans un état très épuisé et doit rester silencieux. Comment puis-je envoyer les médicaments ?

" Munks l'apportera quand il vous conduira, " dit rapidement Una. "Tu reviendras?"

"Oui, demain matin", répondit-il alors qu'elle ouvrait la porte, et était sur le point de partir lorsque Miss Cassey l'arrêta.

"Je vais prendre une partie des médicaments moi-même, docteur", dit-elle. "Je suis si facilement bouleversé, encore nerveux, c'est dans la famille; viens me prescrire demain, je suis si bizarre, je crois que c'est la maison, seul, tu sais, le bromure, c'est bien. , n'est-ce pas ? Oui, le docteur Pecks, à Londres, me l'a dit. Le connaissez- vous ? bonne nuit… charmante lune… oui… si étrange.

Après avoir entendu ce discours incohérent, le Dr Nestley réussit à s'enfuir et, souhaitant une bonne nuit à Una, descendit les marches. La charrette à chiens l'attendait et Munks , le muet, le reconduisit d'un air sombre pendant tout le trajet. C'était un véritable soulagement de se retrouver dans l'air frais, et Nestley pensait à moitié que la maison solitaire et ses fantastiques occupants étaient des fantômes, tant ils semblaient irréels.

CHAPITRE V.

LE CERCLE FAMILIAL.

Mais au détour de ces scènes d'une rare beauté
Le cercle familial réclame ensuite nos soins, Ce royaume au coin du feu où
le père fade Son sceptre se balance d'une main ferme et douce.
Des enfants obéissants se serrant autour de ses genoux
Accomplissent avec plaisir tous ses doux décrets, D'un cœur bien disposé,
ils attendent ses ordres, Montrent ainsi l'exemple à l'État parent.

Le Dr Larcher , vicaire de Garsworth , était un bon type de ce qu'on appelle
le christianisme musclé. Grand, large d'épaules et costaud, il ressemblait plus
à un officier de cavalerie qu'à un pasteur, et il prêchait ses sermons,
généralement simples et francs, sur un ton de voix fort et affirmé. Passionné
d'archéologie et de longues promenades, il connaissait chaque centimètre
carré du pays à des kilomètres à la ronde et connaissait aussi bien les
propriétaires de chalets les plus pauvres que les seigneurs du terroir.
Gentleman simple et large d'esprit qu'il était, il convenait admirablement à sa
position dans la vie, et si les paysans de Garsworth n'avaient pas une solide
croyance dans les principes de l'Église d'Angleterre, ce n'était en aucun cas la
faute du digne vicaire, qui tonnait le christianisme pratique en lourdes phrases
johnsoniennes, avec le zèle d'un Savonarole et l'éloquence d'un Bossuet. Il
était également un grand latiniste et assaisonnait abondamment son discours
de citations d'Horace, pour lequel il professait une grande admiration.

Le lendemain de la visite de Nestley à la Grange, le docteur Larcher était assis
à la table du petit déjeuner et parlait avec enthousiasme d'une épée de bronze
qui venait de lui être apportée, après avoir été exhumée d'un ancien tumulus
britannique. Sa congrégation actuelle était composée de Dick Pemberton,
plutôt disposé à rire de cette importante découverte, de Reginald Blake, l'air
quelque peu préoccupé, de Ferdinand Priggs , le poète, un jeune jaunâtre aux
yeux rêveurs et à la voix grave, et de Miss Eleonora Gwendoline Vera Bianca
Larcher. , fils unique du vicaire et de sa femme.

Ces noms, décidément alarmants, lui avaient été donnés par Mme Larcher ,
qui les avait choisis dans le "Family Herald", son journal préféré , mais le Dr
Larcher , qui n'aimait pas les titres ronflants, appelait sa fille Citrouille. Ce
malheureux surnom avait été attribué à l'enfant par la nourrice, désespérée
de ne pouvoir maîtriser les noms légitimes, et le vicaire était si content de la
bizarrerie du titre qu'il l'adopta sur-le-champ. Mme Larcher , cependant,

refusa obstinément d'accepter cette innovation et appela sa fille Eleonora Gwendoline, mais généralement Miss Larcher répondait au nom de Pumpkin, ses noms aristocratiques n'étant évoqués que lors des occasions de compagnie.

C'était une jolie fille rondelette, aux yeux sombres et au visage rose. Douée d'une grande part de bon sens, ses goûts allaient vers la confection de puddings et le raccommodage des vêtements, tandis qu'elle manifestait un grand mépris pour la poésie et autres choses semblables. Mme Larcher , étant invalide, laissa entièrement la gestion de la maison à Pumpkin, qui dirigeait les domestiques avec une verge de fer, veillait au confort de son père et de ses élèves et était en outre une fille brillante et vive que tout le monde aimait. adoré.

Quant à Mme Larcher , elle était toujours malade, mais pourquoi elle l'était était un mystère pour tout le monde, sauf pour elle-même. C'était soit ses nerfs, soit son foie, soit sa colonne vertébrale, soit sa paresse, très probablement cette dernière, car elle passait la plupart de sa vie à alterner entre le canapé et son lit. De temps en temps, elle sortait, mais revenait toujours se sentant faible et mal, pour se fortifier avec du thé fort et des muffins chauds, après quoi elle pleurait sa constitution délicate dans un gémissement sourd. Sa maladie inconnue était connue de tous sous le nom de « L'Affliction », nom générique désignant toutes sortes de maladies, et Mme Larcher elle-même faisait allusion à sa mauvaise santé par ce titre comme étant une maladie heureuse et ne nécessitant aucune mention particulière de qui que ce soit. infirmité. Pumpkin s'occupait de tout et était la bonne fée du presbytère, tandis que Mme Larcher restait toute la journée allongée sur son canapé à lire des romans et à boire du thé, ou à bavarder avec les visiteurs qui pourraient passer.

À présent, Mme Larcher était en sécurité dans son lit à l'étage et Pumpkin présidait la table du petit-déjeuner, qui était maintenant couverte d'un assortiment de plats vides, car la partie masculine des pensionnaires du presbytère, à l'exception du poète, avait de gros appétits. Le Dr Larcher , cependant, était trop excité pour manger beaucoup et avait les yeux attentivement fixés sur son instrument en bronze récemment découvert.

"C'est un merveilleux exemple de ce que les anciens Britanniques pouvaient faire", a-t-il déclaré avec grandiloquence, "et à mon avis, cela ne prouve pas un niveau de civilisation médiocre ."

«Même à cette époque de barbarie», observait le poète avec enthousiasme, «ils cultivaient l'amour du beau».

"Oh, putain", dit Dick irrévérencieusement, "ils voulaient quelque chose pour assommer un ennemi."

"Eh bien, je pense que cette épée pourrait le faire", remarqua Pumpkin avec un sourire. "Supposons que nous essayions cela sur toi, Dick."

"Non, merci", rétorqua ce jeune monsieur en grimaçant, "je suis d'accord sans preuve pratique."

"J'écrirai un article à ce sujet", dit le Dr Larcher en équilibrant délicatement l'épée dans sa main. "Une telle découverte constituerait un progrès indéniable pour notre connaissance des aborigènes de cette époque morte et enterrée d'il y a si longtemps-- *Eheu fugaces Posture labuntur anni* ."

"Il respire l'esprit même du siècle", s'écria Ferdinand d'un air inspiré :

L'âge du Bronze, l'âge du Bronze
Où Boadicea----

"Aimé et chanté", termina Dick. "Je dis mon vieux, tu es un berceau des îles de Grèce."

Sur ce, Ferdinand entra dans une discussion animée avec Dick pour prouver qu'il n'avait pas plagié Byron, tandis que Dick, en réponse, plaisantait impitoyablement le malheureux poète avec un tel succès qu'il s'enfuyait de la pièce, poursuivi par son antagoniste rieur.

"Qu'est-ce qu'il y a, Reggy ?" » demanda Pumpkin, voyant à quel point Blake était resté silencieux, « quelque chose ne va pas ?

"Oh non," répondit-il précipitamment, "mais je me demandais comment va l'écuyer ce matin."

"Tu ferais mieux d'aller voir, Blake", dit le vicaire en levant les yeux. "J'espère que cet étrange docteur lui a fait du bien. Au fait, qui est ce docteur ?"

"Je ne sais pas, monsieur," répondit Blake en se tournant vers le Dr Larcher , "il a dit qu'il faisait une visite à pied et j'imagine qu'il est un ami de Beaumont."

Le vicaire fronça les sourcils.

"Ils ne se ressemblent pas", dit-il d'un ton décisif. "Je n'ai pas beaucoup d'estime pour Beaumont, Blake, et si ce Dr Nestley est son ami, j'ai bien peur qu'il ne soit pas très bon."

"C'est grave, papa", dit Pumpkin.

"Ma chérie", répondit son père avec insistance. " J'espère que je suis le dernier homme au monde à dire du mal de mes semblables, mais je crains que Basile

Beaumont ne soit pas un homme bon - on peut difficilement l'appeler " *entier vitæ* " - je l'ai connu avant qu'il a quitté la paroisse, et même alors, sa nature n'était pas tout ce qu'on pouvait désirer, mais maintenant ses pires traits de caractère se sont développés dans l'atmosphère pernicieuse de la vie londonienne, et comme je suis le tuteur de trois jeunes dont l'esprit est naturellement ouvert à influences séduisantes, il est juste que je prenne la chose au sérieux ; si Basile Beaumont devenait le compagnon de mes élèves, je tremblerais du résultat : *ille meurt utramque . duc ruinam .*"

"Mais Dr Nestley , papa ?"

« Quant au docteur Nestley , » dit majestueusement le vicaire, « je ne le connais pas encore ; quand je le connaîtrai, je serai en mesure de juger de son caractère ; Malheureusement, » termina le docteur Larcher en secouant la tête avec sagacité, « qu'aucune personne ayant des principes strictement droits ne puisse être un ami intime de Basil Beaumont.

"Je ne pense pas qu'ils soient des amis très intimes", dit pensivement Reggy , "au contraire."

" Ah, en effet, " répondit le Dr Larcher , " eh bien, eh bien, nous verrons ; cependant... *non hæc jocosæ pratique lyræ* ... vous pouvez aller à la Grange, Blake, et vous renseigner sur la santé du châtelain.

À ce moment, un coup retentit à l'étage supérieur, ce qui signifiait que Mme Larcher avait besoin d'un peu d'attention, sur quoi Pumpkin quitta la pièce avec empressement afin de voir ce que voulait « L'Affliction ». Resté seul avec le vicaire , Reggy était sur le point de se retirer lorsque le Dr Larcher l'arrêta.

"Au fait, Blake," dit-il gravement, "je souhaite vous parler d'un sujet sérieux."

Reggy rougit et s'inclina sans dire un mot, devinant intuitivement ce qui allait arriver.

"Je suis conscient", observa le vicaire avec son air lourd, "que je suis peut-être sur le point de m'immiscer dans vos affaires d'une manière que vous pouvez considérer comme des plus injustifiables."

"Pas du tout, monsieur," répondit chaleureusement Reginald, "personne n'a autant le droit de me parler que vous, mon deuxième père, je peux dire mon seul père."

Le Dr Larcher sourit d'un air satisfait et regarda avec approbation le grand jeune homme qui se tenait près de lui.

« Je suis heureux d'avoir votre bonne opinion, dit-il en baissant poliment la tête, mais pour que vous me compreniez bien, il faut me permettre de récapituler le plus brièvement possible l'histoire de votre vie ; période critique de votre carrière - rappelez-vous Horace, *Tu nisi ventis debis grotte du Ludibrium* ."

Blake pâlit alors, avec un sourire forcé, reprit sa place et attendit que le vicaire continue, ce que fit ce digne gentleman, non sans quelque embarras.

" Bien sûr , vous comprenez," dit-il en s'éclaircissant la gorge, "que j'ignore complètement votre filiation - si votre père et votre mère sont en vie, je ne le sais pas - il y a environ vingt-deux ans, vous m'avez été amené. par Patience Allerby , votre nourrice, qui revenait alors de Londres, où elle avait été en service. Elle m'a dit que vous étiez le fils d'un pauvre lettré et que sa femme, dont elle avait été la servante, ils sont partis en France. et, je comprends, y est morte. Elle est restée avec vous sur ses bras, alors elle vous a amené ici et vous a livré à mes soins ; depuis lors, vous êtes un habitant de ma maison.

"La seule maison que j'ai jamais connue", intervint Blake avec émotion.

« Je ne nierai pas, » dit le docteur Larcher , « que j'ai reçu par l'intermédiaire de votre nourrice certaines sommes d'argent pour votre éducation, ce qui me porte à croire, malgré son déni, que vos parents sont peut-être encore en vie. c'est assez bien dans le passé, mais maintenant vous avez vingt-deux ans et je souhaite prendre quelques dispositions concernant votre future carrière - vous choisirez bien sûr votre propre vocation dans la vie - mais en attendant, je souhaite que vous demandiez à Patience Renseignez-vous sur votre naissance et obtenez d'elle tous renseignements sur vos parents qui pourraient m'être utiles - vous pourrez le faire quand vous irez à la Grange aujourd'hui - et faites-moi savoir ensuite le résultat; après nous pourrons discuter. voies et moyens concernant votre avenir.

"C'est très gentil de votre part, monsieur, de parler ainsi", dit Blake à voix basse, "et je vous en suis profondément reconnaissant. Je vais voir Patience et lui demander de me dire tout ce qu'elle sait, mais j'ai peur de Je ne peux rien attendre de mes parents, même s'ils sont vivants : un père et une mère qui ont pu laisser leur enfant à la merci d'étrangers pendant toutes ces années ne peuvent pas avoir beaucoup d'humanité. »

« Ne les jugez pas trop durement, dit précipitamment le vicaire, il peut y avoir des raisons.

"Je n'en doute pas", répondit amèrement Blake, "des raisons qui signifient la honte."

"Pas nécessairement... un mariage secret..."

"Cela aurait été déclaré bien avant vingt ans", dit rapidement Reggy . "J'ai bien peur qu'il y ait pire que ça et que ma naissance soit la honte de ma mère."

Il y avait un nuage sur le front du bon vicaire tandis que le jeune homme parlait, mais il s'abstenait délicatement de dire quoi que ce soit. S'approchant de Blake, il lui tapota doucement l'épaule, une marque de gentillesse qui toucha profondément le jeune homme.

" Allons ! allons, Blake, " dit-il gaiement, " tu ne dois pas chérir ces fantaisies morbides. Tu es jeune et intelligent, avec le monde devant toi, qui sait si tu ne réussiras pas, et puis tes parents inconnus, s'ils le font. vive, je ne vous reconnaîtrai que trop volontiers. Ne vous laissez pas abattre si facilement. Quel est le viril conseil du Vénusinien ?

'Rébus angustis animosité quand
Fortis apparaît .'"

"Je ne pense pas qu'Horace ait jamais été appelé à supporter les ennuis sans se laisser intimider", a déclaré Blake plutôt tristement, "mais si ma croyance est vraie , cela jettera une ombre sur ma vie."

"Morbide ! morbide !" répondit gaiement le vicaire, ne sortez pas en voiture à quatre pour affronter vos ennuis, mon garçon. Voyez d'abord Patience. Si vos pensées s'avèrent vraies, vous aurez assez de temps pour les déplorer, mais avec de la jeunesse et de l'intelligence sur votre tête. côté, vous ne devriez pas devenir un récréateur dans la bataille de la vie. »

"Moi non plus", dit Reggy en saisissant la main aimable qui lui était tendue. "Quoi qu'il arrive, j'ai au moins un homme qui a été pour moi père et mère."

Puis, submergé par son émotion, il quitta précipitamment la salle, tandis que le vicaire, prenant l'épée de bronze, se préparait à le suivre.

"Ah!" dit le digne gentleman avec un soupir. "J'espère que ses pressentiments ne s'avéreront peut-être pas vrais, mais Patience Allerby en sait plus qu'elle ne le dit, et je crains le pire. Cependant, *Non si male nunc et olim sic erit* , et le garçon a au moins eu quelques années heureuses, que dit le glorieux Jean ?

"Le ciel lui-même n'a pas de pouvoir sur le passé,
car ce qui a été a été, et j'ai eu mon heure."

Et c'est avec ce sentiment quelque peu païen que le Dr Larcher s'en alla discuter de la période du Bronze , illustrée par l'épée nouvellement retrouvée, avec un certain vieux copain qui était toujours en désaccord avec lui et qui disait constamment "Non" au "Oui" du vicaire.

CHAPITRE VI.

UNE PROMENADE MATINÉE.

Un serpent que tu étais autrefois

Avant d'avoir atteint l'état humain ;

Toujours dans tes veines le sang du serpent joue

Ce qui vous amène maintenant à vous réjouir et à haïr,

La magie du regard du serpent

Se cache dans vos yeux pour fasciner.

Comme c'était un jour férié, les élèves furent livrés à eux-mêmes et, en sortant, Blake trouva Dick Pemberton en train de s'amuser avec des muffins et une canne à pêche. Ferdinand, vaincu par le volatile Dick, était depuis longtemps parti travailler à une tragédie qu'il composait, et M. Pemberton se préparait évidemment pour une excursion de pêche en compagnie de Muffins.

"Maintenant, que penses-tu faire ?" » demanda Reggy en s'arrêtant à la porte.

"Personne n'est plus aveugle que ceux qui ne veulent pas voir", rétorqua froidement Dick. "Je vais pêcher . "

"Pêche?" répéta Reggy avec emphase.

"Avec l'accent sur le 'G'", répondit gaiement Richard. "Ne sois pas un pédant, mon vieux : pêcher signifie la même chose que pêcher, et ce n'est pas si difficile à dire. Je suppose que je devrais appeler Muffins ' Muffings '."

"Oh, putain !" rétorqua poliment Reggy en se dirigeant vers le portail.

"C'est tout à fait vrai, c'est du gâchis, oh roi. Où vas-tu ?"

"Grange ?"

Dick haussa les sourcils, secoua la tête et siffla, ce qui fit rougir légèrement Reginald.

"Que veux-tu dire?" » demanda-t-il en se retournant.

« Rien , rien », dit Dick modestement ; "Vous allez faire la cour , monsieur, dit-elle, je suppose."

"Quelle absurdité, Dick," dit Blake avec colère, "comme si Una..."

"Oh ! ho !" répondit Pemberton ; " Le vent est-il de ce côté-là ? Je n'ai jamais prononcé le nom de la dame. Vous devriez demander à notre seul et unique poète de vous écrire quelques vers...

"Oh, je pourrais cuillère une
fille comme la chère UnaAileen Aroona",

--mauvaise poésie, mais beau sentiment."

"J'aimerais que tu sois sérieux, Dick," dit Reginald d'un ton vexé ; "Je vais seulement à la Grange pour m'enquérir de la santé du Squire."

"Très bien", répondit Dick avec bonhomie; « donne mon amour à la vieille Cassy et dis-lui que je vais lui proposer… étrange, n'est-ce pas ?… tellement étrange. Et avec une imitation capitale de l'attitude agitée de Miss Cassandra, il s'éloigna suivi de Muffins, tandis que Reginald sortait par la porte et se dirigeait vers la rue du village.

L'entretien avec le Dr Larcher l'avait touché plus profondément qu'il n'aimait à l'avouer, et sa conversation frivole avec Dick l'avait quelque peu soulagé, mais maintenant, étant seul, il retombait dans de sombres pensées. Il n'était pas satisfait de sa position et désirait en savoir plus sur lui-même – qui étaient ses parents ? – étaient-ils morts ou vivants ? – pourquoi avait-il été jeté dans le monde comme un paria ? La seule personne qui pouvait expliquer le mystère de sa vie était Patience Allerby ; il résolut donc de lui demander des explications.

Rempli de ces pensées lugubres, il remonta lentement la rue jusqu'au pont. Ici, il s'arrêta et, se penchant sur le parapet, il se remit à réfléchir. Il était curieux que ce jeune homme, élevé dans une famille tranquille et chrétienne, laisse tourner ses pensées sur une idée aussi morbide que la possibilité qu'il soit un fils naturel. Il n'avait aucune expérience du vice et aurait donc dû accepter le mariage de ses parents inconnus comme un fait, surtout lorsque sa nourrice affirmait qu'ils étaient mariés. Mais l'étrangeté de sa situation le conduisait à croire qu'il devait y avoir un motif pour se cacher, et ce motif, il détermina dans son esprit, était l'absence d'acte de mariage.

La vraie cause, cependant, qui a conduit à cette analyse morbide des relations possibles entre ses parents, résidait dans une découverte qu'il avait faite récemment – une découverte qui a changé la simple vie virile qu'il menait en un enfer déchaîné de doutes et d'égoïsme. - des tortures .

Il était amoureux – et Una Challoner était la femme qu'il aimait. Ce n'était pas cette affection maladive et évanescente, commune à l'adolescence, connue sous le nom d'amour des veaux, non ; mais cette forte passion irrésistible de l'âme qui n'a pas de limites et qui domine et influence toute la nature. Attiré d'abord vers Una par la simple admiration de sa beauté, il apprit plus tard à se débarrasser de cette passion sans âme et trouva dans la sympathie apparentée de son esprit avec le sien cette union idéale qui existe si rarement. Elle, de son côté, avait été attirée vers lui par les mêmes qualités qu'il trouvait en elle, et cet accord parfait développait en chacun une adoration pure et spirituelle.

Son amour étant ainsi pur, il n'oserait lui offrir que la pureté, et se mit anxieusement à examiner sa vie afin de découvrir tous les défauts qui entachaient sa blancheur. Ce n'était pas un jeune homme idéal, et pourtant il n'avait rien découvert dans sa vie qui puisse l'embarrasser à s'expliquer, donc il se sentait assez à l'aise en lui-même, mais maintenant cette ombre d'illégitimité possible semblait menacer le désastre. Il n'oserait pas offrir à la femme qu'il aimait et respectait un nom qui n'était pas légalement le sien.

Cependant, il ne servait à rien de se livrer à l'auto-torture quand on pouvait y mettre un terme en obtenant une explication appropriée des circonstances de sa naissance auprès de Patience Allerby . Jusqu'alors, il avait hésité à le faire avec la vague hésitation d'un homme qui redoute d'entendre la vérité, mais il était désormais impératif qu'il apprenne tout, que ce soit le bien ou le mal, et qu'il oriente sa route en conséquence. A ce moment de sa vie , il se trouvait au carrefour de deux routes, et l'explication de Patience Allerby déciderait laquelle il prendrait. Parvenu à cette conclusion logique, il chassa résolument de son cœur toutes les pensées lugubres et traversa rapidement la commune en direction de Garsworth Grange. C'était la quête, non pas de l'Eldorado ou du Saint Graal, mais du secret qui allait faire ou gâcher toute sa vie.

La journée était terne et lourde, avec un ciel gris et froid au-dessus, un vent humide soufflant de l'humidité des marais et une impression de décadence dans l'atmosphère. Les arbres décharnés et nus avec leurs branches et brindilles minces se dessinant avec une délicate netteté sur le triste ciel gris, les feuilles flétries avec leurs rouges et jaunes vifs qui tapissaient le sol, l'absence de chant d'oiseau ou de meuglement joyeux de vache . tout cela alourdit et déprime son moral. Les teintes uniformes du paysage, avec leur absence de couleur et de vie, semblaient actuellement être un type de sa propre existence ; mais voici, quand il leva les yeux, un rayon de soleil doré était au-dessus des tours lointaines de la Grange, où il espérait trouver le talisman qui changerait la monotonie grise d'un passé sans incident en la gloire et la joie d'un avenir heureux. C'était un présage de succès, et ses yeux s'éclairèrent, sa démarche devint élastique et il serra son bâton avec détermination alors qu'il se dirigeait vers la gloire du soleil, laissant derrière lui les brumes grises et le paysage désolé.

Tandis qu'il avançait , il aperçut à quelque distance devant lui une grande silhouette d'homme, et, en arrivant à sa hauteur, il reconnut Basile Beaumont, qui marchait insouciant et réfléchissait profondément. Se souvenant de l'aversion du vicaire pour le personnage de Beaumont, il était sur le point de passer à autre chose avec un signe de tête conventionnel, lorsque l'artiste parla, et il ne pouvait, par courtoisie, refuser de répondre.

"Bonjour, Blake," dit-il d'un ton amical. « Prendre un examen constitutionnel ? »

"Pas exactement", répondit Reginald, tombant dans la démarche tranquille de l'artiste ; "Le vicaire veut savoir comment va Squire Garsworth ?"

« Si je vous avais rencontré plus tôt, j'aurais pu vous épargner la promenade, » dit Beaumont avec indolence ; "Il va beaucoup mieux, ils ont envoyé ce matin chez Nestley pour lui en parler."

« Où est le Dr Nestley maintenant ? demanda Blake.

Beaumont désigna la Grange avec son bâton.

" Là-bas, " répondit-il, " je vois son patient. Je pense qu'il devra rester ici pendant un certain temps ; le Squire s'est pris d'affection pour lui ; les goûts des hommes riches font la fortune des pauvres. "

"Bien. J'aimerais que quelqu'un m'apprécie", dit Blake avec un soupir. "J'ai besoin d'une fortune."

"Tu en as un."

"En effet ! Où ?"

"Dans ta gorge !"

Reginald rit et secoua la tête.

"Je ne le pense pas", répondit-il gaiement.

"Ne sois pas si modeste, mon cher garçon", dit Beaumont en haussant les épaules. "Je vous assure que je ne suis pas du genre à faire des éloges inutiles. Vous avez besoin d'un entraînement, d'un entraînement intensif, pour amener votre voix à la perfection ; mais vous avez un organe merveilleux sur lequel travailler - la voix n'est pas tout, remarquez ; je J'ai connu des gens avec de bonnes voix pour qui un tel cadeau ne vaut absolument rien.

"Pourquoi?"

"Parce qu'ils n'ont aucun talent. Pour devenir chanteur, il faut plus que de la voix : il faut une grande persévérance, un puissant instinct dramatique, un esprit instruit et une forte individualité."

"Je ne pense pas avoir tout cela", dit Reggy d'un ton plutôt inconsolable.

« Laissez-moi voir, » observa délibérément Beaumont, « vous avez une bonne voix et un instinct dramatique, comme je le sais par la façon dont vous avez chanté cette chanson hier soir ; vous êtes instruit, bien sûr, et je peux constater par moi-même que vous avez une individualité qui vous est propre, il ne reste que la persévérance. Avez -vous de la persévérance ?

"Je pense que oui."

" Ah ! j'en doute. Je vais poser la question autrement. Êtes-vous ambitieux ? Si vous l'êtes, vous devez avoir de la persévérance : l'un est le résultat naturel de l'autre. "

"Comment ça?"

"Logiquement de cette façon--un homme ambitieux veut réussir--il ne peut pas réussir sans persévérance--donc, il persévère pour réussir son ambition. Alors, êtes-vous persévérant ou ambitieux ?"

"Je ne suis pas sûr."

"Non!" Beaumont ne parut pas déçu de cette réponse, mais continua à parler. "Alors vous n'avez aucune incitation ; vous êtes au stade de la chrysalide ; obtenez une incitation et vous vous transformerez en papillon."

"Quelle incitation puis-je obtenir."

"Cela dépend de votre tempérament, du désir de quitter le ennuyeux village, du désir d'avoir de l'argent et, par-dessus tout, du désir d'être aimé d'une femme."

"Ah", dit Blake, que cette dernière remarque a vivement piqué, "au moins j'ai cette incitation."

Beaumont rit.

"Ensuite, le résultat doit suivre, vous persévérerez et réussirez."

Blake fut très impressionné par les remarques de Beaumont, car une vision lui apparut d'un avenir brillant et d'un nom célèbre avec Una pour épouse. Puis le souvenir du sombre secret de sa naissance lui revint ; si ce qu'il supposait était vrai, il n'aurait aucune raison de travailler car il y aurait une barrière infranchissable entre lui et la fille qu'il aimait. Les scènes roses qu'il avait imaginées disparurent et à leur place il ne vit plus que le chagrin d'une vie solitaire. Il soupira involontairement et secoua la tête.

"Tout dépend d'une chose", dit-il tristement.

"Et cette seule chose ?" demanda vivement Beaumont.

"C'est actuellement un secret", répondit sèchement Blake, sur quoi Beaumont rit légèrement, sans aucune offense, et ils marchèrent sur une courte distance en silence.

Ils approchaient maintenant de la Grange, et Beaumont allait faire demi-tour lorsqu'il aperçut Nestley arriver sur la route.

"Voici Nestley ", dit-il négligemment, "afin que vous puissiez tout apprendre sur l'écuyer grâce à lui, sans avoir besoin d'aller à la Grange."

"Je dois aller à la Grange", répondit Blake.

Beaumont souriait et sifflait l'air du « Jeune rêve d'amour », car il avait entendu des rumeurs dans le village qui lui faisaient croire que Blake était amoureux de la belle cousine du Squire.

Reginald le comprit et était sur le point de faire une remarque fâchée, lorsque Nestley s'approcha d'eux et mit fin à la conversation.

"Eh bien, docteur," dit Beaumont d'un ton léger, "et comment va votre patient ?"

de Nestley fronça les sourcils lorsqu'il reconnut Beaumont, mais il était visiblement déterminé à ne pas donner à son ennemi le plaisir de voir son agacement, alors, lissant ses traits pour former un sourire fade, il répondit de la même manière conversationnelle :

"Mieux... beaucoup mieux... il ira bientôt mieux... moins excitable... mais le corps est usé."

"Et le cerveau ?" demanda l'artiste.

"Oh, ça va, il a un cerveau merveilleux."

"Légèrement fissuré", intervint Blake en faisant un signe de tête à Nestley .

"Juste un peu", répondit froidement Nestley . "Mais sa folie a beaucoup de méthode. Il a des idées bizarres sur la réincarnation de l'âme, mais nous avons tous plus ou moins des idées bizarres."

"Particulièrement plus", observa indolemment Beaumont. "Tu reviens, Nestley ? Je serai heureux d'avoir un compagnon."

Nestley hésita. Il n'aimait pas Beaumont et se méfiait de lui. Pourtant, il y avait chez cet homme une merveilleuse fascination à laquelle peu de gens pouvaient résister, et malgré son aversion pour Nestley , il se retrouva rapidement à retomber sous le charme ancien de cette manière suave et cynique.

"Ça ne me dérange pas," dit-il négligemment, "d'autant plus que je veux vous transmettre un message de l'écuyer."

"Tome?" dit Beaumont surpris. "Qu'en est-il de?"

"Une photo. Le châtelain veut que son portrait soit pris, et..."

« Vous avez pensé à moi, » dit Beaumont avec un sourire froid ; "Comme tu es charmant, mon cher Nestley . Je serai ravi de peindre l'écuyer, c'est un bureau rembrandtien , plein de lumière, d'ombre et de rides."

« Où allez-vous, M. Blake ? » demanda Nestley en se tournant brusquement vers le jeune homme et en le regardant attentivement.

"À la Grange", répondit négligemment Blake, "pour voir le Squire. Bonjour, messieurs," et avec un signe de tête froid, le jeune homme s'éloigna en direction de Garsworth Grange.

Nestley s'occupait de lui bizarrement.

"Pour voir le Squire", répéta-t-il. " Oui et Una Challoner."

"Ah," dit cyniquement Beaumont. "Vous l'avez vu, mon cher."

"Oui. Sais-tu qu'Una Challoner l'aime ?"

"Pas exactement. Je sais qu'il aime Una Challoner."

"Elle le rend", dit sombrement Nestley . "J'ai découvert cela grâce à ses manières ce matin."

Beaumont sourit et regarda étrangement le visage abattu du docteur.

"Je comprends", dit-il en allumant une nouvelle cigarette.

"Comprendre quoi?" » demanda Nestley avec colère.

"Que tu aimes aussi Una Challoner."

"Absurde, je ne l'ai vue que deux fois."

"Néanmoins----"

"Quoi?"

"Oh rien, rien", répondit Beaumont d'un ton léger. "Je te raconterai tout dans une semaine."

Nestley ne répondit pas, mais resta silencieux, regardant le sol, ce qui fit que Beaumont passa son bras sous le sien avec un rire gai.

"Viens," dit-il joyeusement, "nous retournerons à Garsworth , et tu pourras me parler du Squire et de sa photo."

CHAPITRE VII.

LA GÉNÉRALE.

Comme une montagne solitaire blanche de neige vierge,

Qui tient en son sein le feu éternel

Cette femme froide et pâle au visage malheureux

Pourtant, il ressent au fond un désir inassouvi.

Reginald Blake remontait l'avenue d'un pas vif. Il avait un aspect excessivement morne, car les arbres noirs avec leurs branches anguleuses semblaient affamés et atténués tandis que les feuilles sous les pieds étaient détrempées par la pluie. Les statues de marbre qui se dressaient çà et là avaient un air inconsolable, comme si elles désiraient les cieux ensoleillés de leur Italie natale, et protestaient en silence contre ce climat brumeux qui décolorait et gâchait leur beauté.

Lorsqu'il arriva sur la terrasse, la longue façade blanche de la maison lui parut sinistre et peu accueillante. Aucune fumée ne montait des cheminées élancées, aucun visage n'apparaissait aux fenêtres nues et fixes, et la terrasse, qui aurait dû être remplie d'une joyeuse compagnie, était silencieuse et déserte, glaçant l'âme même de son muet sentiment de désolation.

Le jeune homme sonna la cloche du porche monstrueux, et avant que le tintement violent ne cesse de résonner dans la morne maison, la porte fut ouverte par Jellicks . En reconnaissant Blake, elle lui fit un geste de bienvenue et l'admit dans la salle aux allures de caveau qui conservait encore l'odeur de moisi observée par Nestley . En dehors du ciel gris, à l'intérieur du crépuscule gris, il semblait que le soleil n'avait pas réchauffé ce lieu lugubre de ses rayons joyeux depuis des siècles.

« Je veux voir Miss Challoner, » dit Reginald, quand la lourde porte fut refermée, « est-elle à la maison ?

Jellicks répondit qu'elle l'était, dans un sifflement semblable à celui d'un serpent, puis, encore plus semblable à un serpent, elle se tortillait le long du couloir sombre du rez-de-chaussée, suivie par Blake, qui se sentait déprimé par l'atmosphère de décadence ambiante.

Enfin, elle s'arrêta au milieu du couloir et, en frappant à une porte, une voix faible, apparemment celle de Miss Cassy, lui fit signe d'entrer.

Reginald le fit, et Jellicks s'étant excusé hors de la pièce, il s'avança pour saluer Una et Cassandra, qui étaient assises dans la large fenêtre donnant sur la terrasse blanche et le paysage morne.

Una, pleine de vie et de beauté, semblait quelque peu déplacée dans ce charnier, même si, à vrai dire, la pièce avait un aspect plus familial que le reste de la Grange. Pas très grande, lambrissée de chêne sculpté, sombre et d'aspect solennel, elle était tendue de tableaux dans des cadres dorés ternis, le sol étant recouvert d'un confortable tapis de teinte rougeâtre. Dans l'immense cheminée brûlait un bon feu, qui réchauffait quelque peu l'atmosphère froide. Le mobilier était pittoresque et démodé, de toutes les époques, allant des lourdes tables en chêne de l'époque Tudor aux chaises Chippendale aux pieds fuselés et aux armoires curieusement marquetées de construction plus moderne. Il n'y avait qu'une seule fenêtre dans la pièce, un profond oriel avec des bancs enfoncés dans ses profondeurs et ses carreaux de diamant riches en écussons aux couleurs vives de la famille Garsworth . Une pièce pittoresque, d'apparence ancienne et incongrue, mais possédant en même temps une beauté tranquille, un ton de repos intense, qui n'était pas sans charme.

"Bonjour, Miss Challoner", dit poliment Reginald, conscient de la présence de Miss Cassy. "J'ai appelé suite au désir du Dr Larcher pour voir comment va l'écuyer."

"Oh, mieux, beaucoup mieux", intervint Miss Cassy avant qu'Una ne puisse parler. " J'ai dit que c'était nerveux depuis le début - si très étrange - il était assez excité, mais les médicaments du cher docteur, vous savez - si apaisants, vraiment très apaisants - je ne sais pas ce que le cher écuyer ferait sans le cher docteur."

"Il ne va pas se passer de lui, ma tante", dit Una en souriant; "Mon cousin a peur de tomber à nouveau malade, c'est pourquoi il a demandé au Dr Nestley de rester ici quelques semaines pour achever la guérison."

« Et sa propre pratique ? » demanda Réginald.

"Oh, il dit que tout ira bien, puisqu'il a laissé la responsabilité à son partenaire. Avez-vous rencontré le Dr Nestley ?"

"Oui, aux portes ; il est retourné à Garsworth avec M. Beaumont."

« Beaumont, » dit Miss Cassy avec vivacité, « c'est le peintre, très étrange, n'est-ce pas ? il va peindre le tableau du cher écuyer, comme c'est gentil.

"Pourquoi le châtelain veut-il que son tableau soit peint ?" demanda Blake.

Una rit.

« Pas pour sa beauté, en tout cas, » dit-elle malicieusement, « mais, vous savez, il n'y a qu'une seule photo de lui dans la galerie – en tant que jeune homme. Je suppose que ce sera par souci de contraste. vous connaissez M. Beaumont ?

"Un peu. C'est un étranger ici", répondit Blake un peu froidement. "Je devrais dire que c'était un homme très intelligent, mais ce n'est pas vraiment le style qui m'intéresse."

« Il a l'air méchant, » dit Miss Cassy, hochant sagement la tête ; "Porté, vous savez, oh, choquant ! mais très beau, juste le genre d'homme que je voudrais pour un fils."

"Oh, tante!" » dit Una, légèrement choquée.

"Eh bien, je le ferais, Una. Vous savez que j'aurais aimé être marié, je suis sûr que je ne sais pas pourquoi je ne l'ai pas été," dit pathétiquement la pauvre dame. « Je suis sûr que tout le monde peut voir que je ne suis pas faite pour une vieille fille – c'est tellement étrange, n'est-ce pas ?

Blake, directement interpellé, réprima un sourire et acquiesça poliment ; sur quoi Miss Cassy reprit :

"C'est si dur pour une fille célibataire de savoir quand arrêter d'être une fille - je suis sûr que je ne sais pas - lierre, tu sais, j'en ai envie; je suis faite pour m'accrocher à un chêne viril. --non, je veux dire un homme chêne --non ! pas ça--mélangé, voyez-vous ! Je veux dire un homme comme un chêne--oui, c'est tout, et alors j'aurais pu avoir douze fils vaillants--tous des chênes ! Bizarre, n'est- ce pas ? C'est très singulier.

"Ma chère tante, que de choses curieuses tu dis !" dit Una en regardant d'un air de reproche Reggy qui essayait d'étouffer son rire.

"Oui, je sais, chérie," répondit Miss Cassy avec complaisance, "nous sommes tous bizarres, nerveux, assez chroniques; tout le monde peut voir que cela vient du fait d'être un lierre, je veux dire une femme, si gentil. ... oui, je le dis toujours, n'est-ce pas, M. Blake ?

Reginald ne pouvait pas exactement le dire, car il avait des doutes sur ce que voulait dire Miss Cassy, mais il fit une réponse confuse, puis demanda à voir Patience Allerby .

"Elle est dans la chambre de la gouvernante, je pense", dit Una. "Tante t'y emmènera, et quand tu en auras fini avec elle , j'irai à Garsworth avec toi."

"Vraiment ? Je suis tellement contente !" dit Reginald avec empressement.

"Je veux voir Cecilia à l'église", répondit Miss Challoner, "à propos du concert".

"Quel concert?"

"Tu ne sais pas ? Oh, nous allons bientôt avoir un concert dans la salle de classe. On va te demander de chanter."

"Ravi."

"Cecilia va jouer un morceau — elle n'aime pas autant le piano que l'orgue, mais nous pouvons difficilement faire sortir cela de l'église."

"Je vais chanter aussi", dit Miss Cassy en secouant ses boucles, "si gentil, assez lyrique. Je chanterai un duo avec vous, M. Blake, si vous le souhaitez."

Blake s'excusa précipitamment, car il redoutait beaucoup les performances vocales de Miss Cassy, qui étaient pour le moins quelque peu criardes. La dame accepta gracieusement ses excuses, puis le conduisit hors de la pièce pour trouver la gouvernante, laissant Una se préparer pour la promenade.

Miss Cassy, ravie d'avoir pour public un charmant jeune homme, bavarda tout au long du trajet d'une manière déconnectée.

"Tellement humide, n'est-ce pas, assez frais. Je n'ai jamais aimé le temps. Très aqueux, rhumatismal, vous savez. Je veux dire le temps, bien sûr, pas moi ! Je pense que Patience est dans sa chambre... c'est si gentil de votre part de voir votre vieille nourrice - tout à fait délicieux ! Léger, quel est son nom, vous savez - Moore - exactement ; mélodies irlandaises - si jolies ! C'est la porte. Oh, Patience - vous êtes dans... -Je suis si heureux... voici M. Blake qui vous voit ! Le châtelain est plus facile... oui, nerveux, bien sûr... je le savais. Je retournerai à Una, M. Blake, et je vous verrai plus tard... très heureux, en effet, c'est un vrai plaisir de voir un mâle. Cela ressemble à ce message, très étrange, n'est-ce pas ?

Et Miss Cassy, fermant la porte derrière elle, partit, laissant Reginald seul avec sa vieille nourrice.

La grande femme placide, debout près de la cheminée, fit un pas en avant, comme pour embrasser Reginald, mais se retint, comme si elle ne savait pas comment procéder. Blake, cependant, s'approcha d'elle et l'embrassa affectueusement, ce qui sembla éveiller un sentiment d'émotion dans sa poitrine, car elle rougit un peu à la caresse et lui sourit avec amour. Dans sa robe sage couleur ardoise , avec son tablier blanc et son visage pâle et rigide, elle ressemblait à une femme qui n'avait jamais su ce que c'était qu'aimer ou être aimée ; mais de temps à autre, un éclair au fond sombre de ses yeux éloquents trahissait la nature ardente cachée sous ce calme extérieur. Le baiser du jeune homme sembla réchauffer son âme gelée et, alors qu'elle reprenait sa place, son visage était rose, ses yeux doux et les rides dures autour de sa bouche disparaissaient sous la magie de la présence de Reginald Blake.

Lui, brun et beau, s'appuya contre la cheminée, la regardant avec curiosité, comme s'il se demandait comment entamer la conversation.

"Je suis si heureuse de vous voir, Maître Reginald," dit-elle, la voix dure avec laquelle elle parlait habituellement devenant douce et tendre. "Je ne t'ai pas vu depuis longtemps."

"Une semaine entière, Patience, c'est tout", répondit-il négligemment. "Tu vois, je suis occupé avec mes études."

"C'est vrai, chérie!" dit-elle avec impatience. " Travaillez... travaillez dur et faites-vous un nom dans le monde.

"Pour qui ?" » demanda-t-il un peu amèrement.

"Pour le mien!"

Il y avait un monde de tendresse dans la façon dont elle prononçait ces mots, et ses yeux semblaient le dévorer tandis qu'elle le regardait. Il se déplaçait avec agitation et, dans un effort suprême, s'enfonçait droit dans l'objet de sa visite.

"Pourquoi pas pour le bien de mes parents ?"

Le visage de la femme perdit son air de tendresse et devint dur et rigide tandis qu'elle pressait convulsivement les accoudoirs de son fauteuil et levait les yeux vers son visage.

"Qui vous en a parlé," demanda-t-elle avec férocité.

"Docteur Larcher ."

"Et la raison ?"

" Simplement ceci : j'ai vingt-deux ans, il est donc temps que j'aie un objectif dans la vie. Avant de faire cela, je veux tout savoir sur ma filiation. Mes parents sont-ils vivants ou morts ? - qui sont-ils ? ?--pourquoi ai-je été placé sous votre responsabilité ?--peuvent-ils, ou leurs proches, m'aider à m'épanouir dans le monde ? Je ne peux pas bouger tant que je ne sais pas qui et ce que je suis.

Il parlait avec véhémence et, ce faisant, la femme semblait se recroqueviller sur sa chaise avec une terreur sans nom dans les yeux. Il n'y eut aucun son pendant un moment. Elle rompit enfin le silence.

« Vos parents étaient mon maître et ma maîtresse, dit-elle enfin d'une voix basse et dure, mariés contre la volonté de leurs parents.

« Ils étaient donc mariés ? »

"Qui a dit que ce n'était pas le cas?" » demanda-t-elle avec férocité.

"Personne. Mais le mystère de ma naissance m'a amené à penser qu'il pourrait y avoir..."

"Honte!" l'interrompit-elle avec véhémence. "Vous avez tort. Il n'y avait aucune honte, ils ont gardé le mariage secret, car s'ils l'avaient su, ils auraient perdu leurs biens. Quand vous êtes né, ils sont partis en France pour la santé de votre père, vous laissant sous ma garde. . Je devais te garder jusqu'à ce qu'ils puissent te reconnaître comme leur fils ; mais avant de pouvoir le faire, ils sont morts.

"Décédé!"

— Oui. Votre père est mort de phtisie à Cannes six mois après avoir quitté l'Angleterre, et votre mère l'a très vite suivi jusqu'au tombeau.

"Elle est morte de quoi ?"

— Un cœur brisé, répondit Patience à voix basse, un cœur brisé, pauvre âme.

"Bon dieu!"

« J'en ai entendu parler peu de temps après, reprit-elle rapidement, et comme votre naissance n'avait jamais été reconnue, j'ai décidé de vous élever sans que personne ne sache la vérité. Après un séjour quelque temps à Londres, je vous ai amené chez le docteur Larcher . , et c'est lui qui s'occupe de vous depuis."

"Pourquoi êtes-vous venu ici?"

"Parce que c'est mon pays natal. J'avais seulement l'intention de rester un certain temps, puis de reprendre du service à Londres, mais Squire Garsworth voulait une femme de ménage, alors j'ai accepté la situation pour rester près de chez vous."

"Pourquoi ne me l'as-tu pas dit avant."

"Ce n'était pas nécessaire", répondit-elle froidement, "et même maintenant, cela ne sert à rien. Vos parents sont morts et la propriété est revenue à des héritiers lointains."

"Mais je suis l'héritier."

Elle secoua la tête.

"Non, la propriété n'a pas été mise en jeu ; elle a été laissée par testament, et vous n'avez aucun droit sur le détenteur actuel."

"Qui était mon père ?"

"Il avait été dans l'armée, mais s'est vendu lorsqu'il s'est marié et est devenu écrivain."

"Quel était son nom?"

"Reginald Blake, le même que le vôtre."

"C'est mon vrai nom, alors ?"

Elle le regarda avec surprise.

"Bien sûr ! Pourquoi ne devrais-tu pas prendre le nom de ton père ? Il n'y avait aucune raison."

" Alors je suis seul au monde ? "

"Oui, sauf moi."

Il s'approcha d'elle et posa son bras caressant sur son épaule.

"Ah, tu as été une mère pour moi", dit-il rapidement, "et je ne l'oublierai jamais. Personne n'aurait pu agir avec plus de bonté et de fidélité."

Patience grimaça et recula devant sa caresse tandis qu'il parcourait la pièce en parlant joyeusement.

"Maintenant, mon esprit est tranquille", dit-il avec un soupir de soulagement. "Je pensais que le mystère de ma naissance comportait une tache, mais puisque j'ai le droit de porter le nom de mon père, pourquoi ! Je me sens très heureux. Je peux me frayer un chemin dans le monde par moi-même, je peux demander à la fille que j'aime d'être ma femme."

"La fille que tu aimes", répéta-t-elle jalousement.

"Oui, je vais vous dire son nom, même si personne d'autre ne le sait : Una."

« Miss Challoner », dit la femme en se levant ; "impossible!"

"Pourquoi impossible?" rétorqua-t-il gaiement. "Vous pensez que je ne suis pas assez riche. Qu'à cela ne tienne, j'ai une fortune dans le gosier et je pourrai bientôt la garder confortablement. Elle m'aime et je l'aime, alors nous serons bien heureux."

"Je l'espère", dit-elle avec ferveur. "Que la bénédiction de Dieu repose sur vos efforts. Oui, épousez Una Challoner si elle vous aime et tracez votre propre chemin sans vous soucier des morts."

"Je n'ai jamais connu mes parents", a déclaré Reginald en soupirant, "donc je ne peux guère les regretter, mais avec Una pour qui travailler, j'oublierai le passé et j'attendrai l'avenir avec impatience. Je n'ai rien à lui offrir maintenant, à part un nom inoxydable. " Qu'à cela ne tienne, l'ambition peut faire des miracles. Maintenant, au revoir, nourrice ; je dois retourner à Garsworth . "

"Au revoir," dit-elle en l'embrassant avec impatience. " Revenez bientôt, mon cher garçon ; et bien qu'Una Challoner vous aime, n'oubliez pas votre ancienne nourrice. "

"Bien sûr que non," répondit-il gaiement, et il s'éloigna en fredonnant un air. Patience Allerby attendit que la porte fût fermée et que le son de sa voix eût disparu, puis tomba à genoux, se frappant la poitrine avec ses mains et pleurant amèrement.

"Dieu Dieu!" s'écria-t-elle au milieu de sanglots convulsifs, pardonnez mon péché. C'était pour lui, pour son bien-aimé, pas pour le mien. Que le passé mort soit oublié. Qu'il ne sache jamais autre chose que ce que je lui ai dit, et bénissez-le. , oh mon Dieu, dans sa vie future.

Il y avait un crucifix d'ébène noir contre le mur, et de là, avec des yeux compatissants, il regardait le visage du Seigneur vers la femme frappée agenouillée devant lui. La douleur ineffable du visage sacré parut calmer son esprit, car elle cessa de pleurer et ses lèvres remuèrent dans une prière qui semblait sortir de son cœur.

« Pardonnez-nous nos offenses, comme nous pardonnons à ceux qui nous ont offensés . »

CHAPITRE VIII.

L'ORGANISTE AVEUGLE.

"Je n'ai rien vu de la terre, car mes yeux ont été obscurcis.
Depuis que je suis né dans cette vie, avec ses labeurs et ses vexations,
pourtant le Créateur, dans sa miséricorde, a accordé une compensation, de
la musique et l'amour du doux chant pour éclairer le fardeau. Ici, à l'orgue
bruyant, mon âme réagit à la passion et à la grandeur de la musique, et
soupire mélodieusement,
elle éclate de sa prison de ténèbres, s'élevant vers le haut en se réjouissant,
portée par le souffle orageux et majestueux de l'orgue.

En règle générale, les conversations des amants ne valent guère la peine d'être
enregistrées, car elles sont constituées, comme c'est le cas pour la plupart, de
rhapsodies incohérentes d'amour et de dévotion, avec très peu de cette
qualité utile qu'on appelle le bon sens. Mais Reginald et Una étaient les
amoureux les plus posés et parlaient d'autre chose que de l' ardeur de leur
passion. Dans ce cas, ils discutaient de leur avenir et des chances de leur
mariage.

Il eût été difficile d'en trouver un plus beau pendant qu'ils marchaient ; elle
était blonde et svelte, avec un charmant sourire sur le visage ; il est grand et
brun, avec une touche de hauteur dans sa dignité virile. Ils ressemblaient à
deux amants égarés du jardin enchanté de Boccace, n'ayant à parler que des
douleurs et des passions d'Éros, mais, hélas, de telles pensées sont
impossibles, sauf sous l'influence magique du crépuscule ; et ce jeune couple,
qui semblait l'incarnation du romantisme, parlait de la façon la plus
prosaïque.

"Tu vois, ma chérie", dit Reginald après avoir tout expliqué à Una, "cela ne
sert à rien que je dépende de mes relations, même si je les découvrais."

"De toute façon, je ne pense pas que cela soit très utile", répondit Una d'un
ton décisif. "Il est de loin préférable que vous dépendiez de vous-même. Mais
comment comptez-vous procéder ?"

" C'est assez difficile à dire. Je n'ai pas d'argent et aucune chance d'en obtenir.
Patience avait une certaine somme qu'elle a versée au docteur Larcher pour
mon éducation. Je crois, dit le jeune homme avec un peu d'amertume, que
j'ai été élevé principalement par le vicaire par charité.

"Le docteur Larcher ne l'a jamais dit."

"Non, il est trop bon et généreux pour cela, mais je suis sûr que tel est le cas. Peu importe ; si jamais cela est en mon pouvoir, je rembourserai sa charité mille fois ."

"Penses-tu qu'il aimerait que tu deviennes chanteur ?" » demanda Una avec appréhension.

"Je ne pense pas qu'il l'approuvera, au début," dit sans détour Reginald, "mais que puis-je faire d'autre ? La loi, l'église et la médecine ont toutes besoin d'argent pour démarrer, et même alors , c'est difficile." un jeu difficile à jouer. Je connais beaucoup de choses en musique et, selon Beaumont, qui n'est certainement pas flatteur, j'ai une excellente voix. C'est donc ma seule chance.

« Si le vicaire approuve, que ferez-vous ?

"Je lui demanderai de me prêter de l'argent. J'irai ensuite à Londres et je me placerai sous la direction d'un bon maître, et si ma voix est bonne, avec un travail acharné, je pourrai bientôt faire quelque chose."

"Cela semble très risqué", dit Una avec un soupir. "Beaucoup échouent."

"Et beaucoup réussissent. Si un homme est sobre, travailleur et observateur, il ne peut guère s'empêcher de réussir. Les mendiants ne doivent pas choisir, et si je n'utilise pas le seul talent que j'ai, que puis-je faire d'autre ? "Je ne peux pas rester ici toute ma vie grâce à la générosité du Dr Larcher . Si je le faisais, il y aurait peu de chances de notre mariage."

"J'ai un peu d'argent", commença-t-elle timidement.

"Oui, je sais," répondit-il précipitamment, "mais je ne suis pas homme à vivre de ma femme. C'est votre bien-aimé que je veux, pas votre argent; bien que, en tant qu'héritière du châtelain, vous soyez bien au-dessus de moi. "

Una rit.

"Je doute beaucoup d'être une héritière", dit-elle gaiement. "Il est vrai que je suis le plus proche parent du châtelain et que je devrais en hériter, mais vous savez à quel point il est excentrique. La propriété n'est pas impliquée, il peut donc faire ce qu'il veut."

"Vous voulez dire qu'il va s'en remettre à lui-même. C'est absurde ! C'est le fantasme du cerveau d'un fou. Aucun tribunal ne confirmerait une telle volonté. Comment il va s'en remettre à lui-même alors que son *alter ego* n'est pas qui existe, je ne sais pas."

"Moi non plus", répondit franchement Una. "Je sais, bien sûr, qu'il est fou, complètement fou, et que tout testament rédigé sur le principe de son hallucination serait annulé, mais dernièrement, il a laissé entendre qu'il aurait un fils."

"Un fils ? Pourquoi il n'a jamais été marié."

"Non; mais il dit qu'il a un fils qui vit quelque part et qu'il a l'intention de lui léguer la propriété."

"En effet. Alors que devient son grand projet consistant à profiter de l'argent dans son corps réincarné ?"

"C'est un mystère", dit Miss Challoner en riant.

"Je devrais penser que c'était le cas, et quel que soit le testament qu'il fera maintenant, vous laissant la propriété loin de vous, ne serait pas valable, car il n'est certainement pas dans son bon sens. Vous pourriez prétendre être le plus proche parent."

"Et je devrais certainement le faire", répondit Una avec décision. "Mais je pense qu'il vivra encore longtemps."

"Humph ! Il est très malade."

"Les portes qui grincent sont les plus longues. Mais ne spéculons pas sur sa mort. Je préférerais que nous fassions notre propre fortune."

L'utilisation du membre pluriel avait un son délicieux pour Reginald, et il se sentit fortement tenté d'y aller et d'embrasser ensuite sa bien-aimée, mais comme ils traversaient maintenant le pont et que plusieurs personnes étaient là, il se retint jusqu'à une saison plus opportune. .

"Peu importe l'écuyer et son argent, chérie," dit-il avec tendresse, "pour ton bien, je vais être le Mario du futur."

"J'en suis sûre", répondit Una avec la confiance de l'amour, "tu sais que j'ai vécu longtemps en Allemagne et que j'ai entendu un certain nombre de bons chanteurs - ta voix est aussi bonne que n'importe quelle autre, sinon meilleure."

"Flatteur!"

"Eh bien, nous verrons, Signor Reginald Mario," dit-elle gaiement, alors qu'ils entraient dans le cimetière, "quand vous enchanterez le public de Londres, vous vous souviendrez de ma prédiction. Vous devriez croiser la main de la pauvre gitane avec de l'argent."

"Je ne peux pas, maman," rétorqua-t-il en riant ; "Je suis fauché. Pourtant, il n'y a personne, alors je ferai mieux : croiser les lèvres de la bohémienne avec des baisers", et avant qu'elle ait pu reculer, ce jeune homme audacieux a mis ses paroles en action.

"Oh, Réginald !"

"Oh, Una," mima-t-il légèrement, "ne dis pas un mot ou j'en prendrai un autre. Viens, voici l'église, et par Jupiter," tandis que le son de la musique résonnait à leurs oreilles, "il y a Cécilia à l'orgue."

"Et elle joue la Marche nuptiale", s'écria Una en rougissant.

"C'est de bon augure, ma chérie," murmura-t-il alors qu'ils marchaient dans l'allée, "c'est comme une répétition de mariage, n'est-ce pas ?"

Ils rirent tous les deux gaiement, et tandis que leurs jeunes voix résonnaient dans l'église vide, l'organiste se retourna rapidement sur son siège vers la direction d'où venait le son.

Cecilia Mosser était une de ces femmes claires qui entretiennent avec une blonde pleine de couleurs le même rapport qu'une opale sans feu avec la même pierre, dont l'étincelle rouge brille sous sa blancheur opaque. Alors qu'Una avait toutes les caractéristiques d'une vraie blonde, rougie de la teinte rosée d'une forte vitalité, ces mêmes caractéristiques étaient reproduites chez Cecilia avec un manque évident de couleur et de vie. Elle avait le même teint pâle, les mêmes cheveux dorés et les mêmes yeux bleus, mais le teint était d'un blanc mort, et n'avait pas la transparence opalescente de celui d'Una, les cheveux dorés étaient d'apparence terne, sans aucun éclat, et les yeux azur étaient d'un bleu froid, bien que dans ce dernier cas, étant aveugles, ils ne reflétaient naturellement pas l'âme intérieure, ayant donc une apparence sans vie. C'était un visage triste et patient, empreint de cette expression d'appel muet si commune aux visages des aveugles. Elle était vêtue d'une robe sombre, avec un col et des poignets en lin blanc, et ses cheveux décolorés étaient enroulés doucement à l'arrière de sa tête.

"Comment vas-tu, Cécilia ?" demanda Una en montant les marches du chœur. "Je suis venu voir à propos du concert."

"Oui, je vous attendais, Mademoiselle", répondit l'aveugle d'une voix douce et flûtée qui, bien que basse, était distincte et claire. "Est-ce que M. Blake est avec vous ? Je pensais avoir entendu son pas."

"Oh, je suis là", dit Blake en s'avançant vers l'orgue. "Qu'est-ce qu'il y a, hein ?"

"Je veux que tu chantes au concert", répondit Cécile en touchant légèrement les touches jaunes de l'orgue; "Mlle Una, bien sûr aussi."

"Chantons en duo", suggéra Una; "'Oh, que nous étions tous les deux Maying ', ou quelque chose de Mendelssohn."

"Le premier est le meilleur", dit rapidement Reginald. "Je pense que tout le monde va aimer ça. Qui d'autre va jouer, Cecilia ?"

"Mlle Cassandra et M. Priggs ", répondit-elle en effleurant les noms sur ses doigts. "M.----"

"Quoi ! Est-ce que Priggs va chanter ?" interrompit Blake en riant.

"Non, récite un morceau à lui."

"J'espère que ce sera intelligible."

"Comme tu es sévère", dit Una en souriant.

" Ah ! vous ne connaissez pas la poésie de Ferdinand, " répondit pathétiquement Réginald ; "Oui. C'est un mélange de Keats, Thompson, Browning, Shakespeare----"

"Et Priggs ", termina Una.

"Non, par Jupiter, c'est la seule chose qu'il ne contient pas, à moins que vous n'appeliez Priggiens des vers hésitants et des poèmes interminables ", dit gaiement le jeune homme. "Eh bien, continue la liste, Cecilia."

"Le Dr Larcher va nous faire une lecture", a déclaré Cecilia, qui avait écouté l'analyse avec un sourire tranquille, "et M. Pemberton chante une chanson marine; je pense que c'est tout, sauf Miss Busky et Simon Ruller . "

"Enfin, mais non le moindre", remarqua Una avec légèreté. "Le programme est excellent, espérons que les artistes seront aussi bons. C'est la semaine prochaine, n'est-ce pas ?"

"Non, jeudi quinze jours", répondit Cecilia. "Oh, j'ai oublié, la chorale chante joyeusement."

"Et vous jouez un morceau, bien sûr", dit gravement Reginald. "C'est capital. Eh bien, maintenant que nous avons terminé nos affaires, allons-y pour le plaisir. Je veux que tu me joues le ' Cujus animé .'"

"Pourquoi?" demanda Una.

"J'ai hâte d'essayer ma voix", lui dit Blake à voix basse, tandis que Miss Mosser se tournait vers l'orgue. "Vous savez pourquoi, vous devez me donner votre franche opinion à ce sujet, alors descendez au bout de l'église et dites-moi ce que vous en pensez."

"Je serai une critique très sévère", observa Una en s'éloignant.

« Plus c'est, mieux c'est », s'écria Blake ; "ne m'épargnez pas, imaginez que vous êtes le *Musical Times* ."

Una rit et s'installa sur un banc confortable à l'extrémité de l'église, juste à côté du bénitier en marbre blanc.

La vieille église pittoresque, avec son haut toit de chêne et ses étroits vitraux aux teintes vives, était remplie de grandes masses d'ombre, qui produisaient un crépuscule faible et brumeux, éminemment adapté au caractère sacré du lieu. De chaque côté de la large nef se dressaient, à intervalles réguliers, de lourds piliers de pierre grise, dont les entablements finement sculptés étaient à peine visibles dans la pénombre du plafond.

Les drapeaux de la nef centrale , portés par les pieds des générations pieuses, formaient un large chemin de teinte blanchâtre menant au chœur, se terminant par une volée de marches longues et peu profondes, au centre desquelles se dressait le pupitre d'airain, dans le forme d' aigle. Entre la nef et le chœur se trouvait un arc en forme de lance, sur lequel brillait un mince ruban d'or, inscrit d'un texte biblique en vermillon. L' aspect sombre des sièges du chœur, avec leurs dais en surplomb, était quelque peu atténué par la lueur blanche de la table de communion taillée dans le marbre pur, sur laquelle se dressait un grand crucifix d'ébène, noir et nettement défini sur la grande fenêtre peinte de l'arrière. À travers les fenêtres fantastiquement peintes, avec leurs figures bizarres de rouge, jaune et vert, se glissait la lumière grise du jour, mais tout à coup un rayon de soleil fit irruption dans l'église, touchant le tombeau d'un croisé aux teintes arc-en-ciel, tandis que du haut les tuyaux d'orgue jetaient des lueurs de feu doré. Tout était faible et sombre, comme la confusion d'un rêve, et l'atmosphère sombre semblait être remplie du parfum subtil de l'encens qui s'enroulait sur les encensoirs en argent au bon vieux temps romain.

A travers les ombres sombres s'échappaient les notes riches et gonflées de l'orgue qui s'éveillait sous les doigts adroits de l'aveugle. Quelques grandes notes jaillirent des puissantes bouches des cornemuses - Cecilia joua la mélodie majestueuse, qui flottait majestueusement à travers l'église - puis le volume du son mélodieux tomba jusqu'à un murmure sourd tandis que Blake commençait le " Cujus ". animam " avec une note résonnante qui sonnait comme le son d'une trompette d'argent.

" Cujus animé gementem
Contristantur et dolentem
Pertransivit gladius."

La voix du chanteur semblait flotter haut dans les airs comme celle d'un ange invisible caché dans les nuages dorés, tandis que loin au-dessous le roulement et le tonnerre de l'orgue semblaient monter et descendre comme des vagues maussades battant sur un rivage solitaire. Una ferma les yeux tandis que cette voix superbe à la douceur pénétrante répétait les paroles lugubres avec une intensité de sentiment dramatique qui lui allait jusqu'à l'âme avec sa forte ferveur religieuse . Alors que la dernière note s'éteignait, Una entendit une voix derrière elle dire « Bravo », et en tournant la tête, elle vit le Dr Nestley debout près d'elle accompagné d'un grand homme brun qu'elle reconnut aussitôt comme étant Basil Beaumont.

CHAPITRE IX.

LES VUES D'UN CYNIQUE.

Diriger l'humanité est tout ce dont j'ai envie

Et à mes pieds pour les voir recroquevillés,

Car si tu fais du monde ton esclave

Vous ne serez jamais l'esclave du monde.

De toute évidence, le Dr Nestley s'était lié d'amitié avec son ancien ennemi, car les deux messieurs semblaient désormais en meilleurs termes l'un avec l'autre. Soit le médecin avait succombé aux merveilleuses fascinations personnelles de Beaumont, soit l'artiste avait convaincu Nestley qu'il avait tort de le considérer d'une manière hostile.

En reconnaissant miss Challoner, le jeune médecin s'avança pour la saluer, tandis que Beaumont restait à l'arrière-plan, perdu en admiration devant la merveilleuse beauté de son visage, qui faisait fortement appel à sa nature artistique.

"Je ne m'attendais pas à vous trouver ici, Miss Challoner", dit Nestley avec empressement ; "Mon ami et moi avons entendu le chant et sommes entrés pour écouter ; à propos, me permettrez-vous de présenter M. Beaumont ?"

Una s'inclina un peu froidement, car elle se souvenait de ce que Reginald avait dit à propos de l'artiste, mais, entendant son nom prononcé, Beaumont s'avança et fut formellement présenté. Malgré sa méfiance, Una ne pouvait qu'admirer le beau visage fatigué qu'elle voyait et était encore plus impressionnée par le *timbre particulier* de sa voix lorsqu'il commençait à parler. Beaumont possédait certainement dans une large mesure cette merveilleuse fascination pour les manières attribuée aux malheureux Stewarts d'Écosse qui expiésaient tant leur inconstance, leur trahison et leur ingratitude.

"C'est M. Blake qui chante, je pense", observa distraitement Basil, "il a une voix merveilleuse."

"Oui", répondit Una avec un sourire satisfait. "Je n'en ai jamais entendu de plus beau, pas même en Allemagne."

" Ah ! vous avez été en Allemagne, Miss Challoner ? "

"Pendant quelques années, je suis resté à Munich."

"Une ville charmante qui offre de grandes opportunités pour étudier l'art, tant en musique qu'en peinture."

"Avez-vous étudié non plus, Miss Challoner ?" » demanda Nestley , qui semblait plutôt ennuyé par l'impression que Beaumont avait faite.

"Un peu des deux", répondit-elle. "J'ai fait mes études à Munich, mais je crains que mon apprentissage ait été plutôt décousu - je chante un peu, je peins un peu - et je fais mal les deux."

"Ce serait impossible", dit Nestley désireux de faire un compliment, mais Una fronça les sourcils à cette remarque.

"Ne le faites pas, s'il vous plaît," dit-elle froidement, "je n'aime pas le manque de sincérité."

Nestley rougit un peu au ton de sa voix et au reproche évident, en voyant Una lui tendre la main avec un charmant sourire.

"Vous ne devez pas vous soucier de ce que je dis, Dr Nestley ", observa-t-elle en se penchant en avant, "j'ai bien peur d'être terriblement impolie."

« Et merveilleusement charmant », pensa Beaumont, qui gardait pourtant son opinion pour lui, averti par le sort de son ami.

Le jeune médecin, quant à lui, avait assuré à la hâte à Una que sa sévérité ne lui importait pas, qu'il l'aimait même plutôt, et qu'il se serait sans doute engagé à nouveau en toute sincérité seulement si Blake commençait à chanter "Viens, Marguerite viens", de Sullivan " Martyr d'Antioche", et tous écoutaient attentivement.

Cecilia jouait avec légèreté l'accompagnement gracieux des *arpèges* , tandis qu'au-dessus de ce balayage constant d'accords divisés, montant et descendant avec la voix, les notes aiguës et pénétrantes du chanteur coulaient en douceur et, tandis que l'organiste jouait doucement, toute la pureté de la voix pouvait être entendu avec un effet merveilleux . Faute de formation, la voix de Blake manquait dans une large mesure de la puissance nécessaire pour rendre parfaitement la mélodie, mais la richesse et le moelleux de ses notes étaient indéniables.

Lorsqu'il eut fini, le visage de Beaumont trahit le plaisir qu'il éprouvait, et Una, qui l'observait attentivement, lui demanda son avis.

"Une voix merveilleuse", a-t-il déclaré d'un ton critique, alors que les trois hommes marchaient dans l'allée, "mais bien sûr, cela demande beaucoup de cultivation."

"Je pense que c'est charmant", intervint Nestley , désireuse de s'attirer les faveurs d'Una en faisant l'éloge de celui qu'elle considérait évidemment comme son frère.

" Bien sûr que vous le penseriez, " répondit Beaumont avec un peu de mépris, " parce que vous ne savez rien du sujet ; pour une oreille inculte, la voix de Blake sonne bien parce qu'il a un orgue merveilleusement fin, mais pour un musicien, il y a une grossièreté de style. , un manque de coloration et un manque de raffinement qui lui font regretter qu'un si grand don naturel ne soit pas exercé à sa pleine capacité."

"Mais tu n'es pas musicien ?" dit Nestley , agacé par le ton supérieur adopté par son ami.

"Non", répondit Basil avec complaisance, "mais j'ai beaucoup entendu parler, et comme la majeure partie de ma vie s'est déroulée parmi les musiciens , j'ai acquis une connaissance générale de la technicité de cet art. Shakespeare n'a jamais commis de meurtre, et pourtant il ont écrit Macbeth et Hamlet. Balzac n'est tombé amoureux que vers les années quarante, mais il a écrit Modeste Mignon et La Lys dans la vallée avant cet âge - il n'est pas nécessaire d'être artiste pour posséder la faculté critique. »

À ce moment- là, ils étaient arrivés au chœur, et Reginald s'avança à leur rencontre, rougissant un peu de modestie en découvrant trois auditeurs au lieu d'un.

"Je dois vous féliciter encore une fois pour votre voix", dit Beaumont en le regardant, "mon conseil est d'aller immédiatement à Londres et d'étudier."

"Londres!" répéta Blake avec incrédulité, "pourquoi pas l'Italie ?"

"Seulement une tradition", répondit calmement l'artiste, "parce que l'Italie est le pays de la chanson, tout chanteur pense qu'il doit y étudier, mais je vous assure que c'est une erreur - Londres et Paris ont d'aussi bons professeurs que Milan et Rome - -Je peux dire mieux, car chacun va là où il doit gagner le plus de revenus.

"Comme c'est cynique", dit Una d'un ton espiègle.

"Et comme c'est vrai - ce n'est pas l'âge d'or, Miss Challoner, mais l'âge d'or - il y a une grande différence entre l'Arcadie et la Philistie, je vous l'assure."

"Je pense que je vais suivre votre conseil", observa gaiement Blake, "peut-être que j'ai une fortune dans la gorge, qui sait ?"

"Qui, en effet ?" dit gravement l'artiste, on paie bien les rossignols de nos jours.

"Tant mieux pour M. Blake", dit Una légèrement, "mais comme je suis impoli, je dois vous présenter, messieurs, à l'organiste, à Miss Mosser, au Dr Nestley et à M. Beaumont."

Beaumont, ne sachant pas que Cecilia était aveugle, se contenta de s'incliner, mais Nestley prit la main fragile de la jeune fille et la serra chaleureusement.

"J'ai tellement aimé que tu joues," dit-il chaleureusement, "où as-tu appris ?"

En entendant sa voix , le visage pâle de la jeune aveugle se colora et un regard douloureusement avide traversa ses traits, comme si elle essayait de voir le visage de l'orateur malgré son infirmité.

"Quelle belle voix", murmura-t-elle doucement, et Nestley dut répéter sa question avant de répondre :

"À l'école pour aveugles de Hampstead", dit-elle en se tournant vers lui, ce qui provoqua un choc douloureux à Nestley lorsqu'il réalisa son malheur. Cependant, avec un tact délicat, il fit passer la réponse avec légèreté dans le ton de la conversation.

« Moi-même, je ne connais pas grand-chose à la musique », dit-il facilement, « cela semble une affaire tellement compliquée – est-ce que vous l'aimez ?

"Très", répondit rapidement la jeune aveugle. " Vous voyez, c'est le seul plaisir que j'ai. Quand je sors dans la commune, que je sens le vent frais et que je sens le parfum des ajoncs, je reviens ici et j'essaie de mettre tout cela en musique. Je remercie souvent Dieu pour être capable de jouer de l'orgue.

C'était profondément pathétique de l'entendre parler sur ce ton ; exclue par son affliction de toutes les beautés de la nature, elle pouvait pourtant remercier Dieu pour le seul don qui lui permettait dans une certaine mesure de comprendre et d'apprécier ce qu'elle n'avait jamais vu. Les médecins, en règle générale, ne sont pas très tendres, mais Nestley ne pouvait s'empêcher de se sentir émue par le frisson de tristesse qui parcourait son discours. Elle s'en aperçut et, avec un léger rire, s'empressa de dissiper l'illusion qu'elle avait créée.

"Il ne faut pas penser que je suis triste", dit-elle gaiement, "au contraire, je n'ai jamais été aussi heureuse de ma vie qu'ici. J'ai grandi toute ma vie à Londres, et quand j'ai été nommé organiste ici, vous ne pouvez pas avoir idée du plaisir que j'ai ressenti. J'ai les communs et l'organe, tandis que tout le monde est bon avec moi, alors qu'ai-je à souhaiter ? Maintenant, docteur Nestley , je dois vous demander de partir, car je suis sur le point de partir. pour s'entraîner . Je pense que Miss Challoner et vos amis sont partis.

On attendait le docteur au bas de l'église, alors après avoir dit au revoir à Cécile, il s'enfuit en toute hâte dans l'atmosphère sombre, et alors qu'il arrivait à Beaumont, l'orgue fit retentir les accords d'ouverture d'une messe de Pergolèse. Reginald sortit avec Nestley car il souhaitait lui parler du Squire, et Una resta debout avec Beaumont dans la vieille église grise. Ils écoutaient en silence le tonnerre profond des notes graves qui résonnaient dans le haut toit, quand soudain, au milieu d'un accord fracassant, les tonalités sonores s'éteignirent et une mélodie douce et pure frémit à travers le silence, qui semblait presque oppressant après la tempête. du son.

"Après l'incendie, une petite voix douce retentit", citait rêveusement Basil. "Vous souvenez-vous de la façon dont Mendelssohn a parfaitement exprimé cette idée en musique ?"

"Oui, j'ai entendu Elijah à l'Albert Hall", répondit Una d'un ton neutre, étant une Anglaise en bonne santé et peu émue par le sens subtil de la musique sacrée qui touchait si vite les nerfs tendus de cet homme.

"L'Albert Hall", répéta-t-il avec un haussement d'épaules. " Oh oui, très bien, je n'en doute pas, mais à mon avis, cela sécularise la musique sacrée de l'entendre là - on entend un volume sonore - un nombre immense de voix en chœurs et en solos par les meilleurs artistes ; mais où est l'âme de l'œuvre ? on ne trouve cela que dans une église. Le Messie a été entendu pour la première fois en Angleterre dans l'abbaye de Westminster, et c'est là, suivant l'exemple donné par le roi, que tout l'auditoire s'est levé au chœur d'Alléluia, mais ce n'est pas la musique seule, aussi grandiose soit-elle, qui a produit cette soudaine explosion d'émotion, c'est l'auguste fane gris avec des siècles de tradition, la présence de puissants morts qui dorment, et pour couronner toute la grandeur dramatique du chœur. " Tous ces éléments réunis ont travaillé sur les sentiments des personnes présentes et ont rendu hommage à la sublimité de la musique - une telle chose serait impossible à l'Albert Hall. "

"Ne penses-tu pas que tu fais l'éloge du décor et rien du musicien", dit rapidement Una; "Un vrai compositeur pourrait imprimer ses idées à ses auditeurs sans aucune autre aide."

"Je n'en doute pas", répondit négligemment Beaumont, "et sans aucun doute beaucoup de gens ont ressenti de l'émotion devant la musique de Haendel à l'Albert Hall, mais même le génie de Haendel n'aurait jamais créé un tel effet que celui que j'ai décrit ailleurs que dans une église ; bien sûr, je n'ai pas mentionné le mémorable rayon de soleil qui mérite des éloges pour sa part dans l'affaire.

Quelque chose dans la désinvolture de cette remarque a heurté les sentiments d'Una, alors elle n'a pas répondu mais est sortie dans l'air frais, suivie par Beaumont.

Il l'accompagna jusqu'au lichgate puis leva son chapeau.

"Je n'irai pas plus loin, Miss Challoner", dit-il. "Je suis d'humeur méditative et je vais faire un tour dans ce vieil endroit. J'espère vous revoir bientôt à la Grange."

"La Grange ?" » demanda-t-elle en le regardant d'un air interrogateur.

"Oui, je viens voir le Squire pour peindre son portrait, tu sais."

"Bien sûr," répondit-elle rapidement. "Je me souviens que Patience me l'a dit."

"Patience," demanda-t-il d'un ton surpris, "vous avez dit Patience ?"

"Oui, Patience Allerby , la gouvernante", dit gaiement Una. " Comme tu es pâle, comme si tu avais vu un fantôme, j'ose dire que c'est l'effet de l'église et de la musique ; au revoir, à présent, " et elle s'éloigna rapidement.

Il releva machinalement son chapeau et regarda le sol, pâle et hagard.

"Patience Allerby ", dit-il à voix basse. "Après toutes ces années… Patience Allerby ."

CHAPITRE X.

LE FANTÔME D'UN AMOUR MORT.

Est-ce le visage que j'aimais autrefois,

Avant, les années s'étaient écoulées ;

Hélas! Je ne m'en soucie plus

Le vieil amour est terminé ;

On oublie vite ce qu'on adore

A vingt et un ans.

Il était maintenant environ quatre heures de l'après-midi et la courte journée d'automne se rapprochait rapidement, le voile gris du ciel se déchirait çà et là, laissant apparaître une tache de bleu pâle et froid, tandis que le soleil couchant teintait les nuages déchiquetés dans le ciel. l'ouest aux teintes irisées.

Beaumont se tenait dans l'herbe longue et rêche du cimetière, réfléchissant profondément, ses yeux fixés rêveusement sur les anciennes pierres tombales autour avec leurs inscriptions à moitié effacées et leurs monticules de terre cultivés par les mauvaises herbes. Derrière lui se trouvait la vieille église, ses murs gris recouverts de lierre serré d'où scrutaient les visages grotesques des gargouilles, lorgnant démoniaquement la silhouette silencieuse. La grande tour carrée, construite en pierre brute, se détachait massivement sur le ciel gris et terne, et autour d'elle brillaient de temps en temps les pigeons qui y vivaient, brillants de blanc dans la faible lumière du soleil. Il entendait le murmure rauque de la rivière qui coulait, les voix aiguës des enfants dans la rue et, par intervalles, la musique de l'orgue qui montait et descendait. Tout cela toucha sa sensibilité artistique et il tomba dans un courant de réflexion mi-mélancolique, mi-regrettable qui, pour le moment, lui donnait une meilleure nature que le cynisme amer de ses pensées habituelles.

Cet homme n'était pas tout à fait mauvais ; il avait initialement commencé dans la vie avec les meilleures intentions, mais sa nature avait été déformée et tordue par les malheurs et les tentations dans son état actuel. Il était vrai qu'il était en apparence tout à fait mauvais et que beaucoup avaient des raisons de regretter son amitié, mais il lui arrivait parfois de faire une bonne action ou d'aider un pauvre combattant, ce qui montrait qu'une partie de sa croyance initiale en l'humanité restait encore dans son esprit. cœur usé par le monde.

Il pensait maintenant, il pensait à une femme, une femme qu'il avait aimée et quittée plusieurs années auparavant, et les pensées évoquées étaient tout sauf agréables. Avec un soupir involontaire, il descendit vers le Gar et, s'asseyant sur une pierre tombale plate qui exprimait les vertus de Susan Peller, décédée, il laissa son menton s'enfoncer dans sa main et s'abandonna à des souvenirs morts - les souvenirs de jeunesse, d'amour et de déception.

Un éclair soudain du soleil mourant brillait sur la rivière, transformant ses eaux maussades et grises en une feuille d'or, et cette vision lui rappela une heure où il était jeune, et il se penchait sur le parapet d'un balcon, avec une femme à ses côtés, tous deux regardant la Tamise scintillante, dorée au coucher du soleil. Il s'en souvenait très clairement, même après tant d'années : la rivière étincelante, la masse confuse des maisons blotties sous le nuage sombre de la fumée de Londres, et au loin le dôme gonflé de Saint-Paul, aérien et féerique. sur le ciel crépusculaire, tandis qu'au-dessus de la grande masse brillait la croix d'or brillant au firmament comme le symbole visionnaire de Constantin. Ils étaient pauvres, pas très bien logés ni nourris, mais le glamour de la jeunesse et de l'espoir les entourait, et ils voyaient dans le fleuve brillant balayant sous la croix d'or le présage d'un avenir heureux. Puis l'image du rêve devint pâle et floue, des nuages balayèrent le ciel doré, et du milieu de l' obscurité sombre apparut un visage de femme en larmes avec des yeux pitoyables et attirants.

Avec un soupir impatient, Beaumont se réveilla de son rêve éveillé et se trouva assis sur une pierre froide sous un ciel d'où la gloire du coucher du soleil avait disparu ; et à côté de lui se tenait silencieusement une femme voilée. Il se leva d'un bond, surpris, un peu à l'étroit, et s'apprêtait à parler lorsque la femme rejeta son lourd voile, lui montrant le visage pitoyable de son rêve.

"Patience Allerby !" » haleta-t-il en reculant d'un pas.

"Patience Allerby ", répondit-elle sévèrement en croisant les mains devant sa robe noire, "la même femme, Basil Beaumont, que vous aimiez, ruinée et abandonnée à Londres il y a plus de vingt ans."

Beaumont, avec un effort, se débarrassa du glamour des pensées passées qui l'avaient hanté tout l'après-midi et, avec un rire narquois, retomba une fois de plus dans l'homme cynique et à la langue amère du monde. Il roula rapidement une cigarette et, après l'avoir allumée, se mit à fumer, tout en regardant d'un œil critique le visage blanc et sévère qui le regardait depuis l'ombre du crépuscule.

« Il y a plus de vingt ans ! répéta-t-il pensivement. "Humph ! ça fait longtemps... et maintenant nous nous retrouvons ! Vous avez changé, Patience... oui, beaucoup changé... pour le pire."

Elle rit amèrement.

"Je ne pense pas que la vie que j'ai menée depuis que tu m'as quitté était du genre à me permettre de conserver ma beauté."

"Non?" dit-il d'un ton interrogatif, "et pourquoi pas ? vous êtes la gouvernante de Squire Garsworth , je comprends - ce n'est pas une position très fatigante ! Les ennuis en disent plus sur la beauté d'une femme que les années ; ainsi, comme vous n'avez eu aucun ennui..."

"Je n'ai eu aucun problème !" répéta Patience d'une voix basse et dure. "Mec, mec ! penses-tu qu'il faut vivre dans le monde pour savoir ce qu'est un problème ? Tu as tort. Dans ce village isolé, j'ai passé de nombreuses heures amères à penser à toi."

"Et pourquoi?" » demanda-t-il cyniquement.

"Je pense que vous pouvez deviner la raison. Quand j'ai quitté Garsworth pour aller servir à Londres, vous avez dit que vous m'aimiez, et je pensais que le fils d'un gentleman devait être mon mari."

"Tu as toujours attendu trop."

"Vous êtes venu à Londres peu de temps après et vous m'y avez rencontré sur rendez-vous. J'ai quitté ma situation et j'ai vécu avec vous."

"En tant que maîtresse, oui ; pas ma femme."

"Non ! Tu as été trop lâche pour rendre justice à la femme que tu as ruinée. Un enfant est né, un garçon que j'idolâtrais. Mais, au lieu que cela soit un lien qui nous rapproche, tu m'as laissé... tu m'as laissé... mourir de faim avec mon enfant dans les rues de Londres."

"Je t'ai quitté parce que j'y voyais une chance de gagner de l'argent", dit-il avec complaisance. "Tu étais un frein pour moi, et je ne pouvais pas supporter la pauvreté, même avec toi, ma chère. Quant à mourir de faim, je t'ai laissé l'argent que je pouvais épargner."

"Cinq livres!" dit-elle froidement. "Le prix du cœur d'une femme, selon votre calcul ; cela m'a permis de payer la propriétaire et de m'amener avec l'enfant à Garsworth ."

"Pourquoi n'es-tu pas resté à Londres ?"

" Parce que je ne voulais pas m'enfoncer plus profondément que je ne l'avais fait. J'ai été élevé par des parents pieux, Basile Beaumont, et le péché que j'ai commis avec vous semblait me couper à jamais de tout espoir de miséricorde. J'ai résolu de ne pas pécher. plus encore, pour expier, si je le pouvais, par la prière et la charité la mauvaise vie que j'avais menée à Londres. Quand je suis arrivé ici, mes parents étaient morts et j'étais seul au monde.

"Tu as eu l'enfant."

"Oui, j'ai eu l'enfant - votre enfant et le mien - mais personne n'a jamais su que j'étais sa mère ; non, je ne souhaitais pas que notre péché lui soit imputé sur la tête. Je ne voulais pas qu'il soit désigné comme étant sa mère. un paria sans nom. »

"C'est très honorable de votre part, j'en suis sûr", dit Beaumont avec un ricanement, "et qu'avez-vous fait ?"

" J'ai inventé une histoire selon laquelle j'avais été au service des parents de l'enfant, qui étaient ensuite partis en France et y étaient morts. J'ai dit que j'étais la nourrice de l'enfant et je l'ai confié aux soins du docteur Larcher pour qu'il l'élève. Le peu d'argent que je pouvais mettre de côté sur mon salaire de femme de ménage a été donné au vicaire comme argent laissé à l'enfant par son père, et à ce jour le vicaire ne soupçonne pas la vérité.

"Toute une histoire d'amour", dit Beaumont avec légèreté. "Je ne savais pas que vous aviez de tels pouvoirs inventifs. Mais il y a une chose que j'aimerais savoir : le nom de l'enfant."

"Pour le réclamer ?" » demanda-t-elle amèrement.

"Ma foi ! non ; j'ai assez à faire pour m'occuper de moi, sans m'inquiéter d'un garçon imposant. Tu n'as jamais besoin d'avoir peur de ça, Patience. Viens, dis-moi le nom de ce garçon."

"Réginald Blake."

La cigarette tomba des doigts nerveux de Beaumont et son visage blanc devint encore plus blanc.

« Reginald Blake », murmura-t-il dans sa barbe ; "le jeune homme qui chante ?"

"Le même."

Beaumont resta silencieux quelques instants, réfléchissant profondément.

"Je n'ai certainement aucune raison d'avoir honte de mon fils", dit-il froidement en regardant Patience. "Vous méritez des félicitations pour la façon dont vous l'avez élevé."

"Je l'ai fait en guise d'expiation pour mon péché."

"Bah ! Ne sois pas mélodramatique !" dit-il grossièrement. "Vous l'avez élevé parce qu'il était votre fils, et non à cause d'une expiation absurde ! Il ne sait pas qui il est ?"

"Non. Je lui ai épargné cette connaissance de la honte; portons seuls notre péché."

"C'est une blague ! notre péché, comme vous l'appelez, ne me dérange pas le moins du monde. En fait, je suis plutôt content qu'autrement."

"Que veux-tu dire?" » demanda-t-elle alarmée.

"Je veux dire... qu'il a une voix de ténor exceptionnellement belle, et je ne vois pas pourquoi on ne gagnerait pas d'argent avec ça."

Patience bondit vers lui telle une tigresse enragée, les yeux brillants de feu.

"Pas par toi," siffla-t-elle, avec sa bouche si près de son visage qu'il pouvait sentir son souffle chaud sur sa joue. "Pas par toi - je l'ai élevé toute seule pendant toutes ces années sans te déranger pour l'argent - il pense que sa naissance est honorable et qu'il a toutes les chances de faire carrière pour lui-même, alors tu ne vas pas la gâcher pour rien." vos propres fins viles.

"Ne vous mettez pas en colère", dit-il froidement, "je ferai ce que je veux."

"J'ai ta promesse de ne pas le réclamer," haleta-t-elle avec un air de désespoir dans les yeux, "ta promesse sacrée."

L'artiste a ri d'une manière moqueuse.

"Bah ! C'est ma promesse", dit-il en claquant des doigts en l'air. "Je ne vais pas perdre l'occasion de gagner de l'argent avec lui pour des bêtises sentimentales."

"Tu vas lui dire que tu es son père ?"

"Je vais."

« Et que vous nous avez abandonnés tous les deux à Londres ?

Beaumont grimaça sous la douleur de ses mots.

"Je lui dirai ce que je pense être bon," dit-il avec colère, "et je lui ferai faire ce que je veux. Je suis son père."

"Vraiment, vraiment ?" » observa-t-elle d'un ton moqueur, même si son visage était marqué par une rage convulsive. "Tu es le père qui l'a abandonné lorsqu'il était enfant et qui veut maintenant gagner de l'argent avec lui ; tu le déshonorerais à ses propres yeux en lui racontant la véritable histoire de sa naissance. Je te le dis non, Basile Beaumont, tu le feras." Ça n'existe pas."

"Qui va m'arrêter ?"

"Je vais."

"Une intention très louable, mais comment comptez-vous la réaliser ?"

"Je vais lui raconter toute l'histoire de mon péché", dit-elle délibérément. "Comme je t'ai aimé et que j'ai été trahi, comment tu nous as laissés, lui et moi, mourir de faim dans les rues de Londres et ne l'avoir revendiqué comme fils que pour gagner de l'argent avec son seul cadeau. Je lui dirai tout cela, et ensuite nous Je verrai s'il vous respecte et vous obéit.

"C'est mon fils."

" Sur qui tu n'as aucune autorité ; il est majeur et tu ne peux pas en faire ton esclave. Pour le reste, je veillerai à ce que tout le monde dans le village connaisse l'histoire et tu seras chassé de là au fur et à mesure que le tu es un scélérat. »

Aussi intelligent qu'il soit, Beaumont vit que Patience détenait l'atout, et abandonna soudain son attitude dictatoriale et parla doucement.

"Très bien, je ne lui dirai rien du tout pour l'instant."

"Tu ne lui diras jamais rien", dit-elle sévèrement. "Restez dans ce village si vous le souhaitez, mais n'osez pas révéler mon secret à Reginald Blake. Si vous le faites, ce sera le pire pour vous; je ne vais pas le laisser ruiner à vie par votre trahison."

"Mais, Patience, mon propre fils."

"Bah!" » grogna-t-elle en se tournant violemment vers lui, « ne me parle pas ainsi, tu étais une canaille et une canaille tu es, ne me touche pas, ne t'approche pas de moi, mais dis un mot de mon secret. et aussi sûr qu'il y a un Dieu au-dessus de nous , je ferai ce que je dis.

Beaumont fit un pas en avant comme pour la saisir, mais avec un geste de répugnance elle enroula sa robe autour d'elle et s'enfuit dans l'obscurité le laissant seul au bord de la rivière. Il resta silencieux quelques instants puis son front s'éclaircit et il reprit son air nonchalant, même si son visage restait toujours pâle et hagard.

"Mon fils Reginald," dit-il en roulant légèrement une cigarette, "je n'avais aucune idée d'une telle chance. Ah, toi, son chat , je vais encore te couper les griffes; je gagnerai encore de l'argent avec la voix, malgré de vos menaces, ma belle madame.

Soudain, une pensée lui vint alors qu'il allumait sa cigarette et il rit doucement.

"Bonté divine!" dit-il avec un haussement d'épaules. "J'admire Miss Challoner, lui aussi, semble-t-il", continua M. Beaumont en s'éloignant d'un pas nonchalant ; "Alors je suis le rival de mon propre fils."

CHAPITRE XI.

M. BEAUMONT FAIT UNE DÉCOUVERTE.

Quand on joue au jeu de la vie
, c'est une erreur de jeter une seule carte, de peur que, par quelque étrange
erreur de circonstance, la carte méprisée - si elle est jouée avec une main
adroite - ne remporte une victoire inattendue.

Lorsque Basile Beaumont réfléchit, il lui parut un peu étrange que Patience
lui eût volontairement confié un secret pour lequel elle avait plusieurs
excellentes raisons de le cacher. D'abord, elle a dû avoir un grand combat
contre son orgueil avant de se résoudre à s'adresser à l'homme à qui elle
devait sa ruine. Deuxièmement, en informant Beaumont que Reginald était
son fils, elle devait savoir qu'il y avait de grandes chances qu'il révèle toute
l'histoire au jeune homme par pure diablerie ; et troisièmement, sachant que
Reginald était intelligent, elle devait s'attendre à ce que son père sans le sou
essaie de gagner de l'argent grâce à ses talents.

Beaumont était un lecteur de caractère trop avisé pour s'aveugler sur le fait
que Patience devait être au courant de ces trois choses, d'où son étonnement
de voir qu'elle lui disait ce qu'elle ne voulait pas savoir. Mais l'artiste, si
intelligent qu'il fût, manquait encore de discernement pour reconnaître toute
la subtilité des instincts féminins, sans quoi il aurait facilement compris que
Patience craignait plus son ignorance de la situation réelle que son savoir.

Elle apprit qu'il était dans le village et qu'il connaissait Reginald Blake, et elle
savait également qu'il venait à la Grange pour peindre le portrait de Squire
Garsworth . S'il l'avait vue là-bas, il se serait renseigné sur sa position et aurait
sans doute, entre autres choses, vérifié qu'elle était l'infirmière de Reginald.
Sachant qu'elle avait quitté Londres avec son propre fils, une histoire aussi
faible que celle qu'elle racontait sur la filiation de Blake ne lui aurait pas
imposé un instant, et en mettant deux et deux ensemble, il aurait tout
découvert, avec le résultat naturel qu'il aurait reconnu Blake comme son
propre enfant, l'aurait recherché et lui aurait raconté toute l'histoire de sa
naissance.

Afin d'éviter une telle calamité, elle décida de prendre hardiment le taureau
par les cornes et de tout dire à Beaumont, tout en l'avertissant qu'elle aigrissait
l'esprit de Reginald contre lui s'il osait s'exprimer. Le résultat de son entretien
dans le cimetière fut tel qu'elle s'y attendait. Beaumont était trop rusé pour
risquer l'aversion de son propre fils et perdre ainsi toute chance de

l'influencer à ses propres fins, alors il acquiesça tranquillement à la ligne de conduite qu'elle lui avait tracée. Patience revint à la Grange pleinement satisfaite d'avoir désarmé Beaumont en lui montrant comment elle pouvait monter Reginald contre lui. L'homme du monde avisé, abandonnant son désir de jouer le rôle d'un père perdu depuis longtemps, était déterminé à attendre un retour à la Grange. quelques semaines et voir comment les choses se sont déroulées. Il avait alors l'intention de laisser ses plans être guidés dans une large mesure par les circonstances, et il ne doutait pas qu'il serait alors capable de déjouer l' œuvre de Patience par un peu d'adresse générale.

Quelques jours après sa curieuse rencontre avec Patience au cimetière, Beaumont partit le matin pour une longue promenade, car il voulait réfléchir à l'aspect des choses, et le piétonnage stimulait toujours son cerveau. C'était une matinée lumineuse et fraîche, avec un ciel d'un bleu profond, un soleil joyeux qui brillait et un vent vif et frais soufflait sur la commune sur laquelle il se promenait. Les ajoncs étaient en fleurs, et chaque souffle de vent apportait à ses narines l' odeur de sa senteur de pêche. Combien de fois, dans sa vie de bohème, cette odeur lui avait rappelé la vaste commune nue avec ses kilomètres de terrain couvert d'ajoncs, et lui avait fait regretter à moitié le village de campagne tranquille où s'était passée sa jeunesse.

Mais maintenant que le commun était réellement devant lui, par quelque curieuse contradiction de la nature, il n'éprouvait plus le moindre regret ni le moindre désir de sa jeunesse, mais au contraire se promenait sur le terrain vague, ourdissant toutes sortes de complots et de plans dans son cerveau occupé. .

Tout à coup, alors qu'il se tenait au bord d'une pente douce, où le sol était creusé comme une coupe et entouré du vert sombre des ajoncs aux fleurs dorées, il aperçut une femme assise sur un talus herbeux, apparemment en train de se prélasser. dans le soleil. Ses mains gisaient oisivement sur ses genoux, et, le visage tourné vers le soleil éclatant, elle buvait l'air doux et vif qui balayait la lande sauvage. Beaumont vit que c'était Cecilia Mosser qui était assise là, et pendant un moment il envia à moitié l'aveugle, malgré son grand chagrin, pour sa agréable jouissance de la nature.

« Elle ressemble à la déesse de la Désolation, murmurait Beaumont en descendant la pente, ou à quelque Destin sans yeux qui ne voit rien et gouverne tout !

Alors qu'il marchait avec légèreté sur l'herbe douce et verte, l'aveugle entendit le bruit de ses pas étouffés et tourna son visage dans la direction d'où elle les entendait venir, avec un air interrogateur sur son visage placide.

"Comment allez-vous, Miss Mosser ?" dit tranquillement Beaumont. "Je me promenais sur la commune et je t'ai vu assis ici seul, comme le Génie de la Solitude."

— Je viens souvent ici, observa tranquillement Cécile en joignant les mains. "C'est un de mes endroits préférés - je connais chaque centimètre du chemin."

"Tu n'as pas peur de te perdre ?"

"Au début, je l'étais", dit la jeune aveugle avec un petit rire, "mais j'ai vite appris à m'y retrouver. Je pouvais trouver mon chemin ici dans la nuit la plus sombre."

"Comme la Nydia de Bulwer Lytton", remarqua Beaumont en se jetant paresseusement sur l'herbe.

"Oui. Comme elle, c'est toujours la nuit la plus noire chez moi", répondit Cecilia en soupirant. "Néanmoins, j'ai mes compensations, car je peux entendre de nombreux sons qui échappent très probablement à l'attention de vous , les chanceux qui pouvez voir."

"Quel genre de sons ?" » demanda l'artiste, plus pour faire une remarque que parce qu'il tenait à savoir.

"Le courant de la rivière, le murmure du vent, le bourdonnement des abeilles et le bruissement des ajoncs, ils me semblent tous avoir des voix humaines et me raconter des histoires. Je peux bien comprendre ces vieilles légendes où les mortels entendaient des voix partout, et j'ai compris les paroles des vagues et la voix mélancolique des vents nocturnes.

"Comme Siegfried comprenait le langage des oiseaux", dit Beaumont. "Tu n'as pas besoin de sang de dragon pour t'apprendre ça, je suppose ?"

" Je ne sais pas exactement ce que vous voulez dire, " répondit Cecilia d'un ton perplexe, car elle n'avait jamais entendu parler de l' Anneau de Niebelung , " mais les oiseaux me parlent, c'est-à-dire, je crois qu'ils le font... J'aime entendre le coucou et le gaz, puis l'alouette... ah ! l'alouette est la plus charmante de toutes !

" Ainsi pensent les poètes. Il n'y a pas d'oiseau qui ait inspiré plus de poésie que l'alouette, depuis Shakespeare jusqu'à Tennyson, et je suppose que vous mettez toutes vos fantaisies en musique ? "

"Oui, j'essaie souvent de le faire, mais je pense que personne d'autre que moi n'en comprend le sens", répondit Cecilia avec un léger sourire. "Vous savez que les Anglais ne sont pas une nation qui aime la musique."

"Cela dépend de la façon dont vous définissez la musique", a déclaré cyniquement l'artiste. "Les grands BP aiment quelque chose qui contient une mélodie, mais quand ils entendent quelque chose qu'ils ne peuvent pas comprendre, comme Bach et Spohr , ils l'admirent quand même. J'ai bien peur que BP ne soit qu'une farce."

"Vous êtes terriblement sévère", dit Cécile en riant. "J'espère que vous ne critiquerez pas notre concert ?"

"Non. Je vous assure que je suis le plus indulgent des critiques ; je viendrai pour admirer les beautés, pas pour découvrir les défauts. D'ailleurs, Blake va chanter... et sa voix est charmante."

"Oui, c'est vrai", répondit cordialement la jeune aveugle, "et Miss Challoner chante très bien aussi. Elle va chanter en duo avec M. Blake, si elle peut s'éloigner pour une nuit du châtelain."

"Oh, cela sera facile à arranger, je n'en doute pas", dit négligemment Beaumont. "Le docteur Nestley s'en chargera."

En prononçant ce nom, une vive rougeur passa sur le visage pâle de la jeune fille, et Beaumont s'en aperçut avec un secret étonnement.

"Tiens!" se dit-il, je me demande ce que cela signifie ? Il faut que je le découvre.

Il était curieux qu'il s'embarrasse d'une question aussi triviale ; mais Beaumont était un homme sage, qui ne négligeait jamais la moindre chose qu'il croyait pouvoir lui être utile. À présent, une idée avait soudainement surgi dans son cerveau intrigant – ce n'était qu'un embryon d'idée, mais cela pourrait l'aider d'une manière ou d'une autre. Il ne savait absolument pas ce qu'il allait faire, mais le rougissement de Cecilia lui avait donné un indice sur quelque chose de tangible, et il commença immédiatement à interroger astucieusement la jeune fille aveugle afin d'obtenir un résultat possible.

"Vous connaissez le docteur Nestley , bien sûr ?" dit-il en regardant attentivement son visage, d'où la rougeur avait disparu.

"Oui, je l'ai rencontré il y a quelques jours; il était dans l'église quand M. Blake chantait", observa Cecilia à voix basse. "Je l'ai entendu parler, quelle belle voix."

" Ah ! je connais maintenant la raison de cette rougeur ", pensa Beaumont ; "Elle l'aime. Mon Dieu ! quelle passion désespérée ! Elle aime Nestley , et il aime Una Challoner. Comme Dan Cupid est délicat, bien sûr."

Comme il n'avait pas répondu, l'aveugle continua à parler.

"Comme je ne peux pas voir un visage, je devine toujours à quoi il ressemble par la voix. Le docteur Nestley a une belle voix. Son visage est-il beau ?"

— Plutôt beau, dit Beaumont, pris maintenant d'un cruel désir d'attiser la flamme de l'amour désespéré qui brûlait dans le cœur de cette aveugle. "Oui, je suppose qu'une femme trouverait son visage beau, mais il est plutôt triste."

"Triste!" répéta Cécile d'un ton surpris ; "Pourquoi son visage est-il triste ?"

Beaumont haussa les épaules.

" Ouf ! " » répondit-il froidement, « comment le saurais-je ? – parce que son âme est triste, je présume. Le visage est l'index de l'esprit, vous savez. triste, et la tristesse de l'âme est causée par une vie triste. »

« Alors, est-il malheureux ? demanda Cécile, essoufflée.

"Je devrais dire non, maintenant", dit Beaumont avec emphase, "mais lorsque je l'ai connu à Londres, il y a quelques années, il avait rencontré de nombreux revers de fortune."

"Pauvre docteur Nestley ", soupira la jeune aveugle, prise d'un soudain désir de réconforter ce malheureux, dont elle ne savait absolument rien, sinon qu'il avait une belle voix parlante. "Connaissez-vous son histoire."

Sur quoi Beaumont, qui savait par Shakespeare que « la pitié s'apparente à l'amour », se mit au travail pour éveiller la pitié de Cecilia Mosser et raconta une histoire merveilleusement pathétique des débuts de Nestley dans laquelle vérité et fiction étaient si adroitement mélangées que le héros lui-même aurait j'ai été perplexe de dire ce qui était réel et lequel était faux. Il atteignit cependant son but, car il vit aux émotions variées qui passaient sur le visage expressif de la jeune aveugle combien elle était émue par l'histoire.

"Pauvre docteur Nestley ", répéta-t-elle, "pauvre, pauvre docteur Nestley ".

"Oh, mais toute sa misère est passée maintenant", dit Beaumont avec légèreté, "il a résisté à la tempête et épousera sans doute un jour une femme qui le rendra heureux."

L'aveugle posa la main sur son cœur, comme si elle y éprouvait une douleur cruelle, puis parla à Beaumont d'une voix comme étranglée.

« Vous devez me considérer comme une créature curieuse, M. Beaumont, » dit-elle rapidement, « pour m'intéresser autant à un homme dont je ne sais rien, mais rappelez-vous que je suis aveugle et soyez gentil avec mon échec. jugez les gens par leur voix, et la voix du docteur Nestley m'a affecté plus que celle de n'importe qui d'autre. Pourquoi, je ne sais pas. Bien sûr , mon malheur me prive de beaucoup de choses, mais... mais ... vous comprenez... ah, tu dois comprendre combien il m'est difficile de cacher mes sentiments.

C'est un étranger, je suis une femme aveugle, mais sa voix suscite en moi un sentiment étrange que je ne peux même pas m'expliquer. Je sais que je suis stupide de parler ainsi, alors oubliez ce que j'ai dit. Vous oublierez, n'est-ce pas ?

"Miss Mosser," dit gravement Beaumont en se levant, "vous pouvez être sûre que je respecterai ce que j'ai entendu comme une confiance sacrée."

"Merci, merci beaucoup", s'écria la pauvre femme tandis que les larmes coulaient sur ses joues. "Je sais que je suis stupide. Vous devez me mépriser pour la façon dont j'ai parlé. Pourtant, je suis aveugle-- aveugle ."

Beaumont éprouva dans son cœur dur un pincement de pitié devant l'angoisse de cette malheureuse, privée de tout amour entre homme et femme par son malheur, et il allait parler quand Cécile releva la tête.

"Voulez-vous y aller maintenant, M. Beaumont ?" dit-elle à voix basse. "S'il te plaît, laisse-moi. Tout ira bien bientôt et je pourrai alors rentrer chez moi. Mais tu n'oublieras pas ta promesse ?"

"Ma promesse est sacrée", dit lentement l'artiste, et se détournant, il laissa l'aveugle assise dans le creux, les mains jointes sur ses genoux et ses yeux aveugles levés vers le ciel bleu.

« C'est étrange, pensa-t-il en allumant une cigarette, que cette fille soit tombée amoureuse d'une voix et qu'elle ne sache même pas qu'elle est amoureuse, même si elle le devine à moitié. Elle ne sait rien de Nestley et pourtant elle l'aime. " Pourquoi ? parce qu'il a une voix charmante. Je suppose que nous devons appeler cela un instinct de femme - ah si seulement elle savait à quel point son amour est désespéré - Nestley est trop ensorcelée par Una pour perdre une pensée sur elle. "

Cette découverte, si légère soit-elle, satisfaisait le sens aigu de l'intrigue de Beaumont, car elle lui donnait une carte de plus à jouer contre Patience. S'il ne pouvait rien faire avec Reginald parce qu'il était aigri contre lui par sa mère, il pouvait néanmoins le séparer d'Una en faisant circuler quelques mensonges habiles . Si Cecilia apprenait un jour que Nestley aimait Una, elle était trop femme pour garder le silence sur cette affaire, et par son intermédiaire, Una entendrait parler de l'engouement de Nestley ; et, encore une fois, pour assurer Nestley pour elle, Cecilia, sachant que Reginald adorait Una, lui parlerait de cette nouvelle complication, avec pour résultat que Nestley et Reginald se disputeraient à propos de Miss Challoner, et, peut-être, à la fin, une telle querelle finirait par se disputer. séparer Una et son amant pour toujours . Tout cela était encore très vague et intangible, mais Beaumont sentait d'une manière mystérieuse que la connaissance de l'amour de la jeune aveugle pour Nestley pourrait lui être utile pour tisser ses filets autour de son fils afin de le sécuriser entièrement à lui-même.

"Reginald et Nestley aiment tous les deux Una", pensa-t-il en rentrant chez lui. "Cecilia Mosser adore Nestley . Oui, les éléments nécessaires à une complication sont là. Comment, je ne vois pas pour le moment - plus je dois jouer de cartes contre Patience Allerby , plus vite je gagnerai la partie."

CHAPITRE XII.

LA PARABOLE DU SEMEUR.

"Le semeur disperse ses graines

En terrain riche ou aride,

Et bientôt la terre à la place des mauvaises herbes

Le maïs est couronné d'or."

Pendant ce temps, le vieux squire était en bien meilleure santé, grâce à l'habileté du Dr Nestley , mais redoutant une rechute, il insista pour que le jeune médecin reste avec lui pendant un certain temps et, bien qu'avare en règle générale, lui versa une belle somme. pour ses services, tant sa peur de la mort était grande. Comme la pratique de Nestley n'était pas très importante, il considéra ce caprice du châtelain comme une chance inattendue. Il se rendit donc en toute hâte à la ville de campagne où il vivait et, après s'être arrangé avec son partenaire pour la poursuite de leur entreprise. entreprise commune, retourna à Garsworth et s'installa à la Grange comme assistant médical du vieil homme.

Le médecin du village ne céda pas à cet arrangement sans lutte, mais Squire Garsworth , qui ne consultait les sentiments ou les intérêts d'aucun homme lorsqu'ils entraient en conflit avec ses propres désirs, réduisit bientôt le Sangrado local au silence.

M. Beaumont venait quotidiennement à la Grange pour faire le portrait de son maître, et s'intéressait maintenant profondément au tableau, qui commençait à avoir pour lui une merveilleuse fascination. En vérité, le châtelain n'était pas un modèle banal, car son visage vif et ascétique aux yeux brûlants et sa silhouette dépouillé enveloppée dans une robe de chambre en velours noir décoloré formaient un cabinet merveilleusement pittoresque. En outre, Basile aimait entendre les propos extravagants et sauvages du vieil homme, qui parlait d'une manière décousue, mêlant les histoires gaies de sa chaude jeunesse aux révélations mystiques des alchimistes médiévaux et aux théories fantaisistes de l'existence spirituelle. Qu'il soit fou, Beaumont n'en doutait pas un seul instant ; néanmoins, sa folie était porteuse d'une certaine fantaisie de pensée qui séduisait surtout la nature poétique de l'artiste, las des banalités du monde du travail.

En ce qui concerne Reginald, l'artiste le traita de sa manière habituelle, et ne trahit ni par ses paroles ni par ses actes la relation qui existait entre eux, mais usa néanmoins de tout son pouvoir de fascination pour parvenir à maîtriser l'esprit du jeune homme.

Il y réussit en partie, car rien n'est plus flatteur pour la vanité d'un jeune homme inculte que l'attention que lui accorde un homme cultivé du monde. L'artiste lui racontait des histoires de la vie londonienne et parisienne, décrivait les hommes célèbres qu'il avait rencontrés, les belles femmes qu'il avait connues et les vives émotions de la vie de bohème, investissant ainsi un monde inconnu d'une magie et d'un glamour qui ne pouvaient manquer d'attirer une nature aussi intelligente, ardente et impressionnable que celle de ce garçon simple.

Patience Allerby , vivant dans un état de réclusion presque monastique, se félicitait d'avoir fait preuve de prévoyance en déjouant les plans possibles de Beaumont, sans se douter qu'il entraînait maintenant son fils dans des travaux subtils qui feraient de lui l'esclave consentant de son père sans cœur. Il est vrai qu'Una, avec son instinct de femme, se méfiait du brillant aventurier et se risquait à mettre Reginald en garde contre lui, mais le jeune homme reçut un tel avertissement avec une certaine mauvaise grâce et parla de la nécessité d'acquérir de l'expérience. Beaumont, avec son grand pouvoir de pénétration, s'aperçut bientôt qu'Una se méfiait de lui, et comme son but était de la gagner à ses côtés , il trouva bientôt un plan par lequel il espérait parvenir à son but.

Un matin, après avoir travaillé au portrait du châtelain, il se promenait sur la terrasse lorsqu'il rencontra Una, penchée sur la balustrade, regardant la flaque d'eau tranquille, entourée d'un rebord de marbre, au centre de laquelle se trouvait un groupe de Naïades et de Tritons qui auraient dû faire jaillir de l'eau en couronnes d'écume de leurs conques, mais la source de la fontaine étant tarie, il ne restait plus que les eaux stagnantes du bassin, reflet de leur oisiveté forcée.

Una pensait à Beaumont lorsqu'il apparut, et ce n'était pas d'une manière très généreuse, car elle craignait son influence croissante sur l'esprit plastique de son amant - c'est pourquoi, lorsque l'artiste s'arrêta à côté d' elle , elle n'était en aucun cas prête à le recevoir. avec cette courtoisie suave avec laquelle elle saluait généralement tout le monde.

"Je suis heureux de vous voir, Miss Challoner", observa Beaumont en soulevant son chapeau, "car je veux vous parler de Blake."

"A propos de M. Blake," dit Una plutôt froidement, "oui ?"

" Bien sûr, vous savez combien j'admire sa voix, " remarqua tranquillement Beaumont, " et pensant qu'il serait dommage qu'il gaspille sa douceur dans l'air du désert de Garsworth , j'ai écrit à un de mes amis à Londres. "

"C'est très gentil de votre part, M. Beaumont," dit Una d'un ton plus cordial, "et que dit votre ami ?"

"Il veut que Blake aille à Londres et l'emmènera chez Marlowe, qui est un professeur de chant très célèbre ; si Marlowe est satisfait, Blake peut étudier avec lui, et quand il le jugera apte, il pourra faire son apparition."

"Cela demandera beaucoup d'argent", observa pensivement Una.

"Oh ! Je n'ai aucun doute que cela puisse être arrangé", dit doucement Beaumont. "Blake et moi parviendrons à un accord sur certaines choses, mais j'ai hâte que Blake bénéficie de ses talents."

"Que veux-tu dire?" » demanda Miss Challoner d'un ton perplexe. « Je ne comprends pas.

" Bien sûr que non", répondit doucement l'artiste. "Vous ne comprenez pas le monde - je le comprends - et cela au prix de dépenses d'argent et de sacrifices d'illusions. Blake a un orgue exceptionnellement beau et un grand talent musical; s'il est allé à Londres sans argent, de ce que je comprends, il n'a pas beaucoup de valeur - il serait très probablement récupéré par quelque parasite des cercles musicaux qui lui ferait plus de mal que de bien, peut-être le forcerait à chanter avant d'être mûr et dirigerait ainsi le très probable risque d'échec - ou s'il a été instruit par un bon maître et a obtenu un grand succès, à moins qu'il ne soit très prudent, un impresario l'attirerait dans un accord qui durerait des années, ce qui lui serait en fin de compte éminemment désavantageux. "

"Mais sûrement aucun homme n'est aussi vil ?"

Beaumont haussa les épaules.

"Ma chère dame, ils n'appellent pas cela de la bassesse mais des affaires - la seule différence réside dans le nom cependant - et comment vivraient les sangsues s'il n'y avait personne pour vivre ? Le Génie n'a très souvent aucune capacité commerciale. et pas d'argent, le Leech, en règle générale, a les deux, et comme le pauvre Génie ne peut pas se présenter ou présenter ses œuvres au public sans l'aide de M. Middleman Leech, bien sûr, ce gentleman s'attend à être bien payé pour sa peine, et généralement il se paie si bien que le Génie en subit le pire – l'Intermédiaire obtient l'argent, le public le plaisir, et le Génie – eh bien, il n'obtient presque rien, sauf la pensée délicieuse que ses œuvres l'ont enrichi. homme et plaire à un autre. Le génie est une belle chose, sans aucun doute, mais la capacité d'être une sangsue est plus belle.

"Et pourtant, vous proposez d'être l'intermédiaire entre M. Blake et le public", dit Una en le regardant attentivement.

"Seulement pour le sauver des autres", observa rapidement Beaumont. "Pour autant que je sache, Blake est peut-être un homme d'affaires extrêmement intelligent et tout à fait capable de tenir tête à la tribu de Leech et Middleman, mais il n'a pas d'argent pour amener sa voix à cette perfection qui en fera un article vendable. Je peux fournir cet argent, et comme l' ouvrier est digne de son salaire, j'attends une juste rémunération pour ma peine, mais j'agirai honnêtement envers lui, et je ne le forcerai pas à chanter avant qu'il ne soit apte, ni ne le lierai pour une quelconque durée. des années ; s'il réussit financièrement et artistiquement grâce à mon aide, je suis prêt à recevoir ce qui est mon dû, mais s'il part à Londres sans influence, sans amis, sans argent, avec rien d'autre que cette belle voix, eh bien, à moins qu'il ne soit, comme je l'ai dit devant un homme d'affaires intelligent, il y aura de belles choses à faire pour M. Leech.

"C'est un monde terriblement méchant", soupira Una.

"C'est tel que Dieu l'a fait", répliqua cyniquement Beaumont, "je ne pense pas que l'humanité l'ait beaucoup amélioré, mais j'ose dire que nous ne sommes pas pires maintenant que nous ne l'avons jamais été, le seul changement que je peux voir est l'art de la dissimulation. -- il était de bon ton d'être méchant dans la Rome Borgienne , c'est pourquoi chacun proclamait sur les toits ses péchés chéris, maintenant il est considéré comme la bonne chose d'être décent, alors nous péchons en privé et prêchons en public ; la méchanceté est avec nous tous pareils, mais nous le cachons soigneusement et bavardons sur la moralité de l'Angleterre du XIXe siècle comparée à celle de Rome du XVIe siècle.

"Vous êtes plutôt pessimiste."

"Mon malheur, ce n'est pas ma faute, je vous l'assure", répondit négligemment l'artiste. "Très probablement, si j'avais traversé ma vie enveloppé dans le coton de la position et de l'argent , j'aurais trouvé dans la nature humaine tout ce qu'il y a d'honnête et de vrai. Malheureusement , la pauvreté est une divinité qui prend plaisir à détruire les illusions de la jeunesse, c'est pourquoi je voir le monde dans un sens réel et non idéal - c'est désagréable mais utile. "

"J'espère que Reginald ne nourrira jamais des pensées aussi dures", murmura Una.

"Cela dépend du grand dieu Circonstance, mais s'il vient à Londres, j'ai peur qu'il soit désenchanté. Arcady se trouve peut-être dans ce village isolé, j'en suis sûr, mais Londres désillusionne bientôt la nature la plus généreuse et la plus confiante, cependant , espérons le meilleur, mais que dites-vous de mon offre, Miss Challoner ?

"Eh bien, vraiment", dit Una en riant, "que puis-je dire ? C'est l'affaire de M. Blake et pas la mienne."

— Pourtant, vous vous intéressez à lui, observa vivement Beaumont.

"En tant qu'homme très intelligent, je le fais", répondit sereinement Una, car elle était déterminée à ne pas trahir son amour envers cet homme du monde aux yeux froids. "Je trouve dommage qu'il soit condamné à rester ici."

"Je le pense aussi", dit cordialement Beaumont, car il était trop rusé pour insister sur une question qui, selon lui, pourrait s'avérer désagréable pour la fière femme devant lui, "donc je vais parler à Blake."

"Et comment ça se passe avec la photo de mon cousin ?" » demanda Una en détournant adroitement la conversation tandis qu'ils descendaient la terrasse.

"Oh, très bien en effet, cela fera un excellent tableau, et j'aime parler au Squire, ses idées sont tellement étranges."

"Je n'ai aucun doute sur l'effet de la solitude", répondit Una distraitement, "une existence solitaire engendre généralement d'étranges pensées."

" Exactement. Je préfère parler à un reclus qu'à un homme ou une femme du monde, car même si les idées d'un ermite sont démodées, elles sont infiniment fraîches. "

"Alors tu n'aimes pas la société ?"

"Parfois je le fais - l'homme est un animal grégaire, vous savez - mais les gens du monde sont en règle générale des imbéciles craintifs. Je suppose qu'une certaine dose de tromperie est nécessaire pour que les choses se passent bien. A raconte des mensonges à B et B sait que ce sont des mensonges. , pourtant il les croit, parce que pour préserver une amitié nécessaire avec A, il ne suffit pas de lui dire qu'il est un menteur ; si tous nos amis étaient mis dans le Palais de la Vérité, ce serait un monde extrêmement désagréable, je vous l'assure.

"Mais vous ne pensez pas qu'il soit nécessaire de mentir pour que les choses se passent bien ?" dit Una plutôt choquée.

"J'ose dire que c'est la vérité claire et brutale", rétorqua froidement Beaumont; "Les mensonges sont l'huile que la diplomatie déverse sur les eaux troubles de la société. Seigneur, quel monde de fumistes nous sommes, bien sûr."

"Eh bien, au revoir tout à l'heure", dit Una en riant en se détournant, "n'oubliez pas de parler de Londres à M. Blake."

"Oh non, je n'oublierai pas", répondit Beaumont, et ôtant son chapeau, il s'éloigna dans l'avenue, très satisfait du résultat de sa conversation.

« Je crois que j'ai réussi à l'apaiser, se murmura-t-il, maintenant elle voit combien j'ai hâte d'aider son amant, elle ne se méfiera plus de moi, c'est encore la parabole du semeur . une petite graine semée dans un sol fertile donne une bonne récolte - maintenant je sème la graine - quand j'aurai Reginald à Londres , je récolterai la récolte.

CHAPITRE XIII.

L'AVIS DE DICK.

"Je ne l'aime pas - son sourire subtil
se cache sous quelque but vil,
même si son regard est fade et son discours juste.
Oh, ne lui faites pas confiance, je vous en supplie; car, comme une fleur
apparemment simple, peut cacher un parfum de puissance maléfique, qui
attire avec il envenime le porteur confiant jusqu'à sa mort ; afin que sa
langue puisse bavarder gentiment,
il te jure avec une haine éternelle.

Maintenant que Basil Beaumont avait réussi à gagner la gratitude, sinon
l'amitié, d'Una, il était déterminé à rallier le Dr Larcher à ses côtés. Il avait
déjà réussi à acquérir une certaine influence sur Reginald Blake, mais il voyait
bien que le digne vicaire n'était pas prévenu en sa faveur , et, comme il se
révélerait un allié précieux si Patience se révélait dangereuse, Beaumont tenait
à l'impressionner avec un bonne estimation de son caractère.

L'homme cynique du monde semblait avoir complètement changé depuis
son entretien avec Patience Allerby , et personne, voyant l'intérêt qu'il portait
aux plaisirs simples de la vie villageoise, n'imaginerait que derrière toute cette
apparente simplicité il cachait un dessein subtil. Son jeu était au plus haut
degré artificiel, mais si fidèle à la nature que tout le monde s'y trompait et ne
voyait jamais le loup vorace caché sous la peau innocente de l'agneau.

Bien sûr, Patience Allerby avait une connaissance trop minutieuse de sa
véritable nature pour se laisser tromper par le masque d'innocence et de
gaieté qu'il choisissait maintenant de revêtir, et comme Basil Beaumont ne le
savait que trop bien, il tenait à ne pas perdre de temps pour se lever. à lui-
même une armée de sympathisants contre l'indignation honnête de la femme
qu'il avait abandonnée si elle intervenait dans ses projets. Mme Larcher , Miss
Cassy, Una et Reginald avaient désormais tous une excellente opinion de lui,
il était donc soucieux d'obtenir les bons vœux du Dr Larcher , laissant ainsi
Patience se battre seule contre la foule d'amis qu'il avait. si adroitement
sécurisé.

Malgré l'heure tardive de la saison , c'était une journée très agréable, avec une
certaine chaleur et une certaine luminosité dans l'air malgré le vent vif qui
soufflait, et à son arrivée au presbytère Beaumont trouva les jeunes gens

jouant au tennis sur gazon ; Pumpkin et Ferdinand Priggs tiennent bon de manière quelque peu erratique contre Reginald et Dick Pemberton.

Beaumont s'est promené sur la pelouse avec son éternelle cigarette entre les lèvres, mais l'a jetée alors qu'il a été salué joyeusement par Reginald et les quatre joueurs, qui ont fait une pause un instant dans le match.

"Comment allez-vous, Miss Larcher ?" dit Beaumont en levant paresseusement son chapeau, c'est un salut complet et qui s'étend à tout le monde. J'ai appelé chez le vicaire.

" Papa est sorti tout à l'heure, " observa Pumpkin, " mais il sera bientôt de retour. Voulez-vous attendre, M. Beaumont ? "

"Merci, je le ferai", répondit Beaumont en s'asseyant sur un banc de jardin.

"Tu as un jeu ?" s'écria Reginald en jetant sa raquette en l'air et en la rattrapant adroitement dans sa main.

"Ça ressemble trop à un travail acharné."

"Alors prends du thé", suggéra Pumpkin d'un ton convaincant.

" Ah, c'est mieux, Miss Larcher , " répondit gaiement Beaumont ; "oui, je voudrais du thé."

"Amenez-le ici", dit Dick, qui s'était jeté sur l'herbe verte et tendre, "ce sera agréable de le servir dehors."

"Comment vous abusez de l'anglais de la reine", murmura M. Priggs tandis que Miss Larcher entrait pour commander le thé.

"Seulement en prose", répliqua froidement Dick, "pensez à la manière dont vous la mutilez en poésie."

"Je crains que vous ne soyez plutôt sévère envers Priggs ", dit Beaumont, soucieux de concilier tout le monde, même le poète, pour lequel il avait un profond mépris.

"Vous ne le diriez pas si vous voyiez sa poésie", répondit Pemberton en riant.

"Oh, allez maintenant, Dick," dit Reginald avec légèreté, "c'est plutôt difficile – certaines poésies de Ferdinand sont belles."

"Et horrible."

"Dick ne s'intéresse qu'aux chansons de music-hall", expliqua hautain le poétique Ferdinand.

"Oh oui, je le fais - pour le gâteau et le thé, entre autres choses, et voilà. Fais une rime là-dessus, Ferdy ."

"Ne m'appelez pas Ferdy ", dit sèchement Priggs .

"Alors Birdie", observa Dick d'un ton taquin, "même si tu ressembles plus à un hibou qu'à n'importe quel autre oiseau."

"Maintenant, ne vous battez pas", dit Pumpkin, qui était maintenant assis devant une table rustique sur laquelle étaient disposés les thés. « Du lait et du sucre, M. Beaumont ?

"Merci tous les deux", dit Beaumont en se penchant. "Au fait, j'ai vu Miss Challoner aujourd'hui ; nous parlions de vous, Blake."

"L'étiez-vous vraiment ?" observa Reginald, plutôt irrité par la manière libre et facile de l'orateur.

"Oui, à propos de votre voix. J'ai reçu une lettre d'un de mes amis en ville, dont je vous parlerai plus tard."

"Je suppose que Reggy va bientôt nous quitter pour Londres", dit Dick avec envie.

"Chanceux Reginald", soupira Ferdinand, "j'aurais aimé aller à Londres."

"Quoi, avec un paquet de poèmes dans ta poche ?" dit Réginald en riant. "J'ai bien peur que vous ne mettiez pas le feu à la Tamise : la poésie ne paie pas."

" Ni de littérature d'aucune sorte ", observa Dick, " du moins, c'est ce que je comprends. "

"Alors vous comprenez mal," dit froidement Beaumont, "vous vous en tenez aux paroles de Scott, je présume, que la littérature est un bon bâton mais une mauvaise béquille, tout cela a changé maintenant."

"Pas en matière de poésie."

" Non, pas en matière de poésie certainement, mais le succès en littérature dépend beaucoup du tact d'un écrivain ; si un jeune homme va à Londres avec une traduction d'Horace ou de Lucien dans sa poche , il constatera que ses biens ne sont pas recherchés ; si Milton s'est rendu à Paternoster Row à l'heure actuelle, avec le manuscrit de "Paradise Lost" à la main, je ne crois pas qu'il trouverait un éditeur. Nous parlons beaucoup de poèmes nobles et de belles pensées, mais il est curieux de savoir quoi. les articles invendables, même les meilleurs d'entre eux le sont ."

"Alors qu'est-ce qui se vend ?" demanda Ferdinand.

"Tout ce qui plaît au public - un roman sensationnel - un poème mondain pétillant - un article de magazine brillant - une pièce de théâtre pleine d'esprit - vous aurez beaucoup d'occasions de gagner de l'argent avec ces choses-là ; vous voyez les gens vivre si vite. maintenant qu'ils n'ont plus le temps d'étudier pendant leurs heures de jeu, ils veulent donc profiter de l'écume et de l'écume du temps qui leur est servi pour leur lecture, afin de ne plus penser à leur travail. Nous louons "Tom Jones" et " Clarissa', mais qui les lit quand ils peuvent parcourir le dernier roman en trois volumes ou le dernier article piquant sur l'état de l' Europe ? - personne ne veut être instruit de nos jours, mais ils veulent être amusés. "

"Comment vivent les gens à Londres ?" » demanda Pumpkin, qui, étant une jeune fille de campagne peu sophistiquée, ignorait absolument tout ce qui concernait la grande métropole.

— Ils habitent avec un fiacre à la porte et leur montre à la main, rétorqua cyniquement Beaumont ; "Ils consacrent deux minutes à une chose, cinq minutes à une autre, et pensent qu'ils s'amusent, acquièrent un aperçu de toutes choses et une connaissance approfondie de rien, de la dernière pièce, du dernier livre, du dernier scandale, du dernier complication politique - ils connaissent assez bien toutes ces choses pour en parler, mais hélas pour le penseur profond qui expose ses vues avant le monde agité de Londres - il aura en effet un très petit cercle de lecteurs, parce que personne n'a de il est temps de réfléchir à sa prose réfléchie.

"Mais le pouvoir de la scène en tant que professeur", commença Ferdinand, "est vraiment..."

"Ce n'est vraiment rien", interrompit brusquement Beaumont; "La scène d'aujourd'hui est destinée à amuser, non à enseigner - personne ne se soucie d'aller à l'école après les heures de classe; nous ne sommes même pas originaux dans nos drames - soit nous traduisons de la scène française, soit reproduisons Shakespeare avec brio. décors et acteurs de tasses à thé et de soucoupes.

"Eh bien, vous ne pouvez pas vous opposer à Shakespeare", observa Reginald, très intéressé par les remarques de Beaumont.

" Certainement pas. Shakespeare, comme d'autres choses, est excellent, avec modération. Je suis tout à fait d'accord que nous devrions avoir un théâtre national, où le drame élisabéthain devrait être joué régulièrement, mais notre soi-disant Théâtre national se consacre aux mélodrames en pain d'épices. et essaie de cacher sa pauvreté de pensée sous une brillante *mise en scène* ; mais quand on a des pièces de Shakespeare dans trois ou quatre théâtres et des adaptations françaises dans une douzaine d'autres, où intervient le dramaturge local ?

"Mais d'après ce que j'ai entendu, il y a si peu de bons dramaturges locaux", dit rapidement Dick.

"Et à qui la faute?" » demanda acidement Beaumont, « mais c'est la faute de la nation anglaise. La France a une école dramatique forte parce qu'elle a produit son propre drame à l'exclusion des écrivains étrangers ; si le peuple anglais, qui se targue de son patriotisme, refusait d'accepter les Français et des adaptations allemandes, les directeurs seraient obligés de produire des pièces anglaises écrites par des dramaturges anglais, et même si, très probablement, pendant un certain temps, nous aurions de mauvaises finitions et des idées grossières, dans quelques années une école dramatique se formerait ; mais de telles un événement n'arrivera jamais tant qu'un de nos principaux dramaturges adapte en gros des comédies gauloises et qu'un autre dramatise de vieux livres de la période géorgienne. L'Angleterre n'a pas perdu sa puissance créatrice mais elle fait de son mieux pour l'éradiquer.

"Comme c'est terriblement grave", dit Ferdinand.

"Mais comme c'est terriblement vrai", rétorqua négligemment Beaumont. "Cependant, je ne prêcherai plus car je suis sûr que vous devez tous être fatigués de mon bavardage - et voyez, le docteur Larcher arrive."

Il se leva tout en parlant, car le vicaire traversait la petite pelouse comme un colosse.

"Du thé et du scandale, je suppose", rugit-il de sa voix chaleureuse en serrant la main de l'artiste.

"'Hic innocentis pocula Lesbii
Duces sous ombre.'"

" Certainement assez innocent, monsieur, " observa Reginald avec légèreté, " mais le fait est que nous avons écouté M. Beaumont. "

"Et le discours ?" » demanda le vicaire en prenant une tasse de thé de Pumpkin.

— La décadence de la littérature et du théâtre en Angleterre, répondit Beaumont en souriant.

"Ah, en effet. J'ai bien peur, M. Beaumont, de ne rien savoir du drame, à l'exception du barde d'Avon..."

"Que M. Beaumont aime, avec modération", interrompit malicieusement Pumpkin.

"Certainement", acquiesça gravement Beaumont. "J'aime tout avec modération."

"Même Horace", murmura Dick à Reginald, qui rit bruyamment puis s'excusa pour sa gaieté intempestive.

"En ce qui concerne la littérature", dit lourdement le Dr Larcher , "je crains qu'il n'y ait plutôt une baisse - nous sommes frivoles - oui, décidément frivoles."

"J'aurais aimé que nous soyons quelque chose d'aussi agréable", remarqua Beaumont, "j'ai bien peur que nous soyons décidément ennuyeux."

"La vague de génie qui a commencé avec ce siècle actuel", a déclaré pompeusement le vicaire, "a maintenant épuisé sa force et s'est éteinte dans une large mesure - bientôt elle se rassemblera à nouveau et ira en avant."

"Si cela pouvait balayer seulement quelques centaines de nos écrivains actuels, je pense que cela ne dérangerait personne", a déclaré l'artiste en riant.

" *Sed omnes una manet nox* ", observa le Dr Larcher avec un sourire sinistre.

" Quoi, tous nos gribouilleurs d'aujourd'hui ? Quelle chose délicieuse pour le vingtième siècle. "

Le Dr Larcher sourit doucement en posant sa tasse, car il aimait que ses allusions à Horatien soient promptement reprises, et il commençait à trouver Beaumont plutôt en bonne compagnie. Il fit un signe de tête gentiment à tout le groupe et était sur le point de se détourner lorsqu'une pensée soudaine le frappa.

"Voulez-vous me voir, M. Beaumont?" » demanda-t-il en regardant l'artiste.

"Oui, je le fais", répondit ce gentleman en se levant tranquillement. "Je souhaite vous parler de Blake, et aussi je souhaite que Blake soit présent."

"Oh, je viendrai", s'écria Reginald en s'élançant avec empressement, car il devinait de quoi porterait la conversation.

"Venez alors à mon bureau", dit le Dr Larcher . "Citrouille, mon enfant, tu ferais mieux de rentrer, car la nuit approche."

Alors que les trois messieurs se dirigeaient vers la maison, Pumpkin commença à préparer le thé afin de les emmener à l'intérieur. Dick, qui s'était levé, regardait Beaumont avec une sorte de froncement de sourcils sur son visage jeune et frais.

"Qu'est-ce qu'il y a, Dick ?" » demanda Pumpkin en s'arrêtant un instant.

"Hein ?" dit Dick en sursautant un peu, "oh! rien, seulement je ne l'aime pas."

"Qui?"

"M. Beaumont", dit pensivement Pemberton. "Je pense que c'est un imbécile."

"Je suis sûr que c'est un homme des plus charmants", observa Ferdinand avec hauteur.

"Oh, vous trouveriez charmant quiconque louait votre poésie", répliqua rudement Dick, "mais je n'aime pas Beaumont; il est très intelligent et parle bien, sans aucun doute, mais c'est quand même un étranger."

"Qu'est-ce qui te fait penser cela ?" dit Pumpkin en le regardant avec le plateau dans les mains.

"Oh, je peux évaluer un homme en deux minutes", observa Dick avec son langage argotique habituel, "et si j'étais Reggy, je ne donnerais pas à ce type l'inclinaison de se tourner vers moi ; il dit beaucoup de choses qu'il ne fait pas. " méchant, et s'il veut diriger l'émission de Reggie, le chariot aux pommes sera bientôt bouleversé.

En raison de l'utilisation abondante de l'argot par Dick, Pumpkin ne savait pas vraiment ce qu'il voulait dire, alors avec un sourire tranquille, il entra à l'intérieur avec le plateau.

« Reggy peut très bien se débrouiller tout seul », observa le poète d'un ton placide.

"Et c'est une très bonne chose aussi", s'écria Dick en regardant le jeune poétique d'une manière sauvage, "mais mieux vaut prévenir que guérir, et je ne laisserais pas Beaumont mettre la main dans mon gâteau si j'étais Reggy ."

"Ah, tu vois que tu n'es pas Reggy ."

"Je suis particulièrement heureux de ne pas être toi", rétorqua poliment Dick. "Ça doit être une chose terriblement désagréable pour vous de savoir à quel point vous êtes un idiot."

"Je ne suis pas un idiot", a déclaré Priggs avec hauteur.

"Pas un idiot !" » fit écho Dick avec dérision, « pourquoi tu es un tel idiot que tu ne sais même pas que tu en es un.

CHAPITRE XIV.

LA DIPLOMATIE DE Basile BEAUMONT.

Astucieux est celui qui, par sa simple force brutale, méprise
et gagne par des ruses subtiles tous les prix du monde.

Lorsque les trois messieurs furent confortablement assis dans le bureau du vicaire, Beaumont, sans autre préambule, expliqua sa mission.

"Vous savez, monsieur", dit-il au génial Dr Larcher , "que Blake a une très belle voix - une voix de ténor phénoménale qui, une fois correctement entraînée, fera sa fortune. Blake me dit qu'il n'a pas décidé quelle ligne de vie à entreprendre, alors je propose qu'il soit chanteur.

"Oh, je l'aimerais par-dessus tout", s'écria Reginald avec l'impulsion irréfléchie habituelle de la jeunesse.

"Attendez un instant", observa prudemment le vicaire. "Je ne suis pas très favorable à une carrière théâtrale pour vous, Reginald, et c'est une question trop importante pour être décidée à la légère, j'aimerais donc entendre le point de vue de M. Beaumont sur le sujet."

"Oh, mes opinions s'expliquent facilement", dit froidement Beaumont. "Je connais très bien vos objections à une carrière théâtrale, docteur Larcher , et sans aucun doute elle est pleine de tentations pour un jeune homme. Pourtant, Blake n'a pas besoin de chanter sur scène, mais de faire son apparition sur la scène des concerts - bien les ténors sont rares, il aura donc bientôt beaucoup de travail et gagnera d'excellents revenus.

"Et que proposes-tu de faire ?" » demanda pensivement le vicaire.

"C'est là que j'en viens", expliqua rapidement Beaumont. « Je ne suis pas moi-même un homme riche, mais je connais beaucoup de gens riches à Town ; si Blake veut bien venir à Town avec moi, je m'engagerai à trouver suffisamment d'argent pour lui donner une formation de chanteur de premier ordre ; réussit - et je n'ai aucun doute qu'il y parviendra - il pourra me rembourser l'argent avancé et un certain pourcentage pour le prêt et le risque : alors, bien sûr, il aura une excellente profession et pourra gagner son propre vie."

"Londres est pleine de tentations pour un jeune homme", observa le Dr Larcher, dubitatif.

"Un jeune homme doit tenter sa chance", répondit ironiquement Beaumont. « Bien sûr, Blake sera avec moi et pour mon propre bien, je ferai de mon mieux pour le garder hors de danger ; mais tu ne veux sûrement pas qu'il reste dans ce village toute sa vie, enveloppé dans du coton ?

"Je n'ai pas l'habitude d'être enveloppé dans du coton", s'écria Reginald, piqué par le ton de l'artiste, "et j'ose dire que si j'étais à Londres, je pourrais prendre soin de moi sans l'aide de personne."

"Je n'en doute pas", répondit cordialement Beaumont, "tout ce que je vous offre, c'est de l'aide. Maintenant, qu'en dites-vous, docteur Larcher ?"

"Pour le moment, je ne peux rien dire", répondit lentement le vicaire. « Reginald m'est aussi cher que s'il était mon propre fils, et le choix d'une carrière ne se décide pas à la légère. J'avais espéré qu'il deviendrait vicaire, et il n'aurait alors pas été nécessaire qu'il me quitte. ".

"Je ne pense pas que j'aurais fait un bon vicaire", dit Blake en secouant la tête, "et même si j'aime beaucoup ce cher vieux village, je veux pourtant voir un peu du monde - ma voix est ma seule voix. talent, donc plus tôt je l'utilise, mieux c'est."

" *Quod composant souvenir le plus approprié aquus* », citait le vicaire de manière significative.

" *Dum loquimur , fugerit invida ætas* ," répondit rapidement Reginald.

"Assez bien répondu", dit le vicaire avec un demi-soupir. "Oui, je suppose que tu dois profiter du temps de vol et ça ne sert à rien de perdre ta vie dans l'oisiveté. Voudrais-tu être chanteur ?"

"Je le pense", dit Blake après une pause. " Bien sûr , j'ai hâte de me frayer un chemin dans le monde, et à moins d'utiliser mon seul talent, je ne vois pas comment je dois y parvenir."

"Je voudrais avoir votre seul talent", observa Beaumont avec un peu d'envie; "Je ne m'en prendrais pas au destin... eh bien, docteur Larcher , et quelle est votre décision ?"

"Je ne peux pas vous le donner maintenant", dit le vieil homme en se levant, "c'est une affaire trop importante pour être prise à la légère. Je vous donnerai une réponse dans quelques jours. Pourtant, M. Beaumont, je dois vous remercier. pour vos aimables intentions à l'égard de Reginald.

"Je suis trop content de vous rendre service", répondit Beaumont en s'inclinant.

« En attendant, » dit cordialement le vicaire, « vous devez vous arrêter et dîner avec nous.

"Enchanté", répondit Beaumont, et il partit avec Reginald, très satisfait du résultat de l'entretien.

Après le dîner, apprenant qu'il y avait un visiteur dans la maison, Mme Larcher , qui était restée couchée toute la journée sous l'influence de « L'Affliction », fit son apparition et salua Beaumont avec une grande cordialité.

"Tellement heureuse de vous voir", dit-elle gracieusement, lorsqu'elle fut installée sur le canapé au milieu d'une multiplicité de couvertures et d'oreillers ; "C'est un vrai plaisir d'avoir quelqu'un à qui parler."

"Viens, viens, ma chère, c'est plutôt dur pour nous", dit le vicaire avec bonne humeur .

"Je veux dire quelqu'un de nouveau", expliqua gracieusement Mme Larcher . "J'aime tellement la compagnie, mais à cause de mon affliction, je vois très, très peu de monde ; c'est une grande privation pour moi, je vous l'assure."

"Sans doute", acquiesça Beaumont, plutôt ennuyé par le flux constant de la conversation de Mme Larcher , "mais j'espère que vous vous remettrez bientôt de votre maladie et que vous pourrez alors vous mêler au monde."

"Jamais, ah jamais", murmura Mme Larcher en levant les yeux vers le plafond. « Je suis une épave – absolument une épave – je ne serai jamais, jamais ce que j'étais – je souffre de tant de choses, n'est-ce pas, Eleanor Gwendoline ?

"Oui, maman", répondit cette demoiselle qui était assise au piano. "Mais tu ne serais pas opposé à un peu de musique, n'est-ce pas, chérie ?"

"Si c'est doux, non", répondit le malade avec lassitude, "mais cher Reginald, ne chante pas de chansons bruyantes, elles sont si mauvaises pour mes nerfs."

"Très bien", répondit Reginald, et il chanta aussitôt une chanson sentimentale intitulée "Loneliness", qui avait des paroles mornes et une musique tout aussi morne.

"J'aimerais bien que les auteurs-compositeurs et leurs poètes inventent quelque chose de nouveau", observa Beaumont à la fin de cette ballade lacrymeuse, "on se lasse tellement des cœurs brisés et de toutes ces bêtises."

"Je suis tout à fait d'accord avec vous, monsieur Beaumont", dit avec insistance le Dr Larcher . "J'observe dans les chansons d'aujourd'hui une tendance aux lamentations efféminées que je déplore infiniment. Nous avons, je le crains, perdu en grande partie la virilité de Dibdin et les idées joyeuses des paroliers jacobéens."

"Et les chants de la mer ?" demanda Dick, ils sont assez joyeux.

" Sans aucun doute, " répondit Beaumont, " " Nancy Lee " et les " Three Jolly Sailor Boys " ont un air léger, mais cette sentimentalité du sucre et de l'eau, maintenant si en vogue, est tout simplement horrible - c'est vraiment dommage. Si la réaction ne s'installe pas, nous aurions alors un ton plus sain ."

"Il existe pourtant une fascination pour le chagrin à laquelle ni le poète ni le musicien ne peuvent résister", observa Ferdinand Priggs , impatient de lire un de ses poèmes à la troupe.

« J'ose le dire, » dit rapidement Beaumont ; "Mais il y a une grande tendance à la morbidité , une trop grande utilisation des cœurs brisés et des tonalités mineures, en fait toute la tendance de notre époque est pessimiste - nous regrettons toujours le passé, déplorons le présent et redoutons l'avenir."

« Je pense que cela a été le cas à toutes les époques du monde », observa le vicaire ; "L'homme a invariablement parlé de la prospérité du passé et de la décadence du présent."

« Le passé est passé et les morts sont morts », murmura pensivement le poète.

"Une citation?" demanda Beaumont, frappé de cette remarque.

"C'est un poème que j'ai moi-même", dit vivement Ferdinand, "que j'aimerais lire."

"Bien sûr, mon garçon", affirma chaleureusement le vicaire. "Continuer à lire."

Toute la compagnie se regardait et Dick gémissait de manière audible, tandis que Mme Larcher s'installait sur ses oreillers avec un soupir de résignation. Mais le poète se réjouit d'avoir réussi à se faire entendre, et sortant de sa poche un manuscrit soigneusement écrit, il lut le poème suivant d'une voix soigneusement modulée : - -

UNE BALLADE DE JOURS MORTS.

JE.

Oh, je suis fatigué des chansons inutiles

Des seigneurs et des dames et des temps anciens,

Toute leur gaieté appartient au passé,

Le chagrin résonne dans notre rime actuelle.

Les cloches de joie se transforment en carillon de la cloche de la mort,

L'âge est amer et la jeunesse s'est enfuie,

Finie la saison de l'espoir sublime,

Le passé est passé et les morts sont morts.

II.

Mesdames que j'aimais en ces jours lointains,

Où es-tu maintenant avec tes cheveux dorés ?

Mes cheveux sont blancs sous une couronne de baies,

Mais la couronne de rose de la jeunesse m'était plus belle .

Mon cœur a été capturé dans de nombreux pièges

Enchevêtré dans des boucles d'or étalées,

Maintenant, dans mon cœur se cache un sombre désespoir.

Le passé est passé et les morts sont morts.

III.

Beaucoup de gobelets de vin que j'ai bu

À la santé des dames blondes et fragiles,

Un baiser de la main et un chapeau à plumes enlevé.

Puis partez à la guerre en cotte de mailles.

Mais, ah, cette armure ne pouvait pas prévaloir

Contre tes yeux et tes lèvres si rouges,

Non, mais de telles pensées sont une histoire racontée deux fois,

Le passé est passé et les morts sont morts.

ENVOI.

Le temps, ne me laisseras-tu jamais oublier

Ces jours péris jusqu'à ce que je sois plombé ?

Folie de rêver avec un si vague regret,

Le passé est passé et les morts sont morts.

« Le style est Villon, je vois », observa Beaumont lorsque le poète eut terminé.

« C'est plus que le génie », marmonna Dick, qui nourrissait une haine mortelle pour la poésie de Ferdinand.

« J'aime votre refrain, mon cher Ferdinand, » observa gracieusement le vicaire ; "Il y a une certaine mélodie agréable, mais j'ai bien peur que vos vers soient quelque peu horribles. Pourtant, ils ont du mérite. Oh, oui, ils ont du mérite."

"Je suis heureux que vous le pensiez", dit humblement le modeste poète, pour qui les louanges étaient comme la pluie sur des fleurs assoiffées. "J'espère faire mieux bientôt."

— Je n'en doute pas, dit Beaumont, un peu désolé pour le pauvre garçon qui rougissait douloureusement. "Vos vers sont, dans une certaine mesure, un écho de Villon, mais vous avez néanmoins l'oreille musicale, et c'est une grande chose. Si je puis me permettre de donner un avis , je pense plutôt que vos vues sont un peu pessimistes."

"C'est exactement ce dont nous parlions", s'écria gaiement Reginald. "Un regret pour le passé et une lamentation pour le présent."

« C'est l'air du temps », soupira Ferdinand en mettant le poème dans sa poche. "Il est difficile d'échapper à son influence."

— Si quelqu'un avait une chance d'y échapper, c'est bien lui, dit Beaumont en souriant. "A Londres, où les idées les plus récentes flottent dans l'air, il est difficile d'être original, mais ici, où le travail est au point mort, vous auriez dû tracer une nouvelle ligne. J'ai bien peur que votre poésie vienne de des livres, pas de la nature. »

"Pourquoi?" demanda Ferdinand, un peu agacé.

"Par le fait même que vous avez utilisé dans cette ballade une forme de rime exotique, et que les idées qu'elle contient sont les chagrins mornes et désespérés d'un monde épuisé. Chantez, comme Herrick, les choses qui vous entourent,

"Des ruisseaux, des fleurs, des oiseaux et des tonnelles,
Des fleurs d'avril, mai, juin et juillet",

alors vous frapperez probablement une nouvelle note.

"Je n'ai pas beaucoup d'estime pour Herrick", marmonna fièrement Ferdinand.

« Trop gai, peut-être ? » dit Beaumont sarcastiquement. "C'est dommage, car je vois que tu risques de rejoindre l'école dyspeptique des poètes dont nous avons parlé. Ne fais pas trop de gaz à l'égard de ta muse, mon cher garçon, mais qu'elle soit la plantureuse nymphe du ce charmant vieux païen, Robert Herrick.

"Vos remarques sont très sensées", observa chaleureusement le vicaire, tandis que Beaumont se levait pour partir. "Si la poésie doit être écrite, qu'elle soit de la poésie naturelle. Il y a trop de table de dissection et de charnier chez nos rimeurs modernes ."

"C'est le monde mort du passé qui pèse sur le monde mourant du présent", dit sombrement Ferdinand.

"Oh, putain !" s'écria Dick avec dégoût. "Ton foie est en panne, mon cher, c'est ça ton problème."

Le poète indigné se retira avec une dignité hautaine, tandis que Beaumont prenait congé de cette gentille famille, qui le pressait de revenir, tant ils avaient apprécié sa compagnie.

«Reviens», murmurait Beaumont en rentrant à l'auberge, une cigarette aux lèvres. "Je devrais plutôt le penser. J'ai gagné le cœur du vicaire par mon affection désintéressée pour son *protégé* . C'est merveilleux, l'effet d'un peu de diplomatie, bien meilleur qu'un défi extérieur. Je pense, ma chère Patience, que devriez-vous Mettez-vous en tête de me calomnier, vous trouverez cela une tâche plus difficile que vous ne le pensez. La diplomatie est la seule arme que je puisse utiliser contre une femme comme vous, et c'est une arme extrêmement utile lorsqu'elle est correctement utilisée.

CHAPITRE XV

UN THÉORISTE FANTASTIQUE.

"C'est un homme
plein de pensées étranges et d'imaginations fantaisistes, qui rêve de rêves
qui font de sa vie un rêve. Et s'il avait des pouvoirs surnaturels à sa
disposition, il ferait tomber le ciel lui-même autour de nos oreilles dans ses
folles recherches de... je ne sais pas quoi." ".

La pièce que Beaumont avait transformée en atelier pour peindre le portrait
de Squire Garsworth , donnait sur la terrasse sur laquelle ouvraient les portes-
fenêtres. C'était le salon de la Grange, et il était magnifiquement meublé dans
le style lourd de l'époque géorgienne, bien que maintenant, étant rarement
utilisé, un air d'abandon et de décadence semblait y persister. Cependant, les
fenêtres étant grandes et sans rideaux, il y avait une excellente lumière pour
peindre. Basile installa donc son chevalet près de la fenêtre centrale et plaça
le châtelain plus loin, afin que toute la lumière tombe sur son visage flétri. ,
montrant les innombrables rides et l'expression sévère qui en faisaient une
étude digne de Rembrandt. Beaumont jetait souvent un coup d'œil à la forme
atténuée allongée nonchalamment dans le grand fauteuil et se demandait quel
curieux événement avait changé cet homme d'un fêtard oisif en un érudit
industrieux.

Au-dessus se trouvait le plafond peint de l'appartement, sur lequel dieux et
déesses, aux teintes délavées, s'ébattaient parmi des nuages d'un bleu sombre,
entourés d'amours, d'hippocampes, de soleils levants et de lunes
décroissantes, tandis qu'en bas, un tapis élimé recouvrait le sol ciré. mais
imparfaitement. Une immense cheminée en marbre, des chaises froides et
noires, lourdes et encombrantes, des tables d'apparence solide, une vieille
épinette pittoresque aux pieds fins et plusieurs canapés d'apparence
confortable, remplissaient la pièce. Il y avait aussi des visages sombres qui
fronçaient les sourcils, des armoires remplies de porcelaines grotesques ,
valant maintenant leur pesant d'or, des ornements bizarres de l'Inde et de la
Chine, et bien d'autres choses pittoresques, qui faisaient ressembler
l'appartement à un magasin de curiosités aux yeux du public. goût raffiné de
l'artiste. Mais malgré la splendeur d'antan du lieu, les araignées tissaient leurs
toiles dans les coins, la poussière grise s'amoncelait autour et une impression
de froid semblable à celle d'un tombeau imprégnait la pièce. Même la joyeuse
lumière du soleil ne pouvait dissiper l'ombre lourde qui semblait planer sur

elle, et elle semblait, dans sa solitude, être une chambre d'un palais enchanté, comme on en lit dans les contes orientaux.

Le propriétaire n'était pas non plus déplacé dans ce royaume délabré d'ancienne grandeur, car il avait l'air assez vieux et bizarre pour avoir été contemporain des splendeurs immaculées de la Grange. Le visage usé, les lueurs soudaines d'un feu insensé sortant des yeux profondément enfoncés, les cheveux clairsemés et neigeux qui tombaient de sous la calotte noire et la robe sombre , tout semblait être l'apparence d'un nécromancien chenu, riche en maux malins. des sorts de magie.

Si Randal Garsworth s'était mêlé au monde, il aurait été une créature différente. S'il était allé à l'étranger parmi ses semblables et s'il s'était intéressé à leurs idées concernant la politique, la littérature et la musique, il aurait conservé un esprit sain grâce à une telle généralisation de son intellect. Mais, s'enfermant comme il l'avait fait dans une maison isolée et concentrant son esprit sur lui-même, il tomba dans un état morbide qui le préparait à recevoir toute idée fantastique. En s'attardant ainsi dans cette vie malsaine, il tomba par hasard sur la curieuse doctrine de la métempsycose, et elle s'empara bientôt de son esprit malade, déjà fortement enclin aux recherches étranges . L'étrangeté de la théorie de Pythagore a séduit son amour du fantaisiste et il est devenu monomaniaque sur le sujet. Sous l'influence d'une vie solitaire, d'études ardentes des philosophes qui soutenaient la théorie de la transmigration et de son application égoïste de ces doctrines sauvages à sa propre âme, la monomanie dans laquelle il travaillait s'est approfondie jusqu'à la folie.

Selon toute apparence, il se comportait de manière rationnelle, bien que légèrement excentrique, mais avec sa ferme croyance en la métempsycose et ses préparatifs pour sa future incarnation, il pouvait difficilement être considéré comme sain d'esprit. Pourtant, il dirigeait toutes les affaires commerciales avec une habileté admirable, et malgré l'état de délabrement de la Grange, ses fermes étaient bien gérées, et ses locataires ne trouvaient aucune raison de se plaindre de la négligence de leur propriétaire. Comme tous les fous, il était un profond égoïste, et absorbé dans sa croyance d'une réincarnation sur cette terre, il ne prêtait aucune attention aux réclamations de ses parents ou amis, négligeant tous ses devoirs sociaux pour se consacrer entièrement à ses délires favoris . . Tel était l'homme qui était assis devant Basile Beaumont, dont le pinceau habile et le véritable talent permettaient de transférer rapidement sur la toile l'étrange visage du reclus de la manière la plus réaliste.

" J'espère que ce portrait vous plaira, " dit Beaumont brisant le silence qui avait duré quelques minutes, " c'est la meilleure chose que j'ai jamais faite. "

"Vraiment ?" » répondit vaguement Garsworth , son esprit étant lointain, occupé par quelque pensée abstruse. "Oui, bien sûr. Qu'as-tu dit ?"

"J'espère que la photo vous plaira", répéta lentement Beaumont.

" Bien sûr que je le ferai", dit rapidement le châtelain. "Je veux me voir dans le futur tel que je suis maintenant. Certaines personnes repensent à leurs portraits pris dans leur jeunesse et voient un léger semblant de leur vieillesse dans les visages sans rides, mais je verrai cette photo dans un nouveau corps. qui n'aura aucune ressemblance dans sa forme avec la forme flétrie que je porte maintenant.

"Une étrange doctrine."

" Comme vous le dites, une doctrine étrange, " dit Garsworth , échauffé par son sujet, " mais une doctrine très vraie. Mon corps est vieux et usé. Physiquement, je suis une épave irréparable, mais mon âme est aussi vigoureuse, fraîche. et avide comme il l'était au temps de ma jeunesse. Pourquoi, alors, ma véritable entité ne devrait-elle pas se débarrasser de cette enveloppe charnelle usée comme un serpent le fait avec sa peau, et entrer dans une nouvelle enveloppe remplie de la vigueur de la jeunesse ?

"Une question difficile à répondre", répondit calmement Beaumont, "très, très difficile. Nous n'avons aucune preuve qu'une telle chose puisse arriver."

"Vous êtes matérialiste ?"

" Pardonnez-moi, non. Un matérialiste, tel que je comprends ce mot, nie l'existence indépendante de l'esprit ; je ne le fais pas. Je crois que nos esprits ou nos âmes sont immortels : mais, quant à cette théorie de la réincarnation, c'est une rêve de Pythagore. »

"C'était le rêve de beaucoup avant Pythagore, et cela a été le rêve de beaucoup depuis", répondit froidement Garsworth . « Les Égyptiens, les Hindous et les Bouddhistes acceptèrent tous la doctrine, bien que chacun la traitât selon leurs différentes religions. De nos jours, Lessing y croyait ; et si vous avez lu les écrits de Kardec , vous constaterez que la réincarnation est une chose. l'âme même de la croyance spirite .

Beaumont ricana.

"Je ne peux pas dire que j'ai beaucoup confiance dans les divagations des spiritualistes. Tourner les tables et frapper les esprits peut être très agréable comme divertissement ; mais comme religion - bah !"

" Vous parlez ainsi parce que vous ne comprenez pas le sujet. Les choses que vous mentionnez ne sont que la manifestation extérieure du spiritualisme. Si vous lisez les livres de Kardec , vous découvrirez que la véritable théorie du spiritualisme est la transmigration. Les esprits s'incarnent dans des corps humains dans afin de travailler à leur propre avancement. S'ils résistent à la tentation alors qu'ils sont dans la chair, ils entrent dans une sphère supérieure, afin de progresser d'un pas de plus. S'ils ne parviennent pas à mener une vie pure, ils se réincarnent à nouveau dans la chair pour faites un nouvel effort ; mais ils ne rétrogradent jamais. »

"Et vous croyez à cette doctrine ?" demanda Beaumont incrédule.

"Avec certaines réserves, oui."

« Et ces réserves ?

"Je n'ai pas besoin de tous les citer, mais je vais vous en donner un à titre d'exemple. Les spirites nient que nous nous souvenions d'existences antérieures - je crois que c'est le cas."

"Oh ! et tu penses que dans ton prochain corps tu te souviendras de ton incarnation en tant qu'écuyer Garsworth ?"

"Je fais."

"Vous souvenez-vous de vos existences antérieures ?"

"Certains d'entre eux."

"Pourquoi pas tous ?"

"Parce que certaines des vies que j'ai vécues alors étaient extrêmement basses et ne méritaient pas d'être rappelées, alors je les ai oubliées - de la même manière qu'on oublie les choses désagréables et qu'on ne pense qu'aux événements agréables."

« Veux-tu me raconter certaines de tes existences antérieures ?

" Cela n'en vaudrait guère la peine , " répondit l'écuyer avec irritation, " car vous ne considéreriez mon récit que comme un conte de fées. Mais je peux vous dire ce que j'étais : un prince égyptien, un soldat romain, un Espagnol. Maure, et un pauvre anglais sous le règne d'Elizabeth. »

Beaumont regarda avec étonnement le vieil homme, évoquant avec désinvolture cette liste fantastique.

"Et depuis le stade de pauvreté ?" » demanda-t-il en réprimant un sourire.

« Je me suis réincarné sous cette forme actuelle, » répondit gravement l'écuyer ; "C'est parce que j'ai connu la pauvreté dans ma dernière existence que j'économise maintenant."

"Je ne comprends pas."

"Pour me garder lors de ma prochaine incarnation."

L'artiste devenait tout à fait déconcerté en entendant ce fatras d'absurdités prononcées sur un ton si sérieux. Cependant la conversation était si extraordinaire qu'il ne put s'empêcher de faire plaisir au fou.

"Une intention très louable," dit-il doucement, "mais comme vous serez quelqu'un d'autre dans votre prochaine incarnation, comment allez-vous réclamer l'argent de Squire Garsworth ?"

"Ah!" répondit le châtelain avec un sourire rusé, c'est mon secret ; j'ai arrangé tout cela de la manière la plus admirable. Je peux réclamer mon propre argent sans aucun problème.

"Mais supposons que vous naissiez sauvage ?"

"Je ne naîtrai pas sauvage, ce serait une régression, et les esprits ne rétrogradent jamais."

"Eh bien," dit Beaumont en se levant et en rangeant ses pinceaux, "votre conversation devient trop profonde pour moi, M. Garsworth . Je comprends très bien votre théorie de la métempsycose, même si je ne suis pas d'accord avec elle ; mais Je ne vois pas comment vous allez vous arranger pour obtenir votre propre argent. »

"Non non!" » répondit Garsworth , levant sa silhouette grande et décharnée contre la lumière vive du dehors, « bien sûr que non ; c'est mon secret. Personne ne le saura, pas un seul ! Votre séance est-elle terminée ?

"Oui, pour aujourd'hui."

"Viens demain, viens demain!" dit le vieil homme en se retournant pour regarder le tableau, pas de temps à perdre, je peux mourir avant que ce soit fait, et alors je ne pourrai plus me voir tel que j'étais : mais Nestley me gardera en vie... bon docteur, très bon docteur, il l'a payé grassement, oui, grassement ! Au revoir pour aujourd'hui, monsieur Beaumont. N'oubliez pas demain ; je peux mourir, pas de temps à perdre, bon. -au revoir!"

Le vieil homme quitta la pièce en tremblant et Beaumont le regardait avec un sourire perplexe sur les lèvres. Il commença à ranger lentement son attirail et se parla doucement pendant ce temps.

"Je me demande s'il y a un sens aux divagations de ce vieil imbécile - je ne crois pas à ces conneries d'incarnation - mais il a un plan en tête à propos de cet argent - j'aimerais le découvrir - il se pourrait que Il y aura là quelque chose dont je pourrais bénéficier - c'est un fou, certes, mais il y a quand même de la méthode dans sa folie - cependant, j'essaierai de découvrir son secret d'une manière ou d'une autre.

Il alluma une cigarette et sortit nonchalamment sur la terrasse, réfléchissant aux chances de découvrir le secret du Squire en vue d'en faire son propre compte. Apparemment, ses réflexions aboutirent à un résultat, car après être resté quelques minutes au bout de la terrasse dans un bureau brun, il ôta sa cigarette de sa bouche et prononça un mot :

"Hypnotisme."

CHAPITRE XVI.

LE CONCERT DU VILLAGE.

Les violes sonnent dans la salle des fêtes
Où viennent tous les joyeux mummers,
Les ménestrels chantent leur ronde De vaillants chevaliers et de dames
gaies, Et tandis que la musique des chants de Noël gonfle Le bouffon
secoue son bonnet et ses cloches, Tandis que les seigneurs et les dames du
haut degré Approuvent les festivités de la marée du Christ Et heureux dans
l'agréable dinAmazed, les rustiques insensés sourient.

La salle de classe était un long appartement démodé, avec des murs en chêne
sobre et un toit haut. Les larges fenêtres étaient basses et, assis à leur bureau,
les érudits pouvaient regarder dehors et voir la vieille croix de pierre de la
place du marché et les ormes au feuillage dense qui agitaient leurs feuilles
vertes devant les étranges maisons aux tuiles rouges. Les murs étaient ornés
de cartes des cinq divisions du monde, et au-dessus du bureau du professeur,
posé sur une estrade surélevée , apparaissait une carte du monde lui-même.
A cette occasion, le bureau du professeur taché d'encre a été retiré et à sa
place se trouvait un petit piano de campagne. Des rideaux rouge foncé
pendaient à des tiges de laiton de chaque côté, de sorte que l'estrade se
transformait en une scène très juste, tandis qu'à l'arrière, l'effet décoratif était
obtenu par un Union Jack gracieusement festonné sur les armes royales,
peintes par l'artiste du village.

Les pupitres des savants étant immobiles, ils furent laissés à leur place, et le
public, qui comprenait presque toute la population du village, était assis
comme des rangées d'élèves âgés prêts à être instruits. Les formulaires et les
bureaux étaient disposés au centre de la pièce et il y avait une allée étroite de
chaque côté menant à la large porte au bout du bâtiment qui s'ouvrait et se
fermait continuellement pour admettre les arrivées tardives et exclure la vue
sur les préparatifs des fêtes. de la foule sans le sou à l'extérieur qui ne pouvait
pas se permettre les sous nécessaires pour payer l'entrée. L'éclairage était
assuré par six lampes à huile, trois de chaque côté, fixées dans des supports
métalliques, et une lampe plus grande était suspendue au centre du toit au-
dessus de la scène, tandis que le piano était en outre orné de deux bougies de
suif d'apparence faible pour le confort de la scène. le musicien.

La maîtresse d'école, Miss Busky , une petite femme desséchée et guindée,
qui ressemblait plus que tout à une fée du liège, avait encore orné la pièce

nue en enroulant autour des cartes et des lampes des guirlandes de fleurs en papier coloré fabriquées par des artisans enclins à l'art. les élèves, et même les pieds du piano étaient enveloppés de ces décorations en papier de soie. Au-dessus de la scène, il y avait aussi une grande pancarte portant le mot « Bienvenue », entourée de fleurs artificielles, de sorte que Miss Busky , en examinant son ouvrage, se sentait très satisfaite de l'effet général de luxe produit par elle-même et ses satellites. Le programme a été soigneusement rédigé par les meilleurs écrivains de l'école et remis uniquement aux visiteurs privilégiés , car ces efforts de calligraphie étaient peu nombreux. Les visiteurs eux-mêmes, des campagnards rouges et vigoureux, étaient venus de loin et de près pour assister au concert, et la petite salle de classe était inconfortablement pleine, mais grâce aux efforts acharnés de Miss Busky , qui rebondissait comme une balle en caoutchouc , tout le monde était enfin confortablement installé.

Mme Larcher et Pumpkin, qui ne participaient pas à la représentation, étaient installés aux premières places, ainsi que de nombreux membres de la noblesse de la campagne, qui fréquentaient toujours ces divertissements à la demande urgente du vicaire, qui croyait grandement aux bons sentiments et à la convivialité existant entre les seigneurs. du sol et de leurs locataires.

Et maintenant, au milieu d'un grand battement de mains et de piétinements lourdement chaussés, le vicaire populaire lui-même apparut sur la scène en tant que président et prit place à côté d'une petite table ornée d'une cruche d'eau, d'un verre et d'un programme .

Le Dr Larcher a prononcé un bref discours, se terminant par une citation de son poète préféré :

"Et Thure et Fidibus Juvat
Placare ",

ce que presque personne ne comprit, et alors les affaires sérieuses de la soirée commencèrent.

Le concert a été ouvert par l'infatigable Miss Busky et Cecilia, qui ont joué un duo d'un compositeur populaire sur des airs populaires, dans lequel lesdits airs étaient presque étouffés dans les variations et se mélangeaient les uns aux autres d'une manière très surprenante, car tout comme le Le public reconnut "Rule Britannia" et s'était installé pour un régal intellectuel. Les joueurs s'interrompirent dans "The Last Rose of Summer", puis éclatèrent dans "Auld Lang Syne", se fondant, au milieu d'un parfait feu d'artifice de courses, dans "The British Grenadiers", ce dernier étant joué avec toute la force à quatre mains, la pédale bruyante enfoncée, a clôturé l'ouverture d'une manière bruyante qui a ravi le public.

Reginald a alors chanté "Viens dans le jardin, Maud", mais ce morceau ne leur a visiblement pas beaucoup plu car ils ne parvenaient pas à comprendre de quoi il s'agissait et, préférant le bruit à la délicatesse, n'appréciaient pas la beauté de la voix de la chanteuse. Beaumont, cependant, qui était présent, admirait beaucoup l'objet, et en dit autant à Mme Larcher qui, armée d'un éventail et d'une bouteille odorante, était assise à côté de lui en train de combattre « L'Affliction ».

"Oh oui", soupira Mme Larcher quand elle eut bien compris "The Affliction" et ne se sentit pas encline à s'évanouir, à crier, à donner des coups de pied, ou à céder à d'autres excentricités que "The Affliction" aimait faire à des moments intempestifs. heures, "sa voix est belle, sans doute, mais si forte, elle me traverse la tête et me secoue les nerfs. J'aime les chansons douces qui m'apaisent, quelque chose de berceuse, une Berceuse, n'est-ce pas. J'ai peur vous avez du mal à me satisfaire, mais c'est mon affliction et non moi-même. Je vous assure, M. Beaumont, qu'une voix forte me prosterne souvent pendant des jours et me laisse un objet parfait, n'est-ce pas, Eleanora Gwendoline ?

Eleanora Gwendoline, alias Pumpkin, acquiesça avec empressement à cette remarque, sur quoi Beaumont observa qu'il n'aurait jamais dû penser à la regarder, incitant ainsi Mme Larcher à un faible spasme de coquetterie car elle tapota faiblement Basil avec son éventail et dit : c'était un vilain homme, puis elle s'est installée pour écouter une joie de la chorale.

Le chef de chœur, Simon Ruller , un individu long et maigre, dans un état d'excitation frénétique, ayant réduit son chœur à un état de nervosité abjecte, les lança dans la joie "Glorious Apollo", et après deux ou trois faux départs, ils parvinrent à commencer. Ayant commencé, leur grand objectif était de franchir le terrain le plus rapidement possible, et ils se précipitèrent à travers le chemin à une vitesse fulgurante, M. Ruller les suppliant à voix basse d'observer le rallentando, conseil qu'ils ne suivirent cependant pas. En disparaissant de la scène, chassés par Ruller excité , ils furent remplacés par Miss Cassy, vêtue d'un costume surprenant de bleu et de jaune.

La contribution de cette dame aux débats était une ballade de lait et d'eau d'un genre semi-joculaire, intitulée "Almost a Case", et la manière dont elle regardait et souriait au public derrière sa musique afin de souligner le sens de l'événement. versets, était assez alarmant. Elle ne prêtait aucune attention au temps, et la pauvre Cecilia était obligée de s'arrêter une minute et de jouer furieusement la minute suivante afin de suivre l'idée spasmodique de Miss Cassy de rendre la chanson.

"Tellement désinvolte", a commenté Mme Larcher lorsque la belle chanteuse s'est retirée, "un grand manque de décorum, elle me fait sursauter les nerfs."

"C'est le style de chanson, maman", dit généreusement Pumpkin.

"Alors pourquoi ne choisit-elle pas une musique moins houblonnée ?" rétorqua la matrone en s'éventant vigoureusement, ça me fait frémir de l'entendre. Ah, si seulement elle avait mon affliction , elle ne chanterait pas du tout.

Beaumont pensait en privé que ce serait une excellente chose pour tout le monde, mais ne le dit pas, sachant que Mme Larcher était une grande amie de Miss Cassy.

Dick Pemberton a chanté une chanson maritime avec une grande vigueur et a reçu de véritables applaudissements, puis Una et Reginald ont chanté "Oh, que nous étions tous les deux Maying", ce dont le public ne s'est pas soucié. Le vicaire a ensuite lu le poème de Poe « Les cloches » d'une manière lourde, qui a écrasé les lignes aériennes, et après une autre chanson de Reginald, M. Ferdinand Priggs a semblé réciter un poème original « My Ladye Fayre ».

M. Priggs fut introduit par un son mélancolique du piano, et, plaçant une main sur sa poitrine et rejetant ses longs cheveux en arrière de l'autre, il se lança dans une série de questions sur la dame fayre.

« Était-ce un rêve de tristesse
qui a rendu mon cerveau fou, ou comment ai-je vu son front avec sa couronne de joie dorée ?

Après avoir posé ces questions, M. Priggs a prouvé de manière concluante que ce n'était pas un rêve, mais

"Une dame sauvage, étrange, errante et avertissante
qui a enflammé les oreilles de tous avec de grands acclamations."

Le poète a offert à son auditoire une vingtaine de vers de cette production horrible et, après avoir terminé par un long soupir, il est resté sur scène pendant une bonne minute. Tout le monde attendait d'entendre ce qu'il allait dire ensuite, mais le poétique Ferdinand a plié son corps mou dans ce qu'il a appelé un arc et a lentement dérivé hors de vue, ses jambes l'emmenant apparemment là où ils voulaient aller.

A la fin de ce lugubre poème, la troupe entière chanta « God save the Queen » et le concert se termina au milieu des félicitations de tous les participants, considérant que c'était un grand succès.

Le vicaire félicita chaleureusement les artistes pour les recettes, car après avoir payé toutes les dépenses, il restait bien cinq livres pour le fonds de l'hospice, pour lequel le concert avait été organisé.

"Où est le docteur Nestley , ce soir ?" demanda Beaumont en sortant.

"Il a dû rester avec le châtelain", répondit Una, qui s'appuyait sur le bras de Reginald, "il ne va pas bien du tout."

"Nerfs?" » demanda anxieusement Mme Larcher , prenant un intérêt médical à l'affaire.

"Oh, non," dit Miss Cassy avec légèreté, "bien qu'il ait des nerfs, c'est très étrange, n'est-ce pas ? mais cette fois, le cher docteur dit que ce sont les poumons, quelque chose qui ne va pas, une sorte de quoi... son nom, vous savez, s'il n'y prend pas garde, il attrapera cette maladie, si étrange, quelque chose qui ressemble à un gémissement.

"Oh, pneumonie", observa gravement Beaumont. "J'espère que non, c'est très dangereux, et pour un vieil homme comme le châtelain, c'est doublement dangereux."

"Je l'ai eu", a déclaré Mme Larcher , qui, de son propre aveu, souffrait de toutes les maladies sous le soleil. "Inflammation aiguë des poumons, cela m'a laissé une épave, une épave prostrée, n'est-ce pas, Eleanora Gwendoline ?"

"C'est vrai, maman", répondit la dévouée Citrouille.

"Cela pourrait réapparaître", dit Mme Larcher en ouvrant son flacon odorant. "Je prendrai une tasse de thé chaud en rentrant chez moi et une bouillotte à mes pieds."

"Je m'étonne qu'elle n'ait pas de pansement à la moutarde et une ampoule contre les mouches", murmura Dick à Una, "cela pourrait lui faire sortir un peu de conneries."

Una rit, et la grosse calèche lourde de la Grange étant arrivée, conduite par les Munks caillouteux , elle préféra y entrer, suivie de la bavarde Cassy.

"Tellement froid, n'est-ce pas ?" » dit cette dame, « tout à fait comme le pôle Nord. Capitaine comment s'appelle-t-il, vous savez, Parry, cela me fait penser à Paris, à la française, si étrange. Je vous verrai demain, M. Beaumont. , et oh, Mme Larcher , viendrez-vous prendre le thé la semaine prochaine - jeudi - qu'en dites-vous, Una ? Vendredi, oh oui - vendredi.

"Si mon affliction me le permet", dit Mme Larcher d'un ton majestueux, "j'essaierai."

"Je suis très contente," répondit la volatile Cassy, "et vous venez aussi M. Blake, et bien sûr M. Pemberton, sans oublier M. Beaumont; c'est très agréable de voir ses amis. Oh, oui, Munks, nous sommes plutôt prêt, bonsoir… si heureux… délicieux concert… étrange… très étrange.

La poursuite des paroles de Miss Cassandra fut interrompue par le brusque démarrage de la calèche, et entre la route inégale et les ressorts usés du carrosse, Miss Cassy eut assez à faire pour se soigner sans parler.

Mme Larcher , appuyée sur le bras du vicaire, rentra chez elle à pied, suivie par Pumpkin et les trois élèves, Dick plaisantant Ferdinand à propos de son poème jusqu'à ce que cette âme poétique soit presque folle de colère.

Beaumont, laissé seul à la porte de la salle de classe, alluma une cigarette et était sur le point de partir lorsqu'il entendit un léger soupir derrière lui et, en se retournant, aperçut Cecilia et le vif Busky .

"J'ai beaucoup apprécié le concert, Miss Mosser", dit-il gracieusement alors qu'ils le croisaient.

"J'en suis heureuse, monsieur", dit Cecilia, qui avait l'air fatiguée, "ça s'est très bien passé. Est-ce que... le docteur Nestley était-il ici ?"

"Non, il devait rester avec Squire Garsworth ."

La jeune fille aveugle soupira encore, et après avoir dit bonsoir, elle s'en alla suivie de Miss Busky , qui bondissait au clair de lune comme une marionnette.

"Pauvre fille," dit pensivement Beaumont, "elle aime Nestley et n'aura pas la moindre chance avec lui, il est trop amoureux d'Una Challoner. Au fait, je dois voir Nestley ; si je veux trouver Si je découvre le secret du châtelain, il faudra que je m'arrange avec lui ; je déteste les chiens de garde.

CHAPITRE XVII.

ANTÉROS.

Dieu fort, tu es l'ennemi des dieux,

Un ennemi d'Eros aveugle et de ses joies,

Ta règle est amère comme les verges cinglantes

Ce fléau au festin de Dian, les garçons Spartiates ;

Maléfique son âme qui demande ton aide maléfique,

Et pour se venger, une telle aide maléfique emploie,

En brisant les cœurs des jeunes et des jeunes filles.

La famille Garsworth n'a jamais été très prolifique, mais les domaines sont toujours descendus en ligne directe de père en fils. À maintes reprises, la race a semblé sur le point de s'éteindre parce que le représentant était un enfant unique, mais bien que la lignée se soit réduite à dépendre d'une seule vie pour sa continuité, elle n'a jamais complètement disparu. Dans le cas où une telle chose se produirait, il aurait été difficile de dire qui aurait succédé aux domaines, car la famille Garsworth semblait opposée au mariage et ses liens avec les familles du comté étaient pour le moins douteux. D'ailleurs, comme il n'y avait aucune obligation, les domaines étaient pour le moment entièrement à la disposition du chef de famille, et il pouvait les léguer à qui bon lui semblait. Comme jusqu'ici le fils avait toujours succédé au père, il n'était pas nécessaire d'exercer un tel pouvoir, mais maintenant le seul représentant de la race étant célibataire, il était libre d'utiliser son propre jugement pour disposer des domaines.

De l'avis des gens sensés, il ne pouvait y avoir que très peu de doute quant à savoir qui devait succéder à l'écuyer, car Una était le plus proche parent. Elle était la seule représentante vivante de la branche cadette de la famille, étant la petite-fille de la tante du Squire, et donc sa cousine germaine. Miss Cassandra, même si elle faisait constamment allusion à Randal Garsworth comme à « mon cousin », n'était en fait qu'une parente par alliance, étant la tante paternelle d'Una.

Les parents d'Una étaient morts alors qu'elle était enfant et elle avait été élevée par Miss Cassy, au bon cœur mais excentrique, qui l'envoya en Allemagne pour terminer ses études. Miss Cassandra, ayant un revenu de trois cents par an, demeurait à Londres, où elle était connue parmi une société choisie de fossiles bien nés qui la considéraient comme une simple enfant. Una, après avoir terminé ses études, revint en Angleterre et s'installa chez Miss Cassy, et ayant un revenu d'environ deux cents par an le joignit à celui de sa tante, et ainsi les deux femmes parvinrent à vivre très confortablement dans un petit chemin.

Cependant, en voyant la beauté d'Una, Miss Cassandra n'avait pas l'intention de vivre une vie lugubre dans une banlieue enfumée de Londres, sans au moins une chance de voir le monde gay et de se marier comme il convenait à sa naissance et à sa beauté. Elle écrivit donc à Squire Garsworth. sur le sujet. Le vieil homme envoya en réponse un message gracieux selon lequel Una pouvait descendre et rester à la Grange et qu'il ne l'oublierait pas dans son testament. Miss Cassy, ne connaissant pas les particularités de la recluse, voyait dans son esprit une maison de campagne hospitalière pleine de joyeuse compagnie, alors elle persuada Una d'accepter l'invitation, disant qu'elle y irait aussi. Après quelques réticences, Squire Garsworth accepta la venue de Miss Cassy et, le moment venu, après avoir séparé leur maison londonienne, les deux dames arrivèrent à la Grange.

Leur consternation fut grande en découvrant la façon sordide dont vivait le Squire, et Miss Cassy serait promptement retournée à Londres, seule Una, touchée par la solitude de son parent, était déterminée à rester, persuadant Miss Cassy de faire de même. Ils vivaient donc tranquillement à la Grange grâce à l'hospitalité quelque peu réticente du vieil homme, leurs propres revenus leur procurant tout le luxe dont ils pouvaient avoir besoin, car ils ne recevaient certainement de leur hôte que le strict nécessaire pour vivre.

Dans la poursuite folle de son illusion, Garsworth , contrairement à la prodigalité de sa jeunesse, était devenu absolument dénué de son mode de vie. Le grand personnel de domestiques nécessaire pour une maison aussi immense que la Grange avait été supprimé depuis longtemps, et Patience Allerby , assistée de Jellicks , s'occupait de la maison, tandis que les Munks de pierre exerçaient une sinistre souveraineté sur les aménagements extérieurs. Le Squire vivait principalement dans son propre bureau et Una, aidée par Miss Cassy, réussit à aménager une pièce habitable pour elle-même, mais le reste de la maison fut livré aux rats et aux araignées, devenant finalement si solitaire et si étrange que Miss Cassy déclarait fréquemment qu'elle était hantée.

Una, tombée amoureuse de Reginald, était tout à fait satisfaite de son morne exil, mais Miss Cassy, habituée aux divertissements animés de la société fossilisée de Londres, avait envie de s'éloigner de cet endroit et attendait avec impatience que le Squire meure avec un certain sentiment. un empressement épouvantable, car elle pensait qu'Una viendrait alors chercher tous les domaines et qu'ils pourraient à nouveau vivre Londres.

Le matin après le concert, Miss Cassy et Una, assises à un petit-déjeuner tardif, parlaient sérieusement de la santé précaire du Squire, qui était maintenant visiblement en train de se séparer.

"Il a environ soixante-treize ans maintenant", dit pensivement Miss Cassy, "je suis sûre qu'il ne pourra pas vivre longtemps.

"Ma chère tante!" répondit Una d'un ton choqué, "comment peux-tu parler ainsi ?"

"Pourquoi pas?" rétorqua Miss Cassy avec indignation. "Il ne sert pas à grand-chose vivant. Je suis sûr qu'il serait plus utile mort."

"Pourquoi?"

"Parce que tu recevrais son argent et que nous pourrions retourner dans notre chère Londres."

"Je ne veux pas de son argent", dit Una avec beaucoup d'entrain, "et je ne me soucie certainement pas de spéculer sur la mort du cousin Garsworth pour l'obtenir. Je m'étonne que vous le fassiez, tante."

"Eh bien, j'en suis sûre, Una," gémit Miss Cassy en sortant son mouchoir, "vous êtes si bizarre... je voulais seulement dire que je suis fatiguée de cet endroit... c'est ennuyeux... maintenant , n'est-ce pas ? " " J'ai besoin d'excitation, tu sais que j'ai besoin d'excitation - et après que je t'ai élevé. Je t'ai toujours habillé magnifiquement - de la vraie dentelle - et je t'ai gardé si propre. J'ai toujours veillé sur tes nerfs - tu m'en veux maintenant - -Je veux te voir riche--ce n'est pas étrange--je souhaite te voir riche, et je suis si ennuyeux ici; vraiment Una, tu es méchante--assez écrasant--je ne suis qu'un lierre-- oh, pourquoi ne suis-je pas marié ? Il n'y a rien à quoi s'accrocher - tu ne veux pas que je m'accroche.

"Ma chère tante," dit Una avec un sourire, "tu es si sensible."

"Ivy", sanglotait Miss Cassy, "des nerfs, du côté de la mère, vous n'en avez pas, c'est tellement étrange."

"Je ne veux pas que tu penses à la mort de l'Écuyer, cela ne me servira à rien."

Miss Cassy ôta son mouchoir et haleta :

"Plutôt dix mille par an - il ne peut pas l'enlever - vous êtes son seul parent - personne ne pourrait être assez étrange pour le confier à un asile ou à un foyer pour chats. "

"Je ne sais pas à qui il laissera l'argent", dit délibérément Una. "Je devrais certainement l'obtenir, mais vous connaissez l'illusion de l'Écuyer concernant la réincarnation - vous pouvez être sûr que sa volonté est mêlée à cette idée, comment je ne le sais pas - mais il y aura des problèmes à sa mort. "

"Il est tellement idiot," gémit Miss Cassy, "assez excentrique - héréditaire - je l'ai vu chez vous - le mauvais sang, vous savez - c'est dans toutes les vieilles familles - notre famille a toujours été saine d'esprit."

Pour prouver sa santé mentale, Miss Cassy se leva de table pour se rendre dans sa chambre et plaça le thé sur sa tête pour la protéger du froid. La dame excentrique se dirigeait vers la porte en parlant tout le temps d'une manière brisée.

"Je suis sûr que je ne veux pas de son argent - un petit revenu mais bien sûr - oui - mais c'est tellement ennuyeux - j'aime Londres - je ne peux pas m'épanouir ici - je suis comme un chou - en ville, je m'étends - des divertissements si agréables - Madame Tussaud et le Crystal Palace - si excitants - c'est de la nourriture - de la nourriture - oh, mon cher, docteur Nestley , c'est vous ? comment va mon cousin ? mieux ? - - je suis tellement contente - c'est très étrange, n'est-ce pas ? Je veux dire, ce n'est pas étrange, je suis contente - non - tout à fait tellement - oh, vous voulez voir Miss Challoner - oui - au revoir tout à l'heure ", et Miss Cassy, avec le chauffe-thé perché sur la tête, a disparu, laissant Nestley seule avec Una.

Le jeune homme n'avait pas bonne mine, car sa couleur rougeâtre avait fait place à une pâleur malsaine, sa peau avait un aspect flasque et son visage arborait une expression anxieuse et hagarde. Ses yeux parcouraient la pièce avec inquiétude, regardant tout sauf Una, et il bougeait nerveusement ses mains. Même dans sa voix, il y avait un changement, car au lieu de son ancien ton audacieux et confiant, il parlait maintenant d'une manière basse et hésitante.

"Je suis juste venu vous dire que l'écuyer va mieux, Miss Challoner," dit-il d'une voix agitée, gardant les yeux au sol.

"C'est très gentil de votre part, docteur", répondit-elle courtoisement. "J'espère qu'il redeviendra assez fort."

"Je crains que non, son corps est épuisé et n'a pas assez de force pour résister à la maladie. Bien sûr, maintenant il n'a qu'un léger rhume, mais toute exposition fortuite peut affecter gravement ses poumons et si une pneumonie s'installe, je suis j'ai peur qu'il n'ait aucune chance.

"Qu'y a-t-il à faire?" » demanda-t-elle anxieusement.

"Je ne peux pas faire plus que ce que j'ai fait, il faut le garder tranquille et au chaud. Je l'ai persuadé de prendre une soupe forte qui lui fera du bien - en fait, je pense que sa manière de vivre ascétique a autant à faire avec sa mauvaise santé comme autre chose."

"J'espère qu'il ira mieux", a déclaré Una avec sérieux, "s'il changeait seulement son mode de vie , je suis sûr qu'il s'en sortirait".

"Oui", répondit distraitement le jeune homme, "bien sûr, exactement", il hésita un moment puis éclata de désespoir, "Alors il faudrait que je m'en aille."

Una le regarda surprise par son émotion évidente.

" Bien sûr, nous serions vraiment désolés de vous perdre, " dit-elle doucement, " mais vous seriez sans aucun doute heureux de rentrer chez vous. "

"Non, je ne le ferais pas", dit-il avec passion, en s'approchant, "parce que vous ne seriez pas là."

"JE?"

Una Challoner se leva, stupéfaite par ses paroles.

"JE?" répéta-t-elle d'un ton perplexe. "Qu'est-ce que j'ai à voir avec tes mouvements ?"

"Tout", dit le malheureux jeune homme avec un geste de désespoir. "Quand je suis arrivé ici, il y a peu de temps que j'étais parfaitement heureux, j'avais vaincu tous les maux et tous les chagrins de ma jeunesse, et ma vie était agréable, mais depuis que je vous ai vu , tout a changé. Je ne peux penser à rien d'autre qu'à toi, matin, midi et soir, je te vois devant moi, matin, midi et soir, je n'entends que ta voix.

Il la regarda avec défi et la vit debout, silencieuse et indignée devant lui.

"Tu ne comprends pas ?" » éclata-t-il à nouveau rapidement. "Je t'aime--je t'aime ! dès le premier instant où je t'ai vu, je t'ai aimé--je veux que tu sois ma femme, veux-tu être ma femme Una."

Miss Challoner était perplexe : cet homme ne la connaissait que depuis quinze jours, elle lui avait très peu parlé, et pourtant il lui demandait de l'épouser d'une manière véhémente et magistrale qui éveillait en elle toute la fierté de la femme.

"Ce que vous demandez est impossible, docteur Nestley ", dit-elle froidement et délibérément. "Je ne vous connais que depuis quinze jours et, au-delà de cela, j'ignore en tout point votre vie. Je n'ai jamais imaginé que vous me parleriez de cette manière."

"Alors tu ne m'aimes pas ?" s'écria-t-il désespéré, "Espèce de froide perfection de la féminité, tu ne m'aimes pas ?"

Una aurait répondu avec indignation, mais elle commença à voir le tempérament nerveux et excitable du jeune homme et reconnut que, étant sous l'emprise d'une forte émotion, il n'était pas responsable de la façon dont il parlait.

« Non, » répondit-elle doucement, « je ne peux pas vous aimer, docteur Nestley ; même si je le faisais, je pourrais à peine répondre à votre passion après une si courte connaissance ; venez, docteur, vous avez été épuisé par votre surveillance nocturne. mon cousin, tu ne vas pas bien et tu parles sans réfléchir, oublie les paroles que tu as prononcées et laisse les choses telles qu'elles étaient.

C'était une chose aimable de sa part, car, malgré son sérieux évident, elle était indignée de la manière dont il lui avait parlé.

"Les choses ne pourront jamais être comme elles étaient", répondit-il d'un ton ennuyeux. "Je t'ai vu et cela a changé toute ma vie. N'y a-t-il aucune chance ?"

"Il n'y a aucune chance", répondit-elle froidement, et elle se détourna pour laisser entendre que l'entretien était terminé. Alors même qu'elle le faisait, il bondit en avant avec une lumière féroce dans les yeux.

"Tu en aimes un autre," siffla-t-il entre ses dents serrées.

Una se tourna vers lui avec dignité, les yeux flamboyants de colère.

"Comment oses-tu me parler de cette manière ?" dit-elle avec colère. "N'essayez pas ma patience trop loin, je vous ai donné une réponse aux paroles insensées que vous avez prononcées, maintenant partez."

Elle montra la porte d'un geste autoritaire et le jeune homme, la tête baissée sur sa poitrine, s'y dirigea.

"Vous ne savez pas ce que vous faites", dit-il d'une voix morne. "Vous détruisez ma vie ; quels que soient les maux qui m'entraînent maintenant , ce sera de votre faute."

« Un discours lâche, dit-elle d'une voix claire et méprisante ; "Parce que tu ne peux pas obtenir le jouet que tu désires, tu parles comme un enfant. Je n'ai rien à voir avec ta vie, si tu cèdes au mal , ce sera à cause de ta propre faible volonté, pas à cause d'une faute de ma part, pas un mot." ", continua-t-elle au moment où il allait parler; "laisse-moi tout de suite et j'essaierai d'oublier ce que tu as dit."

Il essaya de la regarder en face, mais la voyant debout, grande et droite comme une jeune fille grecque, avec rien d'autre que du mépris et de la condamnation dans les yeux, il se détourna avec un soupir et, laissant tomber sa tête sur sa poitrine, sortit lentement. de la pièce, insouciant de ce qui lui arrivait maintenant qu'il avait placé toutes ses chances sur le lancer d'un dé - et qu'il avait perdu.

CHAPITRE XVIII.

LA CHUTE DE L'HOMME.

Qui se tient si haut pour ne jamais tomber,
qui est si bas pour ne jamais se relever ? Le plus humble peut un jour
remporter le prix de la vie, le plus élevé à cause de la tentation perd tout.

Beaumont était un homme qui ne négligeait aucune chance, si petite soit-elle, dont il pouvait tirer profit ; par conséquent , pensant que s'il découvrait le secret de Squire Garsworth , cela pourrait lui être utile, il résolut de tout découvrir. Il savait parfaitement qu'aucun pouvoir de persuasion ne pourrait conduire le fou à divulguer ses pensées, la seule chance de découvrir quelque chose était donc de le réduire à un simple automate, parfaitement impuissant entre ses mains. C'est ce qu'il espérait faire au moyen de l'hypnotisme, dont il connaissait bien le curieux procédé.

Alors qu'il était en Allemagne, quelques années auparavant, il était tombé par hasard sur le livre de Heidenheim sur le magnétisme animal, qui l'intéressait tellement qu'il poursuivit le sujet. Après avoir lu les opinions de Grützner , Berger et Baumler sur l'hypnose, il tourna son attention vers les autorités françaises, suivant avec attention l'histoire du magnétisme animal depuis Mesmer et Puységur jusqu'en bas, et amené par de telles études à s'essayer à ces sujets, il devint un véritable spécialiste. adepte de cette étrange science psychologique. L'abordant d'abord simplement comme un amusement, en approfondissant le sujet, il comprit bientôt qu'un tel pouvoir hypnotique serait une arme terrible entre les mains d'un homme sans scrupules, car, en réduisant la personne hypnotisée à l'état de simple instrument , cela lui a permis d'accomplir des actes par le biais d'un tel instrument pour lesquels il ne pouvait lui-même être tenu légalement responsable.

Dans un livre sur le sujet de MM. Demarquay et Giraud Teulon , intitulés " Recherches sur l'hypnotisme ", il avait rencontré un cas dans lequel une dame en état d'hallucination hypnotique se mettait à raconter à haute voix des secrets qui la compromettaient excessivement. Prenant ce cas comme une illustration de ce qui pouvait être fait pendant l'hypnose, Beaumont résolut de jeter le Squire dans une transe cataleptique et, par des questions ou des suggestions, de l'amener à révéler son secret. Cela étant fait, il pouvait le ramener à son état normal, ignorant absolument sa révélation, et il pensait que si le secret valait quelque chose, il pourrait alors faire ce qu'il voulait.

Ayant ainsi définitivement arrêté son plan d'action, la prochaine étape à franchir était de se prémunir contre la possibilité que Nestley le surprenne dans l'une de ses expériences hypnotiques, dans lesquelles, en tant que médecin du Squire, il aurait parfaitement le droit d'interférer. Bien que Nestley soit devenu beaucoup plus amical avec Beaumont, celui-ci le considérait toujours avec une certaine méfiance, de sorte que le but de l'artiste était désormais de le réduire à l'état de sujétion dans lequel il se trouvait à Londres cinq ans auparavant.

Il savait que Nestley était un homme très intelligent, mais remarquablement faible et susceptible de se laisser égarer. À Londres, sous l'influence de la boisson, il avait été l'esclave de Beaumont, et ici, à Garsworth , l'artiste a décidé de le réduire à un état d'esclavage similaire. Jamais il ne songea un instant au cerveau intelligent qu'il détruirait, ni à la vie qu'il ruinerait ; tout ce qu'il désirait, c'était l'aide du jeune médecin dans certains projets qui lui seraient bénéfiques, et, à tout prix, il résolut de continuer à le faire. les sortir. Beaumont, en fait, avait en lui une grande part de la nature despotique italienne telle que décrite par Machiavel et, avec une subtilité froide et implacable, s'est mis au travail pour ruiner le corps et l'âme du malheureux Duncan Nestley à ses propres fins.

Nestley était sans doute faible pour se laisser ainsi dominer, mais malheureusement c'était sa nature. Si la nature confère à l'homme une grande part d'une certaine manière, elle le prive généralement de quelque chose d'autre dans des proportions égales, et même si Nestley était un homme brillant et intelligent qui, laissé à lui-même, aurait vécu une vie honnête et honorable, son moral sa nature faible le plaçait à la merci de tout scélérat sans scrupules qui jugerait bon de jouer sur ses sentiments.

Malheureusement, les circonstances aidèrent le plan néfaste de Beaumont, car après avoir quitté Una, le jeune médecin traversa la commune pour se rendre au village, espérant se ressaisir par une marche rapide.

Sur le pont, il trouva Beaumont penché dessus, regardant l'eau tourbillonner en contrebas, et en entendant des pas, l'artiste leva les yeux avec un sourire satisfait en reconnaissant sa victime.

"Qu'est-ce qu'il y a, Nestley ?" » demanda-t-il après les premières salutations ; "tu n'as pas l'air bien."

"Je ne vais pas bien", rétorqua brusquement Nestley ; "Je suis presque épuisé par ce vieil homme - matin, midi et soir, je dois être à ses côtés - s'il m'a payé généreusement , il me prend toute sa valeur."

"Oui, je pense qu'il l'est", répondit délibérément Beaumont, "vous avez l'air assez maigre, ce n'est pas l'homme d'il y a trois semaines. Ce doit être une sorte de succube médiévale vivant du sang des jeunes hommes. Ce serait sage pour vous. pour le quitter. »

Nestley appuya son menton sur ses bras croisés qui reposaient sur le parapet du pont et soupira profondément.

"Non, je ne peux pas faire ça."

"Oh! je comprends", dit Beaumont avec un ricanement en commençant à fumer une de ses éternelles cigarettes.

"Que comprends tu?"

"Pourquoi tu ne quitteras pas la Grange."

"Il n'y a aucune difficulté à le deviner," rétorqua Nestley avec colère, "mon examen médical... Pourquoi diable souriez-vous ?"

"Toi, mon ami," dit Basile en souriant, "votre médecin... quoi !... votre honneur , vos connaissances, votre intérêt, ce que vous aimez."

"Ne dis pas de bêtises."

"Comme vous voulez."

« Écoutez, » dit Nestley en se retournant avec un froncement de sourcils résolu sur son visage hagard, « quelle est la raison pour laquelle je ne quitte pas la Grange ?

"N'étant pas dans votre confiance, je ne peux pas le dire, mais si je peux deviner, je devrais penser à Una Challoner."

Nestley fit un geste d'assentiment et se tourna une fois de plus pour regarder d'un air maussade les eaux grises de la rivière.

« Si j'en avais le courage, murmura-t-il durement, je me jetterais à l'eau et j'en finirais avec tout.

"Plus vous êtes idiots", remarqua cyniquement Beaumont; "Des hommes sont morts de temps en temps et des vers les ont mangés, mais pas par amour. Ne démentez pas la remarque de Rosalind."

"Je n'ai aucun doute qu'elle aime quelqu'un d'autre", dit amèrement Nestley .

"Je n'en doute pas", répondit tranquillement Beaumont, "mais vous semblez bien épuisé entre l'amour et la maladie, alors venez avec moi à l'auberge et mangez quelque chose."

"Ça ne me dérange pas", dit Nestley avec indifférence, "mais je ne peux rien manger."

— Ne cédez pas si facilement, mon cher, dit Beaumont avec mépris pendant qu'ils marchaient ; "Soyez un homme, pas un bébé."

"Tu n'es pas amoureux."

"C'est vrai, oh roi ; mais j'ai assez souffert de la maladie, tout est mort et fini maintenant. J'ai quitté Vénus pour Plutus, et je pense que Mercure, le dieu des escrocs, a une partie de mon culte."

Le Dr Nestley ne fit aucune remarque, étant occupé par ses propres pensées tristes, alors Beaumont ne dit rien de plus et ils se dirigèrent silencieusement vers l'auberge. En arrivant là-bas, ils entrèrent dans le salon et Nestley s'assit près de la fenêtre, regardant paresseusement la route poussiéreuse, tandis que Beaumont commandait un léger déjeuner et une bouteille de champagne.

Job Kossiter sur le vin était très vague, car lui-même buvait habituellement de la bière, mais par respect pour les souhaits de Beaumont, il envoya à Duxby et obtint quelques dizaines de caisses de champagne, dont l'excellence satisfaisait même l'artiste exigeant. La table étant mise et le déjeuner apporté, Beaumont remplit deux verres de champagne, un pour lui et l'autre qu'il plaça près de l' assiette de Nestley . Le jeune docteur, plongé dans de sombres pensées, ne s'en aperçut pas, et, lorsqu'il s'assit à table, ne se doutait pas que le verre qu'il avait à côté contenait du vin au lieu d'eau. Il essaya de manger deux ou trois bouchées de nourriture, mais sans y parvenir, il prit le verre pour boire, et il était si préoccupé que ce n'est qu'après avoir avalé une bouchée qu'il s'aperçut de ce que c'était. Reposant aussitôt le verre sur la table, il lança un regard furieux à Beaumont qui, feignant de ne pas remarquer son agacement, continua de manger son déjeuner avec beaucoup de plaisir.

"Pourquoi m'as-tu donné du champagne ?" » demanda durement Nestley . "Tu sais que je ne bois que de l'eau."

— Je sais que vous êtes un idiot, rétorqua froidement Beaumont, et que vous ne savez pas ce qui est bon pour vous. Dans votre état de santé actuel , une coupe de champagne ne vous fera pas de mal.

"Tu oublies le mal que la boisson m'a déjà fait."

"Il y a cinq ans", dit l'artiste d'un ton moqueur. "Tu es abstinent depuis cinq ans, donc je pense que tu as droit à un peu d'indulgence maintenant. Allez, bois-le comme un homme."

"Non", répondit résolument Nestley , et il détourna la tête. "Je ne boirai pas."

"Très bien", dit Beaumont avec indifférence. "Fais toi plaisir."

Son malheureux ami regarda de nouveau le vin ambré dans le verre et se sentit à moitié enclin à céder. Après tout, cela faisait cinq longues années qu'il n'avait touché à aucune boisson alcoolisée et, en règle générale, il ne se sentait pas enclin à en prendre, mais maintenant les nuits passées à veiller au chevet du vieux châtelain l'avaient épuisé physiquement et le dédain l'avait épuisé. d'Una l'avait rendu mentalement misérable, alors il était à moitié déterminé à prendre ce verre pour lui remonter le moral. Son bon ange cependant vint à son secours à ce moment critique, et détournant la tête avec un frisson, il continua à faire semblant de manger. Beaumont, qui l'avait observé de près pendant tout ce temps, voyait la lutte qui se déroulait dans l'esprit du jeune homme, mais avec une vraie ruse, il feignait de ne pas s'en apercevoir, satisfait que sa victime se laissait peu à peu attirer dans le piège si astucieusement tendu.

" Alors vous aimez Miss Challoner, " dit-il cordialement. "Eh bien, je ne peux guère m'en étonner. Pour vous dire la vérité, je suis tombé amoureux d'elle moi-même -- simplement dans un sens artistique, je vous l'assure", a ajouté l'artiste astucieux en riant en voyant la colère dans le regard de Nestley. affronter. "Elle a un joli visage qui semble porter le calme de ces vieilles statues grecques. Je voudrais la peindre comme Artémis, l'Artémis inviolée avant qu'elle n'aime Endymion, avec la lumière sereine de la chasteté sur son visage et la douceur de son visage. nuit dans ses yeux. Ce serait une image merveilleuse.

"Je me demande que vous ne lui demandez pas d'être votre modèle", grogna Nestley d'un air boudeur.

"Cela ne vaut guère la peine , pour deux raisons", répondit Beaumont avec légèreté, mais avec un soupçon de regret dans le ton. "En premier lieu, elle refuserait, et en second lieu, ma main a perdu sa ruse. Il faut être jeune et enthousiaste pour peindre un tableau classique. Je suis d'une nature trop terrestre pour avoir des visions aussi désespérées. Eh bien, est-ce que tu vas jouer le rôle du jeune Endymion auprès de cette déesse de la lune ?

"Non", répondit amèrement Nestley , "elle n'aura rien à voir avec moi."

"Pauvre Endymion !"

" Ne sois pas idiot en parlant de trucs aussi classiques ! Je te le dis, je suis follement amoureux d'elle, et elle n'aura rien à voir avec moi. Tout est contre moi. Je suis pauvre, mal-aimé et obscur. ... La vie ne vaut pas la peine d'être vécue dans de telles conditions."

Il regarda à nouveau le vin mousseux, qui semblait l'inviter à l'essayer comme un anodin pour sa douleur. Tout semblait terne et sombre à son imagination déformée. Le vin lui donnerait au moins quelques heures de répit loin de ces pensées torturantes. Il était désormais maître de lui-même. Il boirait un verre et pas plus. Après tout, puisque tout était perdu, qu'importe s'il tombait encore une fois ? Il n'avait plus rien pour vivre pour l'instant. Un désespoir sauvage s'empara de son cœur, et avec un rire téméraire il saisit le verre et finit le vin jusqu'à la dernière goutte.

" *Evohé Bacchus* ", dit Beaumont en vidant son verre. "Rien de tel que le vin pour guérir un cœur brisé."

Le vin insidieux monta rapidement dans le cerveau excitable du jeune homme, et il ne regretta plus d'avoir rompu l'engagement qu'il avait pris cinq ans auparavant. Le passé banal de lutte et de respectabilité était terminé. Le vin le réconforterait. Boire! Qui se souciait d'une telle chose ? Anacréon était à la tête d'un glorieux groupe de poètes et faisait l'éloge du vin. Sage Anacréon, il connaissait les véritables vertus du raisin. Le passé est mort, l'avenir est incertain. Vivez-- ne vivez que dans le présent, avec du vin pour faire de nous des dieux-- *Evohé Bacchus* .

Le vin stimulant avait parfaitement accompli son œuvre, et le monde jusqu'alors si sombre apparaissait maintenant d'une teinte rosée.

"Un coeur brisé!" répéta-t-il avec un rire gai. " Pish ! Les cœurs ne se brisent pas si facilement. Un non d'une femme signifie oui. Je vais le demander à nouveau. "

"Rien de tel que la persévérance", dit Basile en observant avec une joie infinie le visage rouge et les yeux brillants du jeune homme. "Tu as encore du vin ?"

"Plutôt!" répondit Nestley en tendant son verre que Beaumont remplit. "J'ai été idiot d'abandonner ça pour de l'eau. J'en ai marre des abstinents absolus, des courbines au sang maigre. C'est la confusion pour eux !" et il but le deuxième verre.

Beaumont voyait maintenant que sa victime était dans ce stade d'insouciance obstinée qui ne supportait pas la contradiction, et savait donc bien comment procéder.

"Eh bien, nous avons fini la bouteille", dit-il gaiement. "Supposons que nous sortions nous promener."

"Non... pas de promenade", répondit Nestley avec un sourire imbécile. "Tu m'as offert une bouteille. Maintenant c'est mon tour."

— Je n'en veux plus, dit Beaumont avec indifférence, et je crois que tu en as assez aussi.

"Je ne l'ai pas fait", rétorqua Nestley avec défi. "Je suis aussi hétéro qu'un dé. Je suppose que tu ne boiras pas avec moi ?"

"Oh oui, je le ferai, si vous insistez."

— J'insiste, s'écria le docteur en abattant avec fracas son poing sur la table. "Tu dois boire pour montrer qu'il n'y a pas de mauvaise volonté. Nous étions autrefois amis, Basil."

"Et je le suis encore, j'espère", dit cordialement l'artiste.

"Votre main", dit Nestley , avec un éclat d'affection maudlin. "Donne-moi ta main."

Beaumont se laissa serrer violemment la main par le médecin, puis ce monsieur, maintenant dans un état d'excitation hilarant, se dirigea vers la cloche en la sonnant avec une violence inutile.

Margery apparut en réponse et parut quelque peu étonnée de l'état de Nestley , car il avait toujours été si réservé et calme dans son attitude .

"Une autre bouteille de champagne", dit Nestley d'une voix épaisse en s'approchant d'elle. "Tu es une jolie fille."

Il essaya de l'embrasser, mais Margery, qui avait l'habitude de voir les paysans dans un état pareil, le repoussa avec un rire chaleureux et s'en alla chercher le vin.

Nestley reprit sa place à table, discutant rapidement avec Beaumont de toutes sortes de choses, puis commença à se vanter de lui-même.

"Je peux tout faire , tout , je vous le dis " , dit-il en regardant Beaumont qui fumait. "Mon cerveau vaut une douzaine de celui de n'importe quel autre gars. Tu ne me crois pas ?"

"Oh, oui, je te crois", répondit Beaumont, tandis que Margery revenait avec une autre bouteille de champagne ; "mais si j'étais toi, je ne prendrais plus de vin."

"N'est-ce pas !" » dit Nestley d'un ton de défi. "Tu verras."

Margery se retira, riant de l'état larmoyant du jeune homme, et remplissant son verre à ras bord de vin, il le but d'un air de bravade ivre. Beaumont, avec un ricanement sur ses lèvres fines, resta assis calmement à regarder les pitreries grotesques de l'homme qu'il avait amené si bas, et ne prit qu'un peu de la deuxième bouteille. Le Dr Nestley a chanté, ri et se vanté jusqu'à ce que ses jambes commencent à trembler, puis il s'est assis et a fini le reste de la bouteille, se réduisant ainsi à un état d'ivresse désespérée.

Finalement, il s'endormit la tête sur la table, après quoi Beaumont, non sans peine, le réveilla et le conduisit moitié l'entraîna jusqu'au canapé. En protestant bruyamment qu'il allait bien, le malheureux jeune homme se coucha et tomba en quelques instants dans un sommeil d'ivresse, tandis que

Beaumont, n'éprouvant aucun scrupule d'avoir réduit un être humain au niveau de la bête, se tenait au-dessus de lui avec un ricanement.

"Je ne pense pas que tu me poseras beaucoup de problèmes," dit-il sereinement. "Vous avez recommencé sur le chemin du déclin, et cette fois, j'espère que vous ne reviendrez plus jamais."

Il sortit en fumant calmement sa cigarette et demanda à Margery de ne laisser personne déranger son ami.

"Il a pris plus que ce qui était bon pour lui", s'est-il excusé.

" Oh, soyez bénis, monsieur, ce n'est rien", répondit Margery avec indifférence. "Un sommeil le guérira."

"Est-ce que cela va?" se disait Beaumont alors qu'il se tenait au soleil. "Un sommeil ne vous rétablira jamais dans cette vie, Duncan Nestley ."

CHAPITRE XIX.

CONFITURE, CONFITURE EFFICACI DO MANUS SCIENTIAE.

Je n'utilise pas de charmes,
de lettres éphésiennes, de philtres , de sortilèges ou de runes,
ni rien de démons nécromantiques. Pourtant, grâce au pouvoir des sciences nouvellement découvertes, devant mon regard scrutateur, je découvre votre âme et lis les désirs secrets qui y sont écrits.

Grâce à Nestley Grâce à un traitement habile , le châtelain se remit bientôt de sa maladie, mais le fait d'avoir été couché deux fois sur un lit de maladie en quelques semaines montrait à quel point sa constitution était devenue sensible à la moindre maladie, et avec quelle rapidité une telle maladie pouvait se terminer avec des résultats fatals. .

Pour un corps jeune et vigoureux, de telles indispositions légères seraient relativement sans importance, mais le corps faible du vieil homme, avec son organisation épuisée, était capable de développer ces troubles de la manière la plus alarmante. La flamme de la vie était très faible, et ce n'était qu'en faisant preuve de la plus grande vigilance qu'on pouvait la maintenir vivante.

Malgré sa conviction bien établie concernant l'incarnation dans un nouveau corps, le châtelain semblait remarquablement réticent à quitter son ancien corps et obéissait aux ordres du médecin de la manière la plus servile, craignant que, par hasard, son âme ne s'échappe dans l'autre monde. Il avait accumulé une grande fortune dont, selon son illusion, il espérait jouir lorsque son âme se serait incarnée dans un nouveau corps, il n'avait donc aucun problème à ce sujet. Son grand désir était maintenant d'achever son portrait, et pour ce faire, malgré sa mauvaise santé, il insista pour quitter son lit et s'asseoir à Beaumont selon son habitude habituelle.

Basile ayant une fois de plus placé Nestley sous sa volonté dominante, résolut de procéder immédiatement à son expérience hypnotique et, lors de cette séance finale, jugea que c'était un moment admirable pour mettre à exécution son idée. Tout ce qu'il voulait, c'était une occasion d'introduire le sujet sans éveiller les soupçons du châtelain, et le vieillard, au cours de leur conversation, lui en donna promptement l'occasion.

Ils étaient dans le salon comme d'habitude, et le châtelain, plus ridé et plus usé que jamais, était assis dans son fauteuil, tandis que l'artiste traçait adroitement un trait ici et là sur le visage peint devant lui.

"Vous ne semblez pas bien ce matin, M. Garsworth ", dit Beaumont, alors que le vieil homme bougeait avec lassitude sur sa chaise.

"Non, monsieur, je ne le fais pas", rétorqua le châtelain de sa voix dure. "Je ne m'attends pas à quitter mon lit une fois que j'y retournerai."

"Oh, les choses ne sont sûrement pas si mauvaises que ça."

"J'en ai bien peur", répondit Garsworth en secouant la tête. "J'ai hâte d'entrer dans un nouveau corps et de quitter ce cadre usé avec sa douleur incessante."

« Est-ce que tu as mal maintenant ? demanda Beaumont avec sympathie.

"Oui, j'ai une grave crise de névralgie, le vent d'est m'affecte toujours plus ou moins ainsi."

"Je pense que je pourrais te faire du bien."

"C'est absurde, vous n'êtes pas médecin ?"

"Je ne suis pas la rose, mais j'ai vécu près d'elle, mon cher monsieur", dit Beaumont d'un ton égal, "et je m'y connais en thérapeutique."

"Un peu de connaissance est une chose dangereuse", répondit le vieil homme en ricanant.

"Je peux répondre avec un autre proverbe", dit Basil en souriant. "Un homme qui se noie s'agrippera à une paille - alors prenez-moi comme votre paille et voyez ce que je peux faire - je ne peux pas vous guérir de votre névralgie, mais je peux vous apporter un certain soulagement."

"De quelle manière ?"

"Par hypnose."

" Bah !... Envoûteur et charlatanisme. "

"Pas du tout, j'ai étudié le sujet, et je vous assure qu'il y a plus de vérité là-dedans que vous ne l'imaginez. Mesmer n'était pas tout à fait un charlatan, souvenez-vous, il était plus sage que Cagliostro."

« Eh bien … eh bien … que proposez-vous de faire ? »

" Je vous hypnotise ."

"Et puis?"

"Eh bien, la névralgie disparaîtra après que vous ayez été en transe pendant un certain temps, puis je vous réveillerai et vous pourrez vous retirer."

"Mais le portrait ?"

"Cela n'affectera en rien le portrait. Je peux continuer à peindre et vous ne souffrirez plus."

Le châtelain détestait la douleur, et était d'ailleurs très curieux de tester les connaissances de Beaumont, alors il consentit à l'idée.

"Allez, monsieur," dit-il sombrement. "Je ne m'y oppose pas."

Beaumont hocha nonchalamment la tête, ravi d'avoir ainsi atteint son but, et sortant de sa poche un morceau de verre à facettes, il se leva de son siège et se dirigea vers le vieil homme.

Prenant position sur un côté de la chaise, il tint l'objet scintillant juste au-dessus du front du châtelain.

"Regardez attentivement ceci", dit-il d'un ton calme, et Garsworth attendait silencieusement le résultat, qui eut bientôt lieu. Les yeux devinrent humides et brillants, le regard fixe et les pupilles dilatées, jusqu'à ce que le vieillard tombe dans un état cataleptique. Comme la facette de verre était toujours tenue devant ses yeux, il tomba bientôt dans un état léthargique et tomba en arrière sur sa chaise avec un soupir.

Beaumont ôta le verre avec un sentiment de soulagement, car il doutait de pouvoir produire si facilement le sommeil hypnotique. Il avait désormais à sa disposition un automate sans volonté qui ferait tout ce qu'on lui dirait. Mais ce n'était pas ce que Beaumont désirait, car il était incapable de suggérer le secret à l'homme impuissant devant lui, et sans suggestion, l'automate ne ferait rien. Il voulait changer ce sommeil léthargique en un état somnambulique, afin de pouvoir disposer de la mémoire, de l'intelligence et de l'imagination du châtelain. Il y parvint en frottant légèrement sa main d'avant en arrière pendant quelques minutes sur le sommet de la tête, et en obéissance à la sensation produite par ce Garsworth passa rapidement dans un état de somnambulisme actif.

Il se leva de sa chaise, regarda vivement de droite à gauche, pendant que Beaumont lui parlait, et pendant la conversation qui suivit, il fut dans un état de perpétuel mouvement. Il ne restait plus à Beaumont que de suggérer au somnambule des choses qui engendreraient des suites de pensées, et ces suites de pensées seraient rapidement mises en pratique par la volonté.

La grande silhouette en noir se balançait rapidement d'avant en arrière tandis que Beaumont parlait d'une manière claire et délibérée, suggérant les questions auxquelles il souhaitait obtenir une réponse.

"Tu as un secret ?"

— J'ai un secret, répondit la somnambule avec la même lenteur.

"Vous avez arrangé une certaine liaison afin de pouvoir profiter de votre fortune actuelle lors de votre prochaine incarnation ?"

"Oui."

"Vous pensez avoir mis en place tout le nécessaire pour réaliser cette idée ?"

"Je pense que oui."

"Déclarez-vous tout le schéma pour que vous puissiez voir que vous n'avez rien oublié."

Garsworth resta silencieux un moment, puis commença à parler rapidement.

"J'ai tout arrangé d'une manière convenable. Je suis sûr de n'avoir rien oublié. Mon testament a été fait il y a quelques années, et j'y ai laissé tous mes biens à mon fils naturel. Un tel fils naturel n'existe pas, à l'heure actuelle. c'est une personne fictive. Quand je me réincarnerai, il deviendra une réalité. Je serai mon propre fils naturel, et la propriété me passera dans le nouveau corps par l'action de ma volonté dans ce corps actuel. Il me sera nécessaire, sous ma nouvelle forme, de prouver que je suis la personne mentionnée dans le testament. Je le fais dans ce nouveau corps en produisant un certain papier et mon anneau de sceau, que j'ai caché en toute sécurité. En conservant ma mémoire lors de ma prochaine incarnation, je allez à la cachette, trouvez le papier et la bague, présentez-les à l'avocat qui détient mon testament, et après avoir prouvé mon identité de fils naturel, je pourrai devenir propriétaire des biens. Oui, tout va bien.

Il cessa de parler et Beaumont, après avoir écouté attentivement, fut très frappé de l'ingéniosité de l'idée exprimée dans le délire. C'était donc de cette manière qu'il espérait réaliser son projet. Un fou a-t-il jamais été aussi fantasque ? L'artiste ne voyait pas beaucoup de chances de bénéficier de cette découverte jusqu'à présent, mais s'il voyait les papiers mentionnés par le châtelain, ils pourraient contenir quelque chose qui s'avérerait utile. Oui; il demanderait au châtelain de lui montrer la cachette des papiers.

"Votre plan est parfait," dit-il lentement, "mais quelqu'un pourrait-il trouver la cachette et voler le papier ?"

"Non, non", répondit la somnambule d'un ton exalté. "Aucune chance. Je l'ai trop bien caché."

"Allez voir si c'est sûr."

" Sûr ! Sûr ! Ce papier est-il sûr ? » murmura le vieil homme en fronçant les sourcils. "Je dois voir. Je dois voir. Mais comment puis-je y aller ? Je suis trop faible."

Beaumont exerça instantanément son pouvoir par suggestion.

"Vous êtes très fort. Allez tout de suite examiner le papier."

D'ordinaire, le Squire utilisait une béquille pour marcher, mais en entendant la remarque sur sa force de la part de son hypnotiseur , il fut immédiatement envahi par l'hallucination qu'il était physiquement un homme vigoureux et se dirigea vers la porte du salon d'un pas rapide. , pas élastiques, suivis de Beaumont.

La somnambule monta l'escalier en tête, s'arrêta un instant sur le premier palier, puis, se retournant, se dirigea vers la façade de la maison du premier étage. En ce moment, Patience Allerby sortit d'une des chambres, et voyant le châtelain marcher d'une manière si rapide, et Beaumont le suivant, les regarda tous deux avec inquiétude.

"Où vas-tu monsieur ?" s'écria-t-elle tandis que Garsworth la frôlait et, lui tendant la main, essayait de l'attraper. Le léger contact qu'elle lui apporta parut causer des souffrances au somnambule et rompre le sort hypnotique, car il s'arrêta aussitôt. Alarmé à l'idée que le vieil homme ne se réveille, Beaumont attrapa Patience par le poignet et la traîna rapidement en arrière.

"Tu vas chercher tes papiers ?" dit-il à Garsworth .

«Je vais chercher mes papiers», répéta lentement le châtelain, puis, obéissant à l'impulsion engendrée, il reprit sa route. La patience aurait parlé, mais une expression diabolique sur le visage de Beaumont semblait lui glacer le sang.

"Tais-toi," dit-il dans un murmure dur, en lui secouant le poignet. "Je te dirai tout bientôt, mais maintenant tais-toi pour le bien de ton fils."

Elle se dégagea et se retrancha dans l'ombre en poussant un cri, tandis que Beaumont, sans y prêter attention, suivit rapidement l'écuyer qui se trouvait maintenant à quelque distance devant lui.

Garsworth ouvrit une grande porte pliante qui se trouvait à une courte distance de l'escalier et qui donnait sur la salle de bal de la Grange. Suivi de l'artiste, il entra dans la longue pièce nue, qui s'étendait sur presque toute la longueur de l'aile avant de la maison, et qui était éclairée par huit grandes fenêtres donnant sur le parc.

La pièce était froide et sombre, chaque pas éveillant un écho réactif et laissant une marque sur la poussière grise accumulée sur le sol depuis de nombreuses années. Le mur opposé à la porte était orné de panneaux délicatement peints, représentant les neuf muses, chaque figure féminine étant deux fois grandeur nature et s'élevant du sol jusqu'au toit voûté, entre chacune des huit fenêtres. À une extrémité de la pièce, les panneaux représentaient les trois Grâces, à l'autre les trois Destins, tandis que le mur restant représentait neuf déesses de la mythologie païenne. Le toit voûté était peint d'un bleu profond, argenté d'étoiles, mais nulle part n'apparaissait aucune forme masculine - on ne voyait rien d'autre que les gracieuses figures féminines de la Grèce.

Le châtelain se dirigea droit vers l'angle extrême de la pièce, à gauche de la porte, et s'agenouilla là où se trouvait un panneau représentant Clotho filant le fil de la vie. Il toucha manifestement un ressort dissimulé dans le cadre doré du panneau, car celui-ci glissa silencieusement vers l'arrière, révélant un mur de pierre brute. Les blocs de pierre supérieurs semblaient lourds et encombrants, mais les blocs inférieurs étaient beaucoup plus petits, et tandis que Beaumont regardait , il vit Garsworth tirer de sa place une pierre assez petite au centre inférieur du mur, ne montrant que l'endroit rugueux où elle se trouvait, mais aucune cavité où quoi que ce soit puisse être caché. Mais le châtelain montra bientôt combien la cachette qu'il avait choisie était ingénieuse, car en tournant autour de la pierre qu'il avait retirée, apparut un petit trou creusé et le vieillard en tira un papier et une bague. Il les posa un instant pour soulever la pierre de ses genoux, mais à ce moment Beaumont, exerçant son pouvoir hypnotique, dit brusquement :

"Vous regardez le journal."

Sous l'influence de l'hallucination produite, le châtelain regardait avec attention la pierre sur ses genoux, tandis que Beaumont, ramassant le vrai papier, le feuilletait rapidement, examinait l'anneau, puis les reposait tous deux par le somnambule.

"Tu devrais les remettre", suggéra-t-il distinctement. Garsworth ramassa le papier, le replaça dans la pierre, le remit dans sa première position, puis traîna le panneau jusqu'à ce qu'il s'enclenche sur le ressort, reprenant ainsi son ancienne apparence. Personne, à le regarder, ne penserait qu'un si grand tableau puisse être déplacé d'une manière ou d'une autre, et même si le secret du panneau était découvert, Beaumont était sûr que personne ne songerait à examiner l'intérieur de la pierre du mur. . Ayant maintenant établi tout ce qu'il voulait savoir, le prochain soin de Beaumont fut de ramener le châtelain à sa position initiale et de le réveiller, afin qu'il ne se rende pas compte de ce qu'il avait fait pendant son sommeil hypnotique. Pour ce faire, il se pencha vers la silhouette agenouillée au sol.

"M. Beaumont attend de terminer votre photo."

"Oui, oui. Il faut que je fasse le tableau", dit Garsworth , et, se levant, il quitta la pièce, suivi de Beaumont, qui vit le visage blanc de Patience scrutant l'ombre et fronçant les sourcils d'un air menaçant. manière.

Plaçant son doigt sur ses lèvres pour imposer le silence, il se glissa devant elle dans le large escalier, traversa le couloir et entra dans le salon, où il découvrit que le châtelain s'était de nouveau installé dans son fauteuil.

"Eh bien, se dit Beaumont, il semble y avoir une chance d'exploiter ce secret, mais je ne peux le faire sans l'aide de Patience, il faut donc que je la voie. En attendant, je vais réveiller le châtelain. ".

Il s'approcha du châtelain et lui toucha le visage de ses propres mains froides, ce sur quoi le vieil homme sursauta violemment.

Il lui dit alors à haute voix à l'oreille :

"M. Garsworth !"

Le somnambule ouvrit les yeux, et une expression confuse apparut sur son visage en regardant Beaumont.

"Te sens-tu mieux?" demanda doucement l'artiste.

"Oui", répondit le châtelain en passant lentement la main sur son front. "La douleur a disparu, mais je me sens très fatiguée."

"C'est toujours le cas en hypnotisme."

"Depuis combien de temps ai-je dormi ?"

— Environ un quart d'heure, répondit Beaumont en jetant un coup d'œil à sa montre. "Est-ce que vous rêviez ? L'hypnotisme produit généralement des rêves."

« Aha ! » dit Garsworth avec ruse, "Je rêvais de mon secret. Je n'ai pas parlé dans mon sommeil, n'est-ce pas ?" » demanda-t-il avec une terreur soudaine.

"Non, vous étiez parfaitement silencieux", répondit l'artiste en regagnant sa place.

"Je me sens trop fatigué pour rester assis " , observa Garsworth en se levant avec un grand effort. "Je dois m'allonger. L'hypnotisme semble épuiser beaucoup le corps."

"C'est vrai, bien sûr ; cela agit physiquement."

Le châtelain, à l'aide de son bâton, se dirigea péniblement vers la porte, laissant Beaumont souriant au tableau devant lui.

CHAPITRE XX.

EN CAS DE DOUTE, JOUEZ LES ATOUTS.

La vie est un jeu.
Les victoires les plus enthousiastes. La réputation ou la honte. La vie est un jeu ; Nous donnons ou réclamons Pour les vertus, les péchés ; La vie est un jeu Les victoires les plus enthousiastes

Beaumont était parfaitement satisfait du résultat de son expérience, car il avait découvert le secret du châtelain et avait réussi à le faire ignorer. Avec l'intelligence vive d'un homme habitué à vivre selon son esprit, il avait, au cours de sa rapide lecture des journaux, entrevu les chances de tourner le secret à son propre avantage. Mais pour ce faire, il avait besoin du concours de Patience, et il doutait qu'il l'obtienne.

Elle se tenait soigneusement à l'écart de lui et, depuis l'entretien dans le cimetière, n'avait donné aucun signe qu'elle ait eu connaissance de son existence. Beaucoup d'hommes auraient été découragés par ce silence méprisant ; mais ce n'était pas le cas de Beaumont, qui ne voyait jamais de manque de courtoisie chez quiconque dont il voulait se servir. Jusqu'ici, la patience n'avait été qu'un chiffre à ses yeux ; mais maintenant, depuis qu'il avait découvert l'existence de son fils, et depuis qu'il avait appris le secret jalousement gardé du châtelain, elle devint tout à coup un personnage important ; car c'était par elle qu'il espérait parvenir à ses fins, des fins calculées pour son seul bénéfice.

Le seul moyen par lequel il pouvait espérer gagner son oreille était son amour pour leur fils, d'où son explication dans l'escalier. Maintenant, après avoir rangé ses ustensiles de peinture, il alluma une cigarette et se dirigea tranquillement vers la chambre de la gouvernante pour arranger ses affaires avec elle. Il ne craignait pas le résultat, puisqu'il entendait faire appel à sa maternité, appel, il le savait bien, qui ne serait pas négligé par cette femme dont toute la vie était consacrée à son fils. M. Beaumont était un joueur de whist expert et, de plus, il admirait beaucoup ce jeu. Ainsi, dans ce cas, doutant quelque peu de Patience, mais tenant une main ferme, il prit une illustration de son jeu préféré et dit :

"En cas de doute, jouez les atouts."

« Ce sera un jeu charmant, » murmura-t-il en frappant à la porte de la chambre de la gouvernante, « elle n'est pas une méchante adversaire, et elle me déteste comme un poison, d'autant plus de mérite si je gagne, que je signifier."

Patience Allerby , dans sa robe grise et discrète, était assise silencieuse et sculpturale près de la fenêtre, regardant le paysage qui s'assombrissait rapidement. Quand Beaumont entra, elle le regarda froidement, mais ne se leva pas pour le recevoir ni ne l'invita à s'asseoir. Son visiteur, cependant, n'était troublé par aucun sentiment sensible, alors il se jeta dans un fauteuil confortable près du feu et continua froidement à fumer.

"J'espère que ma cigarette ne vous dérange pas", dit-il nonchalamment, "mais je ne peux pas exister sans fumer."

"Vous ne pouvez pas exister sans toutes sortes de luxes", répondit amèrement Patience, "vous n'êtes pas homme à vous priver de quoi que ce soit."

"J'ai dû me refuser bien des choses lorsque nous mourions de faim à Londres", dit tranquillement M. Beaumont. "Au fait, je veux te parler de Londres."

"Et je veux vous parler du châtelain," rétorqua-t-elle rapidement. "Que faisais-tu en le suivant à l'étage ?"

— Ne vous affligez pas, ma bonne âme, dit l'artiste d'un ton froidement agaçant. "Je vous le dirai plus tard ; en attendant, nous parlerons de Chelsea."

"Non."

"Pardonnez-moi, oui. Vous rappelez-vous comment nous vivions là-bas, vous et moi, et les visions que nous avions l'habitude de nous livrer ? Je ne l'ai pas oublié, je vous l'assure, et puis Fanny Blake, pauvre Fanny ! elle est mort maintenant. Je vois que vous avez donné son nom de famille au garçon.

"Et si je le faisais ?" » lança-t-elle violemment, avec un profond froncement de sourcils sur le visage. "Pourrais-je lui donner le vôtre, le père qui l'avait abandonné ? Puis-je lui donner le mien, la mère pour qui sa naissance était une honte ?"

"Une honte ! Je pensais que tu l'aimais ?"

" C'est vrai, je l'aime plus que ma vie ; mais sa naissance a été une honte, et je souhaite lui cacher cette connaissance, s'il vous plaît à Dieu. "

"Le garçon que vous appelez Reginald Blake a-t-il déjà été baptisé ?"

"Non."

"Pourquoi pas?"

"Parce que je ne pouvais pas dire la vérité sur sa naissance et que j'ai refusé de mentir. Il n'a pas été baptisé et sa naissance n'a pas été enregistrée."

"Alors il n'a aucun droit sur le nom qu'il porte."

" Je le sais. À qui la faute, Basil Beaumont, la vôtre ou la mienne ? Pourquoi n'avez-vous pas fait de moi une honnête femme ? "

"Parce que je ne l'ai pas choisi", répondit-il froidement; "Au fait, notre fils a-t-il été confirmé ?"

"Non."

"Oh," dit-il en ricanant, "je suis désolé qu'il n'ait pas une certaine saveur religieuse chez lui. Je me demande, Patience, quand tu l'as appelé Blake, tu ne l'as pas fait passer pour le fils de Fanny."

Elle se leva de son siège avec fureur.

"Penses-tu que j'allais mettre mon péché sur les épaules de Fanny ?"

"Je ne vois pas pourquoi. Fanny et vous êtes arrivées à Londres en même temps. L'enfant est né six mois après votre arrivée là-bas. Pourquoi ne pas l'appeler l'enfant de Fanny ?"

"Il n'y avait aucune raison."

" Pas alors ; mais il y a maintenant, et une très excellente raison : dix mille par an. "

"Que veux-tu dire?"

"Simplement ceci, que Reginald Blake, à partir de maintenant, est le fils de Fanny Blake et Randal Garsworth ."

Patience le regarda avec surprise et recula involontairement d'un pas, le croyant fou. Beaumont s'en aperçut et rit d'un air moqueur.

"N'ayez pas peur, il y a de la méthode dans ma folie."

« Il y a de la méchanceté là-dedans, dit-elle avec un sourire dur en s'asseyant près de lui ; "Dis-moi ce que tu veux dire, Basile Beaumont, si tu comptes toucher un cheveu de la tête de mon fils , je te punirai."

"J'ai l'intention de lui donner dix mille dollars par an, si tu ne veux pas être un imbécile."

Elle sourit froidement et croisa les mains sur ses genoux.

"Je ne suis pas idiot, mais je te connais... continue, Ananias."

Beaumont jeta la cigarette éteinte dans le feu d'un geste irrité et tourna sa face vers la femme glaciale assise devant lui.

« Écoutez ce que j'ai à vous dire, » dit-il lentement, « et ensuite vous pourrez faire ce que vous voudrez. Si vous m'aidez, cela signifie de l'argent et du bonheur pour notre fils ; si vous ne le faites pas, je le dirai. lui tout, puis quitter le village pour toujours . »

Patience frissonna légèrement sous l'éclat d'acier de ses yeux, puis reprit son air froid et impassible.

"Brag est un bon chien", dit-elle d'un ton moqueur, "mais il ne mord pas, continuez, je suis toute attention."

L'artiste jeta un coup d'œil à la porte pour s'assurer qu'elle était fermée, puis rapprochant sa chaise de celle de Patience Allerby , se mit à parler rapidement, à voix basse.

" Bien sûr , vous savez que le châtelain est fou, tout à fait fou, il a l'idée que son âme va se réincarner dans un autre corps, et comme il a peur de naître pauvre, il a inventé un plan idiot par lequel de reprendre possession de sa richesse actuelle. J'ai découvert ce projet - comme cela n'a pas d'importance - tout ce que j'ai besoin de vous dire, c'est que j'ai tout découvert à ce sujet - son idée est de se faire passer pour son propre fils ".

"Mais il n'a pas de fils."

" Bien sûr que non, imbécile, " dit Beaumont avec impatience, " il ne pourrait pas " réaliser son idée s'il l'avait fait ; c'est ainsi qu'il a fait son testament, laissant la propriété à son fils naturel, qui le fera un jour. date future - date non fixée, car il ne peut pas dire quand il se réincarnera - se rendre chez les avocats qui détiennent le testament et produire, comme preuve de son droit à la succession, une lettre qui lui est écrite par son père supposé, ainsi que l'anneau de sceau de l'écuyer - lorsqu'il le fait, selon les termes du testament, il hérite de la succession de Garsworth .

"Je comprends jusqu'à présent ; mais comment le châtelain, dans un nouveau corps, espère-t-il obtenir ces papiers ?"

"Oh ! il pense qu'il se souviendra de cette liaison quand il sera né de nouveau, alors il a caché les papiers là où il pourra les trouver - dans son nouveau corps, il ira simplement les chercher, produira aux avocats, et vous y êtes.

"Quelle idée stupide."

« Quelle remarque stupide, vous voulez dire », dit Beaumont ; "Bien sûr, c'est stupide, cet homme est fou. Quand il mourra, les journaux resteront intacts jusqu'à la fin du monde, si je le souhaite."

"Que veux-tu dire?"

"Simplement ceci : comme il ne sait pas quand ni où il se réincarnera, il a laissé un certain nombre de blancs dans la lettre."

"Avez-vous vu la lettre?"

" Bien sûr que oui. Je sais où est caché le papier, ne vous ai-je pas dit que j'avais découvert son secret. Eh bien, tout ce que j'ai à faire, c'est de remplir ces blancs. Le nom de la mère. " , le lieu de naissance du fils supposé, et tout le reste."

"Je vois. Mais qu'est-ce que j'ai à voir avec ça ?"

Beaumont se releva et marcha de long en large avec colère .

"Quel idiot tu es, Patience," dit-il avec irritation. "Tu ne vois pas ? Je vais remplir le nom de la mère comme Fanny Blake, et celui du fils comme Reginald."

"Notre fils?"

"Précisément. Maintenant, vois-tu pourquoi je veux ton aide ?"

"Oui, mais tu ne l'auras pas."

"En effet, pourquoi pas ?"

"Je ne vais pas avoir un tel péché sur la conscience."

"Il n'y a pas de péché, puritain," dit-il rapidement, "l'idée de la réincarnation est de la foutaise ; personne ne semblera revendiquer la propriété, alors pourquoi ne pas donner les dix mille par an à Reginald ?"

"Cela déposséderait Miss Una."

"Cela ne ferait rien de tel - en vertu du testament que Miss Una ne peut pas revendiquer - les avocats ne savent rien de la théorie de la réincarnation; tout ce qu'ils savent, c'est que Squire Garsworth a un fils qui comparaîtra et prouvera sa prétention. par la possession de certains papiers et d'une bague de sceau - jusqu'à ce que ce fils apparaisse, personne ne peut réclamer la succession.

"Mlle Una pourrait contester le testament en invoquant la folie."

"J'ose dire qu'elle le pourrait, mais elle ne le fera pas. Si Reginald devient maître de Garsworth Grange, elle l'épousera et jouira de la propriété comme si elle était l'unique héritière. En revanche, s'il le fait, elle le fera. Pour ne pas devenir maître , elle devra attendre que ce fils inexistant apparaisse ou bouleverse la volonté, l'une des choses étant impossible et l'autre gênante.

Patience réfléchit un instant ou deux, puis leva les yeux.

"Comment sais-tu que Reginald épousera Una ?"

"Parce que j'ai des yeux dans la tête. Le garçon est follement amoureux d'elle. Je suis sûr que vous devez comprendre que votre aide à mettre Reginald en possession de cette propriété ne fera de mal à personne et sera dans l'intérêt des deux." Una et ton propre fils."

"Je le vois, mais je ne vois pas quel bénéfice vous en retirez, et je ne pense pas que vous soyez homme à travailler pour rien."

"Tu as parfaitement raison," répondit-il calmement, "mais je vais devenir le bras droit de Reginald, et quand il viendra chercher la propriété , je pourrai l'aider à s'occuper de la succession."

"Et ruine-le."

"Je ne vais pas le ruiner. Pourquoi devrais-je vouloir ruiner mon propre fils ?"

"Bah ! ne me parle pas comme ça."

"Eh bien, si vous ne croyez pas à l'intérêt, je vais le dire autrement. Pourquoi devrais-je tuer la poule aux œufs d'or ?"

"Oui, c'est plutôt ça," dit-elle avec un ricanement, "Je pense que votre plan est admirable, mais il y a un obstacle."

"Qu'est-ce que c'est?"

"Reginald est un homme honorable et n'acceptera aucun bien obtenu par fraude."

Beaumont soupira d'un air résigné, apparemment désespéré de pouvoir expliquer clairement les choses à cette femme douloureusement obstinée.

"Il ne saura jamais que la propriété a été obtenue par fraude, car vous lui direz qu'il est le fils de Fanny Blake et du châtelain ; il vous croira et se considérera comme l'héritier légitime."

"Pourtant, il pense qu'il est né dans un mariage légal, et pour le détromper..."

— On lui en donne dix mille par an, interrompit froidement Beaumont. "Eh bien, qu'en dis-tu, vas-tu m'aider ?"

"Je te dis ça demain."

"Pourquoi pas aujourd'hui?"

"Parce que je ne te fais pas confiance, je veux revivre cette affaire dans mon esprit."

Beaumont haussa les épaules, mit son chapeau et alluma une autre cigarette.

"Comme bon vous semble", dit-il en s'arrêtant un instant à la porte. "Je t'appellerai et je te verrai demain ; mais si tu ne m'aides pas, je ferai ce que je dis et je raconterai tout à Reginald."

Quand il fut parti, Patience resta longtemps assis à regarder le feu, réfléchissant visiblement profondément. Enfin elle soupira et murmura :

"Je ne sais pas quoi faire, je dois demander conseil au Seigneur."

Elle se leva et, après avoir allumé une bougie, ouvrit la Bible.

CHAPITRE XXI.

LE BON SAMARITAIN.

L'homme n'est, au mieux, qu'un animal fantaisiste, car il n'y a de vie que si elle peut un jour agir en désaccord avec sa théorie.

Patience Allerby occupait une position très particulière, et elle le savait, à sa grande perplexité. Depuis qu'elle avait perdu la vertu, elle avait vécu une existence d'abnégation en guise d'expiation pour son péché, et elle avait lieu d'être satisfaite des vingt dernières années de sa vie, puisqu'elle n'avait jamais rien fait de mal. Certes, vivant une existence presque monastique, elle n'avait aucune tentation contre laquelle lutter, et l'absence de tentation rendait relativement facile de mener une vie vertueuse. N'étant pas tentée, elle mena une vie ascétique, étant absolument certaine d'être assez forte pour résister à toute tentation, aussi puissante soit-elle. Vain espoir, car pour l'instant le diable, en la personne de son ancien traître, l'agressait dans son côté le plus faible. S'il avait essayé de lui faire voler son maître ou de retourner à son ancienne vie de péché, il aurait échoué lamentablement, mais un appel à travers sa maternité était périlleux pour sa force, et Beaumont le savait lorsqu'il utilisait son amour pour Reginald comme une arme. contre elle. Malgré ses prières, ses larmes, ses textes réconfortants, elle savait que si Beaumont voulait qu'elle commette un crime au profit de son fils, elle le ferait au mépris de sa croyance religieuse, aussi forte soit-elle.

Dieu seul connaissait la nuit d'angoisse que passa cette femme, luttant contre la tentation subtile placée devant elle sous une forme si attrayante. Ces vieux saints qui, selon de pieuses légendes, luttaient contre les puissances visibles du mal, n'avaient pas à affronter d'aussi terribles ennemis, contrairement à une âme tourmentée par le doute luttant contre les impulsions spirituelles.

En vain cette pauvre âme qui voulait bien faire fermait ses oreilles aux chuchotements infernaux des mauvais esprits, en vain elle lisait avec une ardeur frénétique les terribles prophéties d'Isaïe ou les promesses réconfortantes des Évangiles, en vain elle s'agenouillait en pleurant amèrement devant le crucifix, priant pour être protégé de tomber dans le péché. Tout cela était inutile. Soit les armes spirituelles avaient perdu leur efficacité, soit sa intense passion maternelle émoussait son sens du devoir religieux, et après une lutte terrible avec ses ennemis invisibles, qui la laissa complètement prosternée, elle commença à réfléchir sereinement au projet de Beaumont. A partir de ce moment, elle fut perdue ; car, après avoir examiné toute l'affaire, elle commença à apaiser sa conscience avec des arguments sur la rectitude de l'affaire.

Elle ne ferait de tort à personne ; bien plus, elle conférerait un avantage à Una, puisque par son mariage avec Reginald elle serait immédiatement mise en possession de la propriété, alors que si le testament était strictement exécuté, elle le ferait. il faut attendre éternellement l'apparition d'une personne qui n'existe pas. Supposons qu'elle accepte le plan de Beaumont et dise que Fanny Blake et le châtelain sont les parents de son fils, il deviendra riche et honoré , portera un nom célèbre et ne sera plus un orphelin inconnu, lourdement handicapé dans la bataille de la vie.

D'un autre côté , il apprendrait la honte de sa naissance, ce qui jetterait une ombre éternelle sur son jeune esprit. Quelle richesse, quelle position pourrait compenser à ses propres yeux le stigmate moral ainsi jeté sur lui. Il pourrait succéder à la propriété, épouser Una, et ainsi ne faire de mal à personne, mais, s'il devenait père, à quel point ressentirait-il profondément les péchés de ses parents qui infligeaient à sa progéniture. Non, elle ne pouvait pas le placer dans une telle position ; Mieux vaut pour lui rester inconnu et obscur, avec une pleine croyance en sa naissance honorable , que de vivre sa vie hantée par le spectre d'une honte intolérable.

En hésitant ainsi entre ces deux points de vue, une idée soudaine lui vint qui la poussa à refuser d'aider Beaumont et à laisser l'enfant faire sa propre vie, ignorant la tache de son nom. Le châtelain, malgré ses habitudes avares, avait bon cœur. Elle lui demanderait de donner à Reginald cinquante ou cent livres pour l'aider, puis le garçon pourrait aller à Londres et se faire une place grâce à ses talents vocaux. Ainsi, il ne bénéficierait en aucune manière de l'argent injustement obtenu, et Una, étant en possession de la propriété, il pourrait l'épouser et en jouir comme si le projet était réalisé. Oui, ce serait la meilleure solution ; au moins, il ne saurait jamais qui il était ni ce qu'il était, et elle l'aiderait ainsi dans la vie sans commettre de crime. Plus elle réfléchissait au projet, plus il lui plaisait, et tombant à genoux dans le noir, elle remercia longuement et avec ferveur Dieu pour la solution qu'il lui avait montrée à la difficulté.

Le lendemain matin, elle entreprit de mettre ses idées à exécution, car après que Miss Cassy et Una eurent rendu leur visite matinale habituelle, elle se retrouva seule avec le châtelain et en mesure de faire sa demande.

Garsworth était allongé dans son lit, soutenu par des oreillers, et paraissait vraiment très faible, de sorte que Patience comprit que la fin ne pouvait pas être loin, malgré les soins et l'attention de Nestley .

Après s'être remis de sa débauche, Nestley avait ressenti une amère honte de sa chute, mais ayant perdu le respect de lui-même en revenant ainsi à ses anciennes habitudes, il essaya de noyer ses remords en buvant, et l'alcool reprenait rapidement toute son ancienne influence sur lui. . Cependant , il ne laissa pas cela gêner sa présence chez le Squire, et si le vieil homme voyait que la main de Nestley tremblait et que ses yeux devenaient brouillés, il ne disait rien, et le malheureux jeune homme accomplissait ses devoirs d'une manière machinale, buvant. profondément chaque fois qu'une opportunité se présentait.

Nestley , l'air hagard et instable après sa consommation d'alcool de la nuit précédente, venait de quitter la pièce, laissant Patience seule avec l'écuyer, lorsque le vieil homme parla brusquement :

"Patience, qu'est-ce qu'il y a avec le docteur ?"

"Boire!" » répondit-elle laconiquement.

"Boire!" répéta le Squire en se soulevant sur son coude. "C'est absurde, femme, tu dois te tromper, il ne boit ni vin ni spiritueux."

"Il ne l'a jamais fait jusqu'à il y a une semaine", répondit froidement Patience, "avant, il était totalement abstinent, mais maintenant... eh bien, vous pouvez le constater par vous-même."

La longue relation qui avait existé entre cet étrange couple de maître et de serviteur avait développé entre eux une certaine familiarité.

"Je me souviens", dit Garsworth d'un ton pensif, "que dans ma dernière incarnation, j'ai beaucoup bu de la bière - c'était sous le règne d'Elizabeth, et nous buvions de la confusion au roi d'Espagne - cela m'a causé de la confusion. Si Je n'avais pas été ivrogne, je n'aurais pas été un pauvre ; c'est dommage que ce jeune homme suive le même chemin de descente.

"C'est sa faute," répondit Patience d'un ton pierreux, "il devrait s'arrêter quand il constate que cela lui fait du mal."

"Sans doute", répondit le vieil homme avec acidité, "mais saviez-vous jamais qu'un homme se refuse quelque chose si cela lui fait du mal ?"

"Tu l'as fait."

"Oui, parce que j'avais un but à gagner. La vie que je menais en Ville était très agréable, mais elle m'aurait laissé pauvre pour ma prochaine incarnation."

Il était inutile d'essayer de convaincre le vieil homme de son illusion, alors Patience ne dit rien, mais se tenait à côté de lui dans un silence sinistre, les bras croisés.

"Je m'amuserai quand je serai né de nouveau", poursuivit Garsworth avec exultation. "J'aurai beaucoup d'argent et un nouveau corps. J'aurai à nouveau la jeunesse. Oh, la jeunesse ! la jeunesse ! comme vos heures d'or sont courtes.

Les jeunes hommes ne connaissent jamais le trésor qu'ils possèdent dans la jeunesse et le gaspillent dans l'oisiveté et la folie. ; voici cet enfant que vous avez élevé, Reginald Blake----"

"Je ne l'ai pas élevé."

"Eh bien, eh bien," répondit Garsworth avec humeur. "Vous voyez ce que je veux dire, vous étiez sa nourrice, mais il a de la jeunesse, de la beauté, de la santé et des talents. Pourquoi ne va-t-il pas à Londres avec de tels avantages, au lieu de perdre sa vie dans un village ennuyeux ?"

"Il n'a pas d'argent", rétorqua glacialement Patience; "Tout ce dont vous parlez ne sert à rien sans argent."

"Sans doute, sans aucun doute", marmonna Garsworth , les yeux brillants ; "L'argent est une nécessité, mais il a quand même des talents, à ce que j'entends."

« Que peuvent faire les talents ?

"Tout ; un cerveau intelligent commande le monde."

"J'ose dire", rétorqua ironiquement Patience, "s'il obtient de l'argent pour le lancer. Maître Reginald a le courage de se faire un grand nom grâce à sa voix, mais il a besoin d'aide, de l'aide de l'argent, qui le fera. lui donner cette aide ?

Elle regarda attentivement le vieil homme tout en parlant.

"Ah, qui en effet ?" » répondit-il négligemment, « qui en effet ?

"Pourquoi pas toi ?" » dit la gouvernante avec empressement.

"JE?" il a éjaculé de surprise.

"Oui, toi", rétorqua-t-elle avec véhémence. " J'étais, comme vous dites, la nourrice de ce garçon. Je l'ai aimé bien plus que ses parents décédés ; ils me l'ont laissé, et j'ai pris la place de sa mère : je souhaite le plus cher qu'il réussisse... avec de l'argent, il peut le faire. Je vous ai servi longtemps et fidèlement et je n'ai demandé aucune faveur , mais maintenant que vous avez prononcé son nom, je vous demande cette première et dernière faveur , donnez-lui de l'argent et aidez-le à réussir.

"Tu penses que je suis fou ?" s'écria le vieil homme d'une voix stridente. "Pourquoi devrais-je l'aider ? Qu'est-ce qu'il est pour moi ? J'ai accumulé toute ma richesse après des années d'abnégation. Je veux en profiter dans ma prochaine existence, pas la gaspiller en aidant un pauvre."

"Et pourtant vous parlez des heures dorées de la jeunesse", répondit-elle amèrement. "C'est facile à dire, mais difficile à faire. Qu'est-ce que cent livres pour vous ?-- une goutte dans l'océan. Qu'est-ce que cela lui fait ?-- tout."

"Je ne peux pas me séparer de mon argent", dit-il avec obstination en détournant le visage.

Sa voix prit un ton tendre alors qu'elle plaidait pour son fils.

"Il n'a aucun droit sur vous, je le sais, mais pensez à sa jeunesse, à ses talents, gaspillés dans ce ennuyeux village. Vous dites que vous vous souviendrez dans votre prochain corps de ce que vous avez fait dans celui-ci ; pendant des années, vous n'avez jamais fait quelque chose de ce genre. action envers un être humain, faites-en une maintenant en aidant ce garçon, et votre prochaine existence n'en sera pas pire pour avoir aidé un inconnu.

Le vieil homme ne répondit rien, mais fut visiblement ému par son argument.

"Et encore," dit Patience, toujours de la même voix inquiète, "avec votre aide, il se fera une place dans le monde. Quelle position occuperez-vous ? avec tout votre argent, vous pourrez naître prince ou garçon laboureur... vous ne le savez pas, mais dans quelque condition que vous soyez né, son influence, son amitié peuvent vous être d'une aide, et elles vous seront d'autant plus précieuses lorsque vous saurez que c'est votre œuvre.

La voix de la femme s'éteignit doucement et elle observa avec anxiété le visage ridé du vieil homme pour voir s'il ferait ce qu'elle demandait. De toute évidence, ses paroles faisaient appel soit à son égoïsme, soit à sa bonne nature, car, se tournant vers elle, un sourire s'étala sur son visage grincheux.

"Je vais le faire, Patience," dit-il rapidement. "Je le ferai, peut-être qu'il m'aidera dans ma prochaine vie, donne-moi mon chéquier, et je ferai un chèque de cinquante livres, pas plus, pas plus. Je peux." Je ne peux pas me le permettre."

"Cinquante ne sert à rien, disons cent", insista-t-elle avec empressement.

"Eh bien, eh bien ! cent", dit-il d'un air maussade, "c'est une grosse somme, mais ça peut quand même me faire du bien. J'écrirai une lettre avec, et je lui dirai qu'il devra faire ce que je demande dans ma prochaine vie. Est-ce qu'il fera ça ? »

"Oui oui!" » répondit-elle avec impatience, nullement offensée par ses motivations égoïstes. "Il n'est pas homme à oublier une bonne action."

"Tu ne me remercies pas", dit-il avec colère, alors qu'elle se dirigeait vers le secrétaire et récupérait son chéquier. "Saisissant ! ingrat !"

"Je ne suis pas ingrate", rétorqua-t-elle en lui apportant la plume et l'encre avec le chéquier et un bloc de papier buvard pour écrire, "mais je vous remercie. Je n'ai jamais été du genre à faire des paroles en l'air."

— Bah ! les femmes sont toutes pareilles, dit-il méchamment en se redressant sur son lit et en saisissant la plume. "Va m'apporter du papier à lettres et une enveloppe."

Elle l'a fait et est revenue à son chevet au moment où il avait rédigé le chèque.

« J'ai postdaté ce chèque, dit-il astucieusement, car je ne le lui enverrai que juste avant ma mort.

« Qu'entendez-vous par postdaté ?

"C'est le douzième", répondit-il en lissant le papier à lettres, "je l'ai daté du trentième."

"Comment sais-tu que tu vas mourir alors ?"

"Je ne sais pas si je le ferai, imbécile," rétorqua-t-il avec colère, "mais je pense que oui, si je ne le fais pas, je ferai un autre chèque."

"Oui, et change d'avis."

"Non-- non --une promesse est une promesse--s'il m'aide à l'avenir, je l'aiderai maintenant--tais-toi, chat, je veux écrire."

Elle resta silencieuse, et très lentement et péniblement, le vieil homme écrivit une lettre, puis il dirigea l'enveloppe vers Reginald Blake au presbytère et y plaça la lettre et le chèque. Après avoir fait cela, il ferma la lettre et lui dit d'apporter de la cire à cacheter et son sceau.

"Pourquoi?" » demanda-t-elle en se dirigeant vers son bureau.

"Parce que je ne laisserai personne d'autre que lui voir ce que j'ai écrit - n'ayez pas peur - je ferai ce que je dis, regarde le chèque, imbécile."

Elle avait apporté une bougie au chevet du lit pour qu'il puisse faire fondre la cire du sceau, et tandis qu'il lui tendait le chèque, elle le lut dans la pénombre.

"Tout va bien," dit-elle avec un soupir de soulagement, "je vous remercie beaucoup."

"Ce n'est pas nécessaire," rétorqua-t-il cyniquement, scellant la lettre avec les armes de Garsworth . "Je le fais pour moi-même, pas pour le sien ; maintenant, mets cette lettre sur le bureau et laisse-moi te voir le faire."

Il lui remit ses clés, les apportant ainsi que la lettre au bureau, elle les déposa à l'endroit indiqué par son doigt maigre et tendu, et l'ayant fermé à clé, souffla la bougie et lui rapporta les clés.

Le Squire les plaça sous son oreiller, puis se recoucha avec un soupir d'épuisement.

"Voilà, j'ai fait ce que tu m'as demandé," dit-il d'une voix sourde, "maintenant, va-t'en. Je vais dormir un peu."

Patience rassembla soigneusement tous les vêtements autour de lui puis quitta la pièce avec un air de triomphe sur le visage.

"Maintenant, Basil Beaumont", dit-elle lorsqu'elle fut devant la porte. "Je pense que je peux me moquer de toi et de tes menaces à propos de mon fils."

CHAPITRE XXII.

FANTASMAGORIE.

Ombres de ce qui est des ombres – vivant une fois.
Maintenant, rien d'autre que des fantômes parmi un monde de fantômes.
Qui sait – nous ne pouvons que des ombres être sur terre et agir selon les réalités de l'autre vie.

Miss Cassy était très excitée par le thé de l'après-midi auquel elle avait invité Mme Larcher et le reste des détenus du presbytère. Cela faisait longtemps qu'elle n'avait pas participé à une petite fête sociale comme elle en avait l'habitude à Londres, alors elle et Una étaient déterminées à ce que ce soit un succès. Dans la vie morne et lugubre qu'ils menaient, c'était une petite excitation légère, par conséquent, c'était pour eux un événement aussi grand que le bal de la saison pour une belle de ville.

Reginald et Pumpkin se sont dirigés vers la Grange, mais Mme Larcher a été conduite en grande pompe par Dick Pemberton, qui conduisait à une telle vitesse qu'il a presque secoué la femme du vicaire jusqu'à la rendre hystérique. Par conséquent, en arrivant à destination, Mme Larcher était sévèrement sous l'emprise de « L'Affliction » et dut être immédiatement réconfortée avec du thé fort. Cecilia avait également été invitée et arriva à la Grange sous la tutelle de Miss Busky , qui fit rebondir la jeune aveugle si rapidement sur la route qu'elle entra dans le parc épuisée.

Le groupe s'est tous rassemblé dans la salle privée d'Una, où ils ont été rejoints peu de temps après par le bluff Dr Larcher et Beaumont. Jellicks , après s'être glissé avec le gâteau au thé et les muffins, a été complètement rejeté, car Mme Larcher , sous l'influence de "The Affliction", a déclaré que la vieille femme la faisait se sentir effrayante.

"Elle est tellement tortueuse, ma chère," observa-t-elle à Una, "comme un serpent de mer, tu sais, même le vicaire l'a remarquée."

" *Qui sicci oeil monstre Natantia* , rugit le vicaire en citant son poète préféré , mais, bien sûr, je parle d'elle au singulier.

"Bien sûr," dit sournoisement Dick, "elle est singulière en tout cas :"

"Tellement très étrange", rigola Miss Cassy, qui préparait le thé, "je ne parle pas de Jellicks , mais ce que vous dites - des jeux de mots, vous savez - comme quel est son nom, Byron, avait dans ses burlesques - pas le Don Juan, vous connaissez l'un, mais l'autre... si étrange, n'est-ce pas ? »

"Pas aussi étrange que Miss Cassy", murmura Dick à Reginald, mais ce dernier jeune gentleman, fiancé à Una, ne répondit pas.

"Je ne sais pas si je devrais manger des muffins", dit sombrement Mme Larcher , alors que Miss Busky sautait vers elle avec une assiette de ces produits comestibles. " Tellement beurré – rends-moi bilieux – j'ai souvent été bilieux, n'est-ce pas Eleanora Gwendoline ? "

"Oui, souvent, maman", acquiesça l'obéissante Citrouille.

« J'espère que tu vas mieux maintenant ? observa poliment Beaumont, voyant les yeux de la dame fixés sur lui.

" Ah, oui, maintenant ", soupira Mme Larcher en remuant son thé, " mais est-ce que ça durera ? La question est est-ce que ça durera ? Mon affliction est si capricieuse - je suis très faible - assez hindoue. "

"Pourquoi un hindou, ma chérie ?" demanda le vicaire, plutôt perplexe.

"Parce qu'ils sont faibles, ils meurent si vous les regardez", a expliqué Mme Larcher , "du riz bien sûr, ils en vivent et il n'y a aucune nourriture dedans."

"Au fait, Miss Challoner, comment va le Squire ?" demanda Beaumont, adossé à la cheminée, l'air un peu ennuyé.

" Il n'est pas du tout fort, " répondit Miss Cassy, prenant la remarque pour elle, " tout à fait comme une bougie, vous savez, si étrange, qui pourrait s'éteindre à tout moment, mais le Dr Nestley lui fait du bien ; mais je Je ne pense pas que le cher docteur se porte bien lui-même.

Beaumont sourit légèrement, devinant la cause du mal du docteur, et, regardant Cécile, vit que l'aveugle tremblait violemment.

"J'espère qu'il n'est pas très malade", dit-elle de sa voix basse et claire.

"Oh non, il ira bientôt mieux. Je pense que c'est du surmenage", dit Una précipitamment, soucieuse d'éviter toute discussion sur la plainte du médecin, dont elle, avec sa perspicacité féminine, devinait à moitié la cause. "Cecilia, tu veux jouer quelque chose ?"

La jeune fille aveugle acquiesça et fut conduite par Una jusqu'à la vieille épinette pittoresque qui se trouvait dans le coin. Avec de vrais sentiments d'artiste, Cécile ne jouait rien de bruyant sur cet instrument délicat, mais une vieille gavotte délicate qui sonnait faiblement et clairement comme le son d'une cloche d'argent. Toute la compagnie était charmée par la délicatesse de la musique, sauf Miss Cassy et Mme Larcher qui discutaient de tenue vestimentaire.

"J'espère que la mienne vous plaira", observa Miss Cassy en regardant la robe qu'elle portait, qui était en mousseline blanche parsemée de nœuds roses. "J'avais peur de le rendre dabby - j'ai peur de l'avoir rendu dabby - tu crois?"

Mme Larcher a regardé la production de la nature artistique de Miss Cassy d'un œil critique et a exprimé son opinion que c'était ridicule , réduisant ainsi la pauvre Miss Cassy au bord des larmes. Quand Cécile eut fini la gavotte, tout le monde la pressa de jouer autre chose.

"C'est comme une musique de fée", a déclaré Beaumont. "J'adore entendre ces vieux airs de Purcell et d'Arne joués sur un tel instrument. Cela correspond tellement à l'idée. Les paroles de "A Midsummer Night's Dream", mises sur la musique à l'ancienne et jouées sur une épinette, donnent une idée charmante de la cour d'Obéron et de Titania. »

"Et Miss Mosser joue si charmantement", dit gaiement Reginald.

"'O testudinis aureæ
Dulcem quæ strépitum Pieri détrempe,'"

» Cita le vicaire, dans sa basse roulante.

"Je préfère la douce harmonie de l'épinette à la lyre", dit Beaumont en souriant.

"Cher moi, vicaire", observa Mme Larcher avec colère. "J'aimerais que tu ne parles pas toujours latin. Personne ne le comprend."

"Ce n'est pas vraiment un compliment pour les messieurs présents, ma chère", dit le Dr Larcher de sa manière la plus majestueuse, "mais, comme le dit Horace, 'Oh, mater pulchra' ---- je vous demande pardon, je m'abstiendrai de le barde."

"Maintenant, M. Blake, je veux que vous chantiez quelque chose", dit Una en se dirigeant vers Pumpkin.

"Certainement... une vieille mélodie anglaise, je suppose, pour correspondre à l'épinette. ' Phyllida me méprise', ou 'Mistress mine, où vas-tu ?'"

— Prenons-les tous les deux, dit paresseusement Beaumont. "Il est très probable que les fantômes des vieux paroliers élisabéthains viendront écouter."

"Vous verrez un vrai fantôme sous peu", dit mystérieusement Una, alors qu'elle et Pumpkin, après une consultation chuchotée, se dirigeaient vers la porte.

"Le fantôme de qui ?" demanda Reginald, qui se tenait près de l'épinette.

"Lady Betty Modish ou Sophia Western - selon votre préférence - ville ou campagne", répondit Una en riant, puis elle disparut avec Miss Larcher .

"Qu'est ce qu'elle veut dire?" demanda le curé avec étonnement.

"Quelque chose de très étrange", dit Miss Cassy en secouant sa tête de jeune fille. "Oui, un peu comme une pièce de théâtre. L' École , comme c'est son nom. Sheridan, vous savez, plutôt adorable."

Et maintenant, Reginald se mit à chanter la vieille chanson pittoresque « Phyllida se moque de moi », tandis que Cecilia, qui connaissait la musique par cœur, jouait l'accompagnement. La nuit commençait à tomber, et la pièce était pleine d'ombres, éclairée d'une façon fantastique par l'éclat rouge du feu, qui brillait sur les cadres dorés ternis des tableaux et sur les visages sombres qui regardaient des murs. Beaumont, accoudé à la cheminée, écoutait tranquillement, tandis qu'en face de lui le curé, installé dans un grand fauteuil, croisait les jambes et rythmait la musique avec ses lunettes.

La vieille chanson sonnait si gaie et si charmante. Rien de la sentimentalité maladive des ballades de salon modernes, rien de la passion fleurie de l'école italienne, mais tout cela frais et sain, comme un vent doux soufflant librement sur une prairie anglaise blanche de pâquerettes. Reginald chanta avec charme la plainte de l'amant malheureux et finit dans un murmure sourd de satisfaction, même Mme Larcher étant contente.

"C'est si simple", dit-elle en hochant la tête. "Assez apaisant, comme un berceau. Ah, il n'y a pas de chansons d'aujourd'hui comme les anciennes."

"Ma chérie, nous avons dépassé l'âge de Corydon et Chloé", répondit le vicaire. "Virgile et Horace ne trouveraient plus d'Arcadie sur laquelle chanter maintenant."

"Eh bien, je ne suppose pas que la Rome impériale était plus arcadienne que Londres", dit paresseusement Beaumont, "mais je crains que nous ayons perdu le charme de la simplicité."

"Ah, vous n'avez jamais entendu 'Lady Bell'", dit sagement Dick.

"Non, je dois avouer mon ignorance", a répondu l'artiste. "Qui ou quoi est Lady Bell ?"

"C'est une chanson, de la simplicité, si vous voulez. Reggy l'a trouvée parmi de vieilles musiques au presbytère."

« Vraiment ? observa placidement le vicaire. " Sans doute qu'elle appartenait à mon grand-père. Je pensais que la musique était toute brûlée. *Damnosa quid non imminuit meurt ?* "

"Il a épargné cela, monsieur, en tout cas", dit gaiement Reginald. « Miss Mosser, vous pouvez jouer « Lady Bell » ?

"Oui, je le pense", répondit Cecilia, touchant une corde sensible. "Cela m'a hanté quand je l'ai entendu pour la première fois. Chantez-le maintenant, M. Blake."

Sur quoi elle joua un prélude aux accords argentés, et Reginald chanta la vieille ballade de « Lady Bell ». Comment, méprisant tous les beaux, elle donna son cœur à un simple jeune hobereau de campagne, et quitta les délices de Ranelagh pour le calme d'un village. La musique de cette histoire simple avec sa fin arcadienne était si délicate et nette.

"Ma Lady Bell en brocart d'or,
n'avait pas l'air si belle ni si habillée comme une femme de chambre
Comme lorsqu'elle portait une robe en laine de lin,
Elle a quitté par amour la ville bruyante."

Et puis la porte s'ouvrit alors que Reginald terminait la délicieuse vieille chanson, et sûrement sur le seuil se tenait milady Bell alors qu'elle apparaissait à Ranelagh, les cheveux poudrés, dans un brocart doré scintillant, avec de larges cerceaux et des patchs sur son visage archaïque, avec de délicates chaussures à talons rouges et un éventail savamment manipulé. C'était sûrement Lady Bell qui entra si majestueusement dans la pièce, dans l'éclat rouge du feu, sous la clarté mélodieuse de la gavotte jouée par Cecilia, qui, murmurée par Reginald, saisit aussitôt l'esprit de la plaisanterie. Ou peut-être qu'une des vieilles dames de Garsworth était descendue de son cadre doré et, attirée par le tintement familier de l'épinette, était venue voir quelle joyeuse compagnie était rassemblée dans le salon de chêne ; mais non, c'était à leurs yeux Lady Bell, belle et délicate comme autrefois, qui se dirigeait vers la lueur du feu en tapotant ses talons hauts et en balayant son brocart raide.

"Nous devons avoir des lumières pour voir cela", s'écria Dick en sautant de sa chaise.

"Non, non, je proteste !" dit Beaumont en levant la main. "Cela va tout gâcher. Ce n'est pas Miss Challoner, mais Lady Bell - un fantôme des jours de poudre et de patchs qui vient nous rendre visite. Elle se déplace dans des ombres mystérieuses - une lumière la fera fondre."

"Je suis trop costaud pour ça, j'en ai peur", rit Una en agitant son éventail. "Mais n'est-ce pas une charmante robe ? Je l'ai trouvée l'autre jour et j'ai pensé que je vous ferais peur à tous."

"Je ne pense pas que vous puissiez effrayer qui que ce soit", murmura Reginald, sur quoi elle lui lança un regard impertinent depuis l'ombre. La musique douce et claire se répandait toujours dans la pièce et Beaumont, de sa voix basse et langoureuse, parlait sans rien faire.

"Lady Bell, je vous admire énormément. Comment avez-vous quitté Londres et la société à la mode de Soho ? Aucun bandit ne vous a sûrement retenu sur le chemin de votre autocar et de votre six ? Et qu'en est-il de mon Lord Mohun ? Y a-t-il des nouvelles au café de Will ? -house, et les belles admirent-elles le nouvel opéra de M. Haendel ? Venez nous raconter les nouvelles.

"Il me faudrait être une gazette pour le faire."

"Et vous n'êtes pas... seulement une belle femme morte d'un passé périssé, venue nous montrer quel esprit et quelle beauté sortaient de la poudre et des patchs. Ah, ma chère Lady Bell..."

À ce moment-là, il fut interrompu, car un cri sauvage retentit dans la maison, et tous ceux qui étaient présents se levèrent d'un bond, se regardant avec une conjecture sauvage.

CHAPITRE XXIII.

LA FIN DE TOUTES CHOSES.

Nous sommes peut-être morts en naissant sur terre.
Peut-être que notre mort est une autre naissance.

Le cri fut poussé par Patience Allerby , et quand tout le monde, se remettant de sa surprise, monta à l'étage, ils la trouvèrent appuyée contre la porte de la chambre du châtelain, le visage pâle et les yeux terrifiés. Au-delà, à moitié visible dans la faible lueur des bougies qui éclairaient la pièce, gisait un objet sombre et informe sur le sol.

Il n'était pas nécessaire de raconter ce qui s'était passé, car il régnait dans l'air ce sentiment indescriptible qui annonce la présence du grand destructeur. Laissant Patience aux soins de Beaumont, auquel elle s'accrochait avec une terreur convulsive, le docteur Larcher entra avec révérence, en pensant, dans la chambre de la mort. Il se pencha vers la forme allongée si immobile sur le sol et tourna le visage vers la lumière d'une main tendre. Elle était horriblement pâle, et des lèvres minces coulait un mince filet de sang ; Cependant, le vicaire vit d'un coup d'œil que la vie restait encore, alors appelant doucement Reginald et Dick, les trois hommes soulevèrent doucement le corps et le placèrent sur le lit.

Beaumont avait réussi à apaiser un peu Patience et avait fait descendre les femmes pendant qu'il faisait appeler le médecin pour examiner le malade. Ils se rassemblèrent tous dans le salon en chêne , et des visages terrifiés et des murmures discrets remplacèrent les regards joyeux et les rires joyeux.

Attiré par le cri de la gouvernante, le Dr Nestley entra maintenant dans la pièce et commença à voir ce qu'il pouvait faire pour réanimer le châtelain. Beaumont le regarda attentivement en passant, mais, même si son visage était pâle et lourd, il restait parfaitement sobre. Il surprit l'artiste en train de le scruter , et se redressant avec un froncement de sourcils furieux, il passa devant lui sans un mot.

"Qu'y a-t-il, docteur ?" » demanda anxieusement le vicaire, lorsque le jeune homme eut terminé son interrogatoire.

"Anévrisme", répondit-il brièvement. "Le corps est complètement affaibli — il a éclaté une artère principale."

"Est-ce son cœur ?" » demanda Réginald.

"S'il avait brisé une artère à proximité du cœur, il serait mort sur le coup - même maintenant, il ne peut pas vivre très longtemps - je m'y attendais?"

"Qu'est-ce qui a provoqué la rupture ?"

« Une émotion soudaine, je présume, ou un exercice violent... voici la gouvernante qui vient ; elle nous racontera tout cela.

Patience, pâle mais posée, et répondant aux questions du médecin, raconta l'histoire suivante :

"Le châtelain dormait tranquillement dans son lit", s'écria-t-elle calmement, "et je me suis endormie dans la chaise à côté du lit. Il a dû se lever et aller à son bureau, car j'ai été réveillée par une chute et j'ai vu " Il était allongé sur le sol. J'ai été si surpris que j'ai crié et tu es apparu - je ne sais plus rien. "

Grâce aux remèdes que le docteur Nestley appliquait, le malade revint à la vie et gémit faiblement. Peu de temps après, ouvrant les yeux, il regarda follement les silhouettes entourant son lit et essaya de parler, mais semblait incapable d'émettre le moindre son autre qu'un murmure indistinct.

Le docteur Larcher s'approcha du lit et, se penchant, il parla distinctement et lentement au mourant.

"Vous êtes très malade", dit-il d'une voix compatissante. "J'espère que vous avez fait la paix avec le ciel."

Au prix d'un effort surhumain , Garsworth se souleva sur son coude et, tendant la main, lui montra le bureau.

"Là-dedans," haleta-t-il. "Blake... là."

L'effort était trop pour lui, car avec un cri étouffé, il tomba cadavre sur le lit.

Nestley , se levant, se pencha sur le lit et déchirant la chemise du châtelain, posa la main sur son cœur : il avait cessé de battre.

"Il est mort", dit-il froidement et professionnellement, "c'est ce dernier effort qui l'a tué."

"Mort!" » fit écho Patience, qui était appuyée contre les rideaux, les yeux fixes et le visage blanc et terrifié.

"Oui, mort", répéta gravement le Dr Larcher . "Nous ne pouvons rien faire de bon maintenant", et suivi de Reginald et Dick, il quitta la pièce, se demandant dans son propre cœur ce que le vieil homme avait voulu dire en désignant le bureau tout en prononçant le nom de Blake.

La triste nouvelle fut transmise aux femmes terrifiées du rez-de-chaussée, et peu de temps après tout le monde partit, laissant les habitants de la Grange seuls avec son maître décédé. Una et Miss Cassy, stupéfaites par la soudaineté de l'événement, se retirèrent tôt pour se coucher, et Jellicks , avec l'aide de Patience, déposa le cadavre sur le lit, prêt pour l'entrepreneur de pompes funèbres. Nestley alla dans sa propre chambre et se réconforta avec du cognac ; Patience resta à côté du cadavre pour le surveiller pendant la nuit, et au-dessus de toute la maison planait une ombre de peur et d'effroi qui envahissait l'endroit d'une terreur effrayante.

Et ce qui abritait autrefois l'âme de Randal Garsworth gisait sur le lit sous le baldaquin lourdement drapé – une forme encore au visage blanc avec les mains mortes croisées sur la poitrine morte et sur les lèvres blanches un terrible sourire. Des bougies brûlaient de chaque côté du corps avec une lumière maladive, et une femme, le visage enfoui dans ses mains, s'agenouillait, priant pour l'âme du mort.

" Oh Dieu qui es le Juge de tous, aie pitié de l'âme de ce misérable homme . "

Pas un souffle d'air dans l'immensité de la pièce, pas de bruit, pas d'éclat de lumière, seulement la pâle lueur des bougies creusant un gouffre de lumière lumineuse dans la sombre obscurité de la nuit maussade.

" Oh Dieu qui es tout-puissant et juste, que l'âme de cet homme ne souffre pas pour les péchés de sa vie, car l'esprit qui aurait dû gouverner l'âme était une épave et incapable de gouverner ainsi ."

N'y avait-il pas un ricanement sur les traits immobiles du mort à cette prière pour sa vie inutile et mal dépensée - lui qui méprisait la prière et considérait seulement son âme comme utile pour habiter un nouveau corps afin qu'il puisse en faire un instrument en pour profiter des choses sensuelles de cette terre.

Minuit, et le vent se lève – d'une voix plaintive, il balaie les arbres sans feuilles et siffle à travers les fentes et les recoins de la vieille maison, faisant vaciller et flamboyer la faible lumière des bougies dans l'obscurité dense. Aucune prière ne sort désormais des lèvres minces de l'observateur, car une pensée soudaine lui traverse l'esprit.

" La lettre pour mon fils, je dois la récupérer au bureau . "

Elle se lève doucement de ses genoux, et, mettant sa main sous l'oreiller sur lequel repose la tête du cadavre, en retire les clefs du mort, retenant son souffle, craignant qu'il ne se lève et ne pose sur elle des mains froides. Les touches tintent musicalement dans le silence, puis d'un pas furtif et au son de sa robe ample, elle se dirige vers le bureau, déterminée à obtenir la lettre écrite par le châtelain à Reginald Blake.

Les minutes passent lentement, et le vent se lève toujours ; maintenant hurlant furieusement autour de la maison, secouant les volets et battant les rideaux comme s'il était courroucé d'être témoin du vol sacrilège qu'il est impuissant à empêcher.

La lettre à la main, la femme qui a commis ce crime contre les morts pour le bien de son fils, traverse doucement la chambre vers le lit, remet les clés à leur ancienne place sous l'oreiller et glisse la lettre dans son sein. , retombe à genoux, les yeux pleins de larmes et les mains tendues.

" Dieu ! Dieu ! si j'ai péché en cela, je demande pardon, c'est pour l'amour de mon fils, oh mon Dieu, pas pour le mien . "

Avec crainte, elle regarde le visage figé, froid et immobile dans la lueur scintillante des bougies ; les morts n'ont pas vu, les morts n'ont pas entendu - son crime est inconnu de quiconque sur terre, mais involontairement elle lève les yeux vers le haut comme si elle redoutait de voir l'œil qui voit tout de Dieu brûler d'une manière menaçante à travers l'obscurité. Puis, avec effort, elle se remet à la prière.

" Oh mon Dieu, pardonne-moi mes péchés et pardonne ceux de cette pauvre âme qui vient de se présenter en ta présence . "

Un pécheur fraîchement sorti d'un crime priant pour l'âme d'un autre pécheur.

Oh, l'ironie, l'ironie de la prière.

CHAPITRE XXIV.

M. BEAUMONT GAGNE SON CAS.

En vérité, il avait une langue argentée
dont les accents doux et persuasifs sonnaient

Comme de la musique à son oreille ;

Malgré sa peur, malgré sa haine.
Elle l'a toujours laissé diriger son destin et changer son cœur de joie exaltée

À celui qui souffrait de peur.

Les ombres de la solitude et de la tristesse avaient toujours plané comme des nuages de mauvais augure sur Garsworth Grange, mais maintenant les ombres étaient approfondies par la présence de la mort. À l'atmosphère sinistre de la vieille maison s'était ajouté un nouvel élément de peur, et chaque pièce solitaire, chaque coin sombre et chaque couloir résonnant semblait être rempli d'un étrange sentiment de surnaturel. Les Jellicks et les Munks n'étaient en aucun cas des gens imaginatifs, mais même eux ressentaient l'influence du sortilège d'horreur qui semblait planer sur le manoir solitaire, et conversaient ensemble à voix basse avec des regards furtifs autour comme s'ils s'attendaient à une multitude de gobelins et de monstres. les esprits à sortir des ombres maussades. Miss Cassy et Una restaient toutes deux dans leurs chambres, essayant mutuellement de se réconforter, et la seule personne qui semblait bouger était Patience Allerby , qui se glissait à travers les pièces nues et les passages sombres comme un fantôme inquiet. Et elle ressemblait assez à un fantôme avec son visage hagard, ses yeux brûlants et sa silhouette mince, portant avec elle le papier qu'elle avait volé dans le caractère sacré de la chambre du mort, le papier qui caché dans son sein semblait à son imagination excitée avoir un froid glacial, comme si son propriétaire décédé l'avait saisi de sa main froide pour le sortir de sa cachette. Il est vrai que le journal profiterait à son fils, et c'était légalement le sien, mais le souvenir de ce vol furtif dans la nuit noire, tandis que le cadavre gisait raide sur le lit, semblait hanter son âme consciente comme un crime.

Et au milieu de toute cette horreur et de cette tristesse qui entourait les lieux, le mort gisait dans son cercueil, dans la chambre lugubre qu'il avait occupée durant sa vie. Aucune fleur n'a été déposée sur le lit ou sur le cercueil, aucun parent n'a pleuré sur le visage blanc et figé pour fondre son apathie glacée avec des larmes chaudes, aucune voix de lamentation n'a été entendue déplorant le sort d'un homme bon ; Seul dans la mort comme il l'avait été dans la vie, Randal Garsworth , qui avait sacrifié les plaisirs de cette terre à une illusion, gisait sans amour et sans soins dans la pièce silencieuse comme s'il gisait depuis des générations dans le caveau de ses ancêtres.

Parfois, lorsque Munks ou Jellicks s'étaient relayés pour surveiller le corps, Patience venait un moment et, s'agenouillant, priait pour l'âme du mort ; mais le regard ricanant sur le visage immobile semblait se moquer de ses prières et elle s'enfuit avec horreur devant les pensées que provoquait ce sourire moqueur.

Le surlendemain après la mort du châtelain, un visiteur vint voir Patience, qu'elle attendait à moitié, et la gouvernante ne fut pas du tout étonnée d'apercevoir Beaumont debout à la porte de sa chambre, vers quatre heures du matin. après-midi.

"Pourquoi t'es venus ici?" » demanda-t-elle à moitié en colère, à moitié effrayée.

"Parce que je veux vous parler", répondit Beaumont en fermant tranquillement la porte et en s'asseyant. "Je sais que ce n'est pas vraiment une bonne chose de rendre visite si peu de temps après un décès, mais Miss Challoner et sa tante sont, je crois, enfermées dans leurs chambres. Munks et ce serpent que vous appelez Jellicks sont en sécurité dans la cuisine, alors je suis venu. Je suis venu au fond de la maison, tout à fait inaperçu, pour vous voir.

"Qu'en est-il de?" » demanda-t-elle d'un ton ferme.

"Je pense que vous pouvez très bien deviner," répondit-il froidement, "à propos de la conversation que j'ai eue avec vous l'autre jour, je veux votre réponse."

"La réponse est non."

"Est-ce vraiment le cas... ah ! nous ferions mieux d'en discuter un moment. Je peux vous persuader de changer d'avis."

"Tu ne feras jamais ça", dit-elle avec une sorte de triomphe sombre, "jamais".

"En effet, nous verrons", rétorqua-t-il calmement ; "Au fait, j'espère que cela ne vous dérange pas que je fume, mais il fait tellement frissonner dans cette tombe de maison que ça me donne la chair de poule."

"Tu peux fumer", dit-elle sèchement.

"Merci, vous savez que j'aime le confort de ma créature."

Il s'est roulé une cigarette, l'a allumée, puis a soufflé un mince nuage de fumée bleue, a croisé les jambes et l'a regardée avec complaisance.

" Alors tu dis non ? " observa-t-il avec un sourire. « Bien sûr que tu connais les conséquences ?

"Je fais."

"Et vous êtes prêt à les respecter ?"

"Je suis."

« Noble mère ! Puis-je vous demander vos raisons ?

"Oui, et je vais vous dire mes raisons", dit-elle délibérément. "J'avais à moitié l'intention d'accepter votre projet l'autre jour, car je pensais que cela profiterait à mon fils, mais maintenant j'ai trouvé un moyen de lui en profiter sans participer à votre méchanceté."

— Vous en avez deux, dit Beaumont avec curiosité. "Comme tu es intelligent, viens me raconter tout ça."

Elle sourit froidement de son inquiétude évidente et continua à parler calmement avec une certaine satisfaction maligne qui n'était en aucun cas acceptable pour M. Beaumont.

"J'ai demandé au châtelain avant sa mort d'aider Reginald Blake, lui disant que j'étais l'infirmière du garçon et que j'avais hâte de le voir s'installer dans la vie. Il a d'abord refusé mais en travaillant sur son illusion sur la réincarnation, je l'ai amené à donner à Reginald un vérifiez cent livres.

"Oh, et tu penses que Reginald préférerait cent livres à dix mille par an ?" dit-il avec un regard laid.

"Reginald n'en sait rien; le châtelain a signé le chèque et a écrit une lettre, les a mis tous deux dans une enveloppe et l'a scellée avec ses bras, puis moi, selon ses instructions, je l'ai enfermé dans son bureau."

"Où est-il encore ?"

"Non, je l'ai. Je l'ai ici", dit-elle en sortant la lettre de son sein et en la lui tendant.

"Comment l'as-tu obtenu?" » demanda-t-il astucieusement.

"J'ai observé le corps la première nuit après la mort, et me rappelant où il avait mis la lettre, j'ai pris ses clés sous son oreiller et je les ai obtenues, puis j'ai fermé le bureau à clé et remis les clés."

"Ah, peut-être que tu ne sais pas que tu es coupable d'un crime ?"

"Je m'en fiche", rétorqua-t-elle avec défi. "Tu ne le diras pas ?"

"N'est-ce pas ? ça dépend ; en tout cas, j'aimerais regarder cette lettre", dit-il en tendant la main.

Elle rangea rapidement la lettre derrière son dos.

"Non, tu ne le verras pas."

"Pourquoi pas ?"

"Parce que je ne te fais pas confiance."

"Très bien", dit-il délibérément, "si vous ne me laissez pas voir le contenu de la lettre, j'irai directement voir les avocats à leur arrivée et je leur dirai que vous l'avez volée."

"Tu ne serais pas un tel méchant ?" elle a pleuré de désespoir.

"Je ne vois pas pourquoi je ne devrais pas - vous m'avez toujours pensé mauvais, alors pourquoi devrais-je démentir votre évaluation de mon caractère en me montrant bon ? - venez, choisissez - la lettre ou l'exposition. !"

Patience le regarda avec désespoir, car elle savait par son aveu fatal qu'elle était en son pouvoir ; alors, avec un geste soudain de colère, elle lui tendit la lettre.

"Prends-le."

Beaumont rit doucement et prit délicatement la lettre entre le pouce et l'index.

"Je pensais que tu le saurais," dit-il d'un ton ricanant. "Maintenant, donne-moi du feu."

"Pour faire quoi ?"

"Faites fondre la cire. Je veux voir ce qu'il y a à l'intérieur de cette enveloppe."

"Mais vous ne devez pas faire ça - c'est scellé avec les armes Garsworth - les avocats ne paieront pas le chèque s'ils découvrent que le sceau a été falsifié."

"Je peux le refermer avec les Garsworth Arms," répondit-il froidement, "ne vous inquiétez pas. Je sais de quoi je parle."

Elle le regarda d'un air indécis, puis, reconnaissant apparemment la futilité de la résistance, elle alluma une bougie et la lui apporta.

Avec une dextérité acquise seulement par une longue pratique, M. Beaumont fit adroitement fondre la cire du sceau et ouvrit rapidement la lettre. Il sortit d'abord le court billet, écrit par le Squire, qu'il lut à haute voix à Patience, dont le contenu était le suivant :

"Aussi fou que jamais, je vois", dit Beaumont avec un ricanement en posant le billet. "Maintenant, le chèque."

Il y jeta un rapide coup d'œil – et vit qu'il s'agissait d'un montant de cent livres, payable à Reginald Blake et daté du 30 du mois – après quoi il siffla doucement.

"Quel est le problème?" » demanda rapidement Patience.

"Aujourd'hui, je crois, c'est le quatorzième ?"

"Oui, je sais ce que vous allez dire, le chèque est daté du trentième, je comprends cela."

— Oui, et vous comprenez sans doute que le Squire est mort le 12 et que ce chèque est du vieux papier ?

"Vieux papiers ?"

"Exactement – il est daté d'après la mort du Squire, donc à toutes fins utiles, le Squire n'existait pas légalement lorsqu'il l'a signé."

"Quelle absurdité!" dit-elle avec impatience. "Je l'ai vu le signer moi-même."

" Bien sûr que tu l'as fait," répondit-il doucement. " Vous ne semblez pas me comprendre... un chèque est généralement censé être signé le jour où il est daté ; et comme celui-ci est daté du trentième et que le Squire est décédé le douzième... eh bien, c'est tellement du gaspillage. papier."

"Les avocats le paieront lorsque j'expliquerai les circonstances."

" Les avocats n'y sont pour rien ; les exécuteurs testamentaires pourraient certes y reconnaître une réclamation contre la succession, mais c'est tout à fait facultatif chez eux ; si vous intentiez une action, vous seriez sans doute recouvré sur le chèque. , mais je crains que les frais n'engloutissent le montant réclamé."

C'est pour l'amener à consentir à son projet que Beaumont raisonnait ainsi d'une manière si subtile, et il réussit certainement dans son projet ; car, en lui enlevant sa dernière chance, il la réduisit au désespoir.

"Alors je ne peux rien faire pour aider mon fils ?" s'écria-t-elle avec une terrible expression d'angoisse sur le visage.

"Oui, vous pouvez… aidez-moi à récupérer la propriété de Reginald."

"Je crains."

"Peur de quoi?" demanda-t-il avec un mépris suprême, "la loi ?"

" Non ! Je n'ai pas peur de la loi, mais j'ai peur de la malédiction que cet argent sera pour Reginald, s'il est obtenu illégalement. "

"Oh, si c'est toute votre objection, je pense que vous pouvez vous rassurer", répondit l'artiste avec un ricanement. "Je l'aiderai à dépenser cet argent et à prendre ma part de la malédiction. Ne dites pas de bêtises - en mettant Reginald en possession de dix mille dollars par an, vous ne ferez de mal à personne - l'argent qui devrait légitimement devenir La famille d'Una Challoner deviendra toujours la sienne par mariage, et deux personnes seront rendues heureuses. Si vous ne m'aidez pas, je raconterai à Reginald sa naissance et il restera un pauvre. Si vous m'aidez, il le fera. conservez tout ; si vous refusez, il perdra tout. »

"Je ne vois pas quelle chance j'ai contre toi", s'écria-t-elle désespérée.

"Moi non plus!"

"Espèce de méchant !" dit-elle furieusement. "Pourquoi viens-tu me tenter de pécher comme ça?"

"Je ne vous tente pas de pécher, je ne vous le dis pas, cela ne fera de mal à personne. Venez, donnez-moi votre réponse, oui ou non ?"

"Oui," dit-elle faiblement, "je suis d'accord."

"Vous direz que Reginald est le fils de Fanny Blake et du Squire ?"

"Je le ferai... pour lui."

"Je m'en fiche pour le bien de qui vous le faites", rétorqua-t-il brutalement en se levant. "Vous avez accepté de m'aider, donc c'est tout ce qui m'importe – maintenant je vais récupérer les papiers."

"Où sont-elles?"

"C'est mon affaire", dit Beaumont en se dirigeant froidement vers la porte. "Je vais rassembler les preuves nécessaires, tout ce que vous avez à faire est de raconter une histoire cohérente, je vais vous l'instruire. À propos, vous êtes bien sûr qu'Una Challoner, et cette idiote de tante, sont à l'écart ? »

"Bien sûr, ils sont dans le salon en chêne ."

"Aucune chance qu'ils sortent ?"

"Aucun."

"Très bien, alors je pourrai obtenir ce que je veux, sans soupçon. Avez-vous les clés du bureau du Squire ?"

"Non, le Dr Nestley les a sortis hier de la pièce pour les donner à Miss Una."

"C'est fou, est-ce qu'il l'a fait ?"

"Je ne sais pas."

«C'est une nuisance», dit Beaumont réfléchilement; "Je veux mettre les papiers dans le bureau du châtelain et les mettre sous clé afin qu'ils puissent y être trouvés d'une manière naturelle. Il faut que je récupère ces clés. Humph! peu importe, je trouverai un plan; quand est-ce que le les avocats arrivent ? »

"Demain après-midi."

"Eh bien, je vais ranger les papiers ce soir et vous les apporterai demain matin ; il faut les mettre secrètement dans le bureau. Maintenant, au revoir pour le moment, et sachez que j'ai votre promesse."

Patience hocha la tête en silence et se détourna avec un visage calme mais déterminé, tandis que Beaumont s'éloignait pour mettre à exécution les détails de son infâme plan.

« J'ai fait tout ce que j'ai pu pour résister à la tentation, se dit-elle amèrement, je ne peux plus faire. Si je pèche, c'est pour le bien de mon fils, pas pour le mien.

CHAPITRE XXV

UN ARRANGEMENT Adroit.

L'attention portée aux détails forme un tout parfait.

Lorsque M. Beaumont arriva à « La Maison du Bien-Vivre » vers six heures, il proposa d'abord de dîner, puis d'y passer une bonne nuit de travail pour arranger tous les détails de son plan visant à placer Reginald Blake dans la maison. la possession du domaine Garsworth .

Bien qu'il ait dit à Patience qu'il ne confierait pas Reginald afin d'épargner la nature morale du jeune homme, ce n'était pas la vraie raison, car, en premier lieu, il avait peur, d'après ce qu'il avait vu de son fils, que le jeune homme ne consentirait pas à être partie à l'escroquerie, et, dans la seconde, il souhaitait garder pour lui les véritables faits de l'affaire, de peur que Reginald ne se révèle difficile à traiter, auquel cas, en menaçant de le déposséder de son domaine, il pouvait garder la main ferme sur la victime inconsciente de son stratagème. Ainsi, par un peu de mensonge adroit, il bénéficia de deux manières, paraissant bienveillant aux yeux de Patience, et gardant pourtant son propre secret comme une arme utile en cas de besoin.

Dès qu'il découvrit le secret du châtelain, il prévoyait qu'il lui faudrait imiter la calligraphie du vieil homme pour remplir les espaces vides du document adressé par Garsworth à son supposé fils, et donc, ayant obtenu un spécimen du mort il pratiquait assidûment l'écriture humaine , afin de commettre le faux avec le plus d'adresse possible. C'était pour lui une affaire relativement facile, car il avait un joli talent pour imiter l'écriture manuscrite, qu'il avait exercé auparavant, mais qui n'était en aucune façon susceptible de le mettre en contact avec la loi. Heureusement, il n'avait à signer aucun nom, puisque le châtelain avait déjà attesté sa signature sur le papier, et il lui suffisait de remplir les espaces laissés dans le corps de la lettre. Il n'était évidemment pas écrit depuis très longtemps et, l'encre n'ayant pas pâli, il n'eut besoin de faire aucune préparation pour imiter la couleur , mais simplement de laisser les mots qu'il insérait devenir noirs comme le reste du contenu du document.

Il avait donc l'intention de remplir les blancs avec les détails nécessaires, de refermer l'enveloppe adressée par le châtelain à Reginald Blake et qui avait contenu le chèque, avec la bague en sa possession, puis, après avoir placé la lettre et la bague à l'intérieur l'enveloppe, refermez-la de manière à écarter tout soupçon.

A cet effet, il s'enferma dans sa chambre, après avoir fini son dîner, et étala devant lui le document qu'il avait retiré de sa cachette dans la salle de bal. La lettre adressée par le vieillard à son supposé fils était la suivante :

" MON CHER FILS ,

" *Vous serez sans doute surpris de recevoir une lettre de ma part, mais j'ai le plus fort droit de vous écrire, puisque je suis votre père. Je sais que vous avez l'impression que vous avez déjà un père et une mère : mais ce ne sont pas vos vrais parents. Moi, Randal Garsworth , je suis votre vrai père, et   de   était ta mère et tu es née à   Votre véritable filiation a été cachée pour mes propres raisons. Je fais maintenant la seule réparation qui est en mon pouvoir, c'est de vous mettre en possession de mes biens ; car, bien que tu ne sois pas mon fils légitime, tu es certainement mon héritier légitime. Prenez cette lettre et l'anneau de sceau ci-joint (portant mon écusson), qui se trouveront parmi mes papiers après mon décès, et voyez mes avocats, MM. Binks & Bolby , de Glutcher's Lane dans la ville de Londres, et ils seront suffisant pour prouver votre identité en tant que mon fils. J'ai fait mon testament en votre faveur , disant que vous présenterez la bague et cette lettre comme preuve de votre identité. Le testament est bien entendu en possession de mes avocats comme mentionné ci-dessus, et j'espère que vous exécuterez les instructions concernant les legs, etc., mentionnées dans ledit testament. Comme nous avons été étrangers, ce serait une folie de ma part d'exprimer un quelconque regret, et tout ce que je peux dire, c'est que j'espère que le montant de la succession que je vous laisse compensera la tache morale de votre nom .*

" *Je reste ,*

" *Votre père affectueux ,*

" RANDAL GARSWORTH ."

Après avoir lu ce document extraordinaire, Beaumont le déposa et rit de bon cœur. Bien sûr, Garsworth était complètement fou, donc sa folie était excusable ; mais le fait qu'il ait pensé à revendiquer sa propriété sur la base de preuves aussi fragiles était en réalité la preuve la plus solide de sa folie.

"Heureusement", observa M. Beaumont, "je peux fournir tous les chaînons manquants en faisant appel à Patience pour prouver la naissance de Reginald comme l'enfant de Fanny Blake à Londres, expliquer l'absence d'actes d'enregistrement et de baptême, et donner une explication bien plus détaillée. lieu de naissance définitif que celui qu'il était susceptible de donner.

Il se mit alors à son travail et, après s'être exercé aux noms qu'il voulait inscrire sur des vieux papiers, il les inséra dans le document original, la clause qui lui donnait tout l'ouvrage se lisant ainsi :

" Moi, Randal Garsworth , je suis votre vrai père, et Fanny Blake, de Garsworth , était votre mère, et vous êtes née à Chelsea, Londres ."

Après avoir terminé cela avec d'infinies peines, M. Beaumont regarda son ouvrage d'une manière très complaisante.

« Quand cette encre sera sèche, dit-il pensivement, elle deviendra aussi noire que le reste de l'écriture. J'attendrai demain matin avant de la mettre dans l'enveloppe, histoire de voir à quoi ressemblent les noms. à la lumière du jour."

Il prit la lettre écrite par le châtelain à Reginald ainsi que le chèque, et les plaça soigneusement dans un compartiment de son portefeuille, puis il plaça l'enveloppe, le sceau et le document original, grands ouverts, dans un petit boîte d'expédition , afin que l'encre sèche correctement. Après avoir verrouillé la boîte, il mit la clé dans sa poche, alluma une cigarette et réfléchit à sa prochaine action.

« Il faut que je fasse enfermer la lettre dans le bureau du châtelain », se dit-il. "Mais comment ? Il est très probable que Nestley ait donné les clés à Una Challoner, alors il n'y aura aucune chance. Si je ne parviens pas à obtenir les clés pour le verrouiller, je le glisserai demain parmi des papiers volants dans le bureau. - mais il aurait l'air mieux fermé à clé. Je pense que je vais me rendre à la Grange et découvrir si Nestley a encore les clés.

En descendant les escaliers, cependant, il découvrit qu'il n'avait pas besoin de marcher jusqu'à la Grange, car il trouva Nestley assis dans le salon , apparemment de très mauvaise humeur, buvant du whisky chaud et de l'eau. Lorsqu'il aperçut Beaumont, son visage rougit et il détourna le regard, car le malheureux, ayant perdu tout amour-propre, sentait vivement sa dégradation morale. Beaumont feignit cependant de ne pas s'apercevoir de son geste, mais s'avançant vers lui, lui serra chaleureusement la main et s'enquit de sa santé de la manière la plus amicale possible. Nestley fut d'abord froid et bref dans ses réponses, mais sous la chaleur tranquille des manières fascinantes de Beaumont, il commença à parler plus amicalement.

"Excusez-moi de boire ce whisky chaud. Il fait très froid ce soir," dit-il d'un ton dépréciant, "et j'ai fait une longue marche depuis la Grange."

"Oui, et vous aurez froid en rentrant", dit Beaumont d'un ton sympathique.

"Je n'y retournerai pas", répondit tristement Nestley en regardant la table.

"Je n'y retournerai pas", a fait écho l'artiste; "pourquoi pas?"

" J'ai fini mes affaires à la Grange, et cela ne sert à rien d'y rester ; d'ailleurs, Miss Challoner me déteste tellement qu'il m'était pénible de vivre dans la même maison qu'elle. "

"Comment sais-tu qu'elle ne t'aime pas ?"

" Cela se voit facilement ; ses manières sont tout à fait suffisantes ; d'ailleurs, en me persuadant de céder à nouveau à cela, " ajouta-t-il avec véhémence en touchant son verre, " vous m'avez fait perdre tout espoir et tout amour-propre ; toute personne qui me regarde et semble plaindre ma chute.

"Eh bien, arrête de boire."

"A quoi ça sert?" dit Nestley désespéré. "Je l'ai laissé de côté pendant cinq ans, mais ma nature est telle que j'ai cédé à vos convictions, et maintenant elle a de nouveau complètement pris possession de moi."

"Vous semblez déterminé à me considérer comme votre mauvais génie", dit délibérément l'artiste. "Pourquoi, je ne sais pas. Je vous ai proposé un peu de vin ce soir-là, pour vous remonter le moral, c'est tout."

"Tout ! et bien assez aussi. Vous saviez qu'autrefois, quand je prenais un verre, cela signifiait plus."

"Je ne suis pas responsable de ta faiblesse."

"Sans aucun doute, mais connaissant cette faiblesse, vous auriez pu me laisser tranquille."

"Eh bien, eh bien," dit Beaumont avec impatience, "mon dos est assez large pour supporter tes péchés aussi bien que les miens. Que vas-tu faire maintenant ?"

"Restez ici deux ou trois jours, puis partez", répondit Nestley . "J'ai tout risqué sur le sort - et j'ai perdu, alors je retourne dans ma propre ville et je vis le reste de ma vie du mieux que je peux."

"Avez-vous dit au revoir à Miss Challoner ?"

"Non, et je n'en ai pas l'intention ; elle connaît ma dégradation. Je peux le voir dans ses yeux, dans ses manières, dans la façon dont elle se recule devant moi. J'ai perdu la meilleure partie de moi-même : mon amour-propre."

Beaumont était dur et insensible en général, mais il ne pouvait s'empêcher d'éprouver un pincement de pitié pour la misère abjecte de l'homme qu'il avait abaissé si bas.

"Viens, viens, Nestley ," dit-il joyeusement en tapotant le dos du médecin, "Je suis vraiment désolé de t'avoir persuadé de toucher au vin, mais tu ferais mieux de quitter cet endroit immédiatement. Quand tu seras de retour , dans votre propre maison, vous reprendrez votre ancienne vie de tempérance et de dur labeur.

"Il est trop tard, le mal est fait."

"C'est nul ! il n'est jamais trop tard pour réparer ; quittez Garsworth sans tarder."

"Et laissez-vous faire l'amour avec Miss Challoner !"

« Moi, » dit Beaumont avec un sourire énigmatique, « c'est absurde… j'ai dépassé l'âge de l'amour… vous pouvez vous rassurer sur ce point ; mais, comme je verrai probablement Miss Challoner, dois-je vous faire plaisir ? adieux à elle ? »

"Si vous voulez," répondit sombrement Nestley , "et donnez-lui ces clés, elles appartenaient au Squire, et j'ai oublié de les lui remettre."

C'était là une merveilleuse chance ; les clés mêmes qu'il cherchait lui furent remises entre les mains sans aucune difficulté. Beaumont ne croyait pas à l'astrologie, mais il devait sûrement penser à ce moment-là que sa bonne étoile était ascendante. Cependant, avec sa ruse habituelle, il réprima toute manifestation extérieure de joie et prit les clés des mains de Nestley avec un sourire acquiesçant.

"Je n'oublierai pas", dit-il calmement en les glissant dans sa poche, "et vous suivrez mon conseil pour quitter le village."

"Pourquoi es-tu si impatient que je parte ?" » demanda Nestley avec méfiance.

"Pour votre propre bien."

— Et pour vos propres fins aussi, je n'en doute pas, rétorqua amèrement le docteur. "Tu n'as jamais rien fait de ta vie sans motif."

"Très bien", dit Beaumont en se dirigeant vers la porte, "si vous ne décidez pas de suivre mon conseil, restez ici et buvez-vous jusqu'à la mort, comme vous le ferez sûrement... faites-vous plaisir, mon ami."

"S'il vous plaît, moi-même", répéta Nestley lorsque la porte se ferma sur Beaumont. " J'ai l'intention de le faire, Basil Beaumont. Vous avez un plan à exécuter, sinon vous ne resteriez pas aussi tranquillement dans ce ennuyeux village. Je resterai donc et verrai le match se dérouler ; et, si je peux vous contrecarrer, Je le ferai, ne serait-ce que pour te punir du mal que tu m'as fait.

CHAPITRE XXVI.

UNA FAIT UNE CONFESSION.

Il est peut-être pauvre et tout à fait inconnu,

En rang, il peut y avoir des hommes au-dessus de lui ;

Mais mon cœur ne bat que pour lui,

Vous demandez la raison ; ça... je l'aime !

Le lendemain matin, Beaumont examina le document important, sur lequel dépendait le sort de son projet, afin de voir à la lumière du jour si un examen attentif révélerait à un degré palpable ses altérations. Selon ses attentes, cela semblait éminemment satisfaisant, car les mots qu'il avait insérés étaient devenus tout à fait noirs et avaient pris la teinte ébène du reste de l'écriture, de sorte que pour un observateur ordinaire, le document tout entier semblait avoir été écrit par une seule personne. Il est vrai que s'il était soumis à des experts devant un tribunal, le faux pourrait être découvert ; mais Beaumont était tout à fait convaincu que le journal n'aurait jamais à résister à une telle épreuve. Les instructions contenues dans le testament, la production du papier et de la bague de sceau qui y sont mentionnés, ainsi que le témoignage de Patience Allerby quant à la naissance de Reginald, constitueraient une preuve assez solide pour le mettre en possession de la propriété, même si Una devait le faire. contester l'affaire, ce qu'il savait qu'elle ne le ferait pas lorsqu'elle découvrait que l'héritier qui l'avait évincée de sa position légitime était Reginald Blake.

Etant donc parfaitement satisfait, M. Beaumont prit l'enveloppe adressée par le Squire à Reginald Blake, au Presbytère, et après avoir placé de la nouvelle cire sur le pli de fermeture, il la tamponna aux armes de Garsworth au moyen de l'anneau de sceau. Puis, plaçant à l'intérieur le document qu'il avait si soigneusement préparé avec l'anneau, il fit fondre la partie inférieure de la cire jusqu'à ce qu'elle devienne molle et ferma fermement la lettre afin que personne, à son apparence, ne puisse détecter la fraude.

Ceci fait, il plaça la lettre importante, ainsi que les clés que lui avait données Nestley , dans la poche de son pectoral, et partit gaiement vers la Grange, afin de la placer là où elle pourrait être facilement trouvée.

Il avait inventé une explication triviale à donner à Una et Miss Cassy s'il les rencontrait avant de mettre à exécution son plan, et, bien sûr, après l'avoir fait, la mission de remettre les clés à Una serait une excuse suffisante pour son intrusion dans leur maison. chagrin. Le destin, cependant, a résisté à son ami, car en contournant une porte latérale, il a pu entrer dans la maison et se rendre dans la chambre de la gouvernante, sans que personne ne le voie, à l'exception de Jellicks , qui l'a admis.

Patience, pâle et épuisée, se leva pour le recevoir, et il redoutait presque de la regarder de peur qu'elle n'ait changé d'avis. Sa première remarque le rassura cependant aussitôt.

"As-tu tout arrangé ?" » demanda-t-elle avec impatience.

"Oui ! Voici le précieux document," répondit-il en sortant l'enveloppe, "et voici les clés du bureau du Squire."

"Où les as tu eu?"

" De Nestley ; il me les a donnés pour que je les rende à Miss Challoner, comme j'ai l'intention de le faire après avoir placé cette lettre dans le bureau du Squire. Il n'y a pas de temps à perdre, Patience ; emmenez-moi immédiatement dans la chambre. "

"Attends un instant," répondit-elle prudemment, devenant un peu plus pâle. "Je ferais mieux d'aller d'abord voir que Miss Cassy et Miss Una sont en sécurité dans le salon en chêne . Attendez ici."

Elle sortit de la pièce comme un fantôme et, après une absence de dix minutes, revint à Beaumont avec une expression plus posée sur le visage.

"Ils sont au petit-déjeuner", dit-elle à voix basse, "aucune chance d'être dérangés par eux. Venez, mais ne faites pas de bruit. Chaque son résonne dans ce vieil endroit."

Silencieusement et furtivement , ils se faufilèrent dans les passages sombres qui, à cause de la lumière filtrant à travers les fenêtres crasseuses, avaient un aspect sombre. Doucement sur le trottoir résonnant de la salle sombre, en haut du large escalier avec les vieux Garsworth qui fronçaient les sourcils depuis les murs, comme s'ils connaissaient leur mauvaise mission, le long de la longueur froide du couloir supérieur, puis le lent tour de clé. dans la serrure, la douce ouverture de la porte, et ils se trouvèrent en présence des morts.

Si immobile, si solitaire, si froid, avec les lourds rideaux tirés sur les larges fenêtres, ne laissant passer que de faibles traînées de lumière qui se faufilaient blanchement à travers l'atmosphère pesante de la pièce. Sur le lit se trouvait le cercueil noir dans lequel le mort était déposé. De chaque côté, de hautes bougies brûlaient d'une lumière maladive, et les lourdes draperies du lit pendaient immobiles, comme figées d'horreur. Dans les ombres sombres du fond de la pièce, où la faible lumière du jour et la faible lueur des bougies produisaient un crépuscule surnaturel, se trouvait le bureau, et Beaumont s'avança vers lui avec une activité furtive, évoquant la sinuosité d'un tigre. Après lui, les pieds doux et pâles, il enleva la femme.

"Dans quelle niche as-tu enfermé la lettre ?" » demanda-t-il à voix basse.

Elle indiqua l'endroit du doigt tendu et frissonna en entendant le clic de la clé qui tournait dans la serrure. Un léger bruissement de papiers, un léger bruit de fermeture, un autre clic alors que la clé tournait à nouveau, et la première partie du projet était réalisée.

Dans la pénombre de la pièce, leurs visages étaient pâles et hagards, tandis qu'ils se précipitaient silencieusement et rapidement vers la porte, comme s'ils craignaient que le mort ne se lève de son cercueil et ne leur demande de s'arrêter. Est-ce qu'aucun froncement de sourcils n'est passé sur ce visage de marbre ? Aucun son ne leur faisait-il entendre qu'un esprit désincarné se tenait près du lit, se lamentant sur l'échec de son projet chéri à cause de la trahison de l'humanité ? Non, tout était aussi calme que la tombe lorsque les deux compagnons sortirent de la pièce, longèrent le couloir, descendirent les escaliers et se retrouvèrent de nouveau dans la chambre de la gouvernante.

" Putain !" dit Beaumont, sur le visage pâle duquel perlaient la sueur, quel travail désagréable. Donnez-moi de l'eau-de-vie.

La gouvernante quitta la pièce en silence et revint peu après avec un verre de liqueur, qu'il jeta rapidement, et l'effet fut bientôt visible dans la lueur qui éclaira son visage.

"Tu devrais en prendre toi-même", suggéra-t-il en lui rendant le verre.

"Je n'en ai pas besoin," répondit-elle froidement. "Je suis habitué à l'atmosphère de cette maison. Ce n'est pas le cas de toi."

"C'est comme un charnier", dit-il avec un air de dégoût. "Eh bien, j'ai fait ma part de l'affaire. Maintenant, tout ce que tu as à faire c'est de jurer que Reginald est le fils de Fanny Blake. Je laisse à ton ingéniosité le soin de raconter une bonne histoire."

"Vous pouvez en être certain", répondit-elle froidement. "J'en ai fini avec tous les scrupules, et comme il s'agit d'enrichir mon fils, soyez sûr que je ferai de mon mieux. Et maintenant, je suppose que pour écarter tout soupçon, vous feriez mieux de voir Miss Una."

"Oui, bien sûr. Je veux lui rendre ces clés", répondit-il en faisant tinter le trousseau. "Si des questions sont posées, bien sûr, vous pouvez jurer que je ne suis pas sorti de la pièce. Mais je ne pense pas que vous ayez besoin d'avoir peur, tout se passera très bien. Il y a un motif fort."

"Et le motif ?"

"L'amour d'Una pour Reginald. Maintenant va lui dire que je suis là."

Lorsque Patience quitta la pièce pour faire ses courses, il époussetta ses bottes avec son mouchoir, baissa les poignets de sa chemise et posa sa cravate et ses cheveux dans le miroir au-dessus de la cheminée. Au moment où Patience revint, il avait tout à fait retrouvé son air nonchalant et fredonnait un air lorsqu'elle entra.

"Bien?" » demanda-t-il en se tournant.

"Tout va bien. Elle vous verra", répondit la gouvernante, et, reprenant son chapeau et son bâton, Beaumont la suivit le long du couloir jusqu'au salon de chêne .

Una et Miss Cassy, toutes deux profondément en deuil, étaient assises à la table du petit déjeuner quand il entra, et comme la porte se refermait sur Patience, il s'excusa de les avoir dérangées.

" Bien sûr , je n'aurais pas pensé à m'immiscer dans votre chagrin, " dit-il d'un ton courtois, " mais le fait est, Miss Challoner, j'ai un message pour vous du docteur Nestley . "

"Ah, pauvre, cher docteur", gémit Miss Cassy en tamponnant ses paupières rouges avec un mouchoir de poche. "Il est parti, c'est très étrange."

"Je ne pense pas, tante", observa doucement Una. "Il avait fait tout ce qu'il pouvait pour mon pauvre cousin, et maintenant ce serait simplement perdre son temps s'il restait. Quel est le message, M. Beaumont ?"

"Juste pour te donner ces clés," dit-il en lui tendant le trousseau. "Ils appartenaient au châtelain, et Nestley les a récupérés après son décès, avec l'intention de vous les donner, mais il les a oubliés jusqu'à ce qu'il soit trop tard, alors il m'a demandé de vous les apporter."

Una prit les clés avec un salut grave.

"Merci beaucoup, M. Beaumont", dit-elle en les mettant dans sa poche. "C'était très gentil de votre part de les amener. J'espère que le docteur Nestley va bien ?"

Beaumont haussa les épaules, dont elle comprit le sens avec une rapidité féminine.

"Espérons qu'il se portera bien à son retour chez lui", dit-elle avec emphase, les couleurs montantes. "Je suis vraiment désolé pour lui. Où a-t-il contracté cette malheureuse habitude ?"

"Oh, à Londres, je crois", dit négligemment Beaumont. "Je l'ai connu là-bas il y a cinq ou six ans. Il était très rapide à l'époque. Puis il s'est arrêté et s'est complètement reformé. Je suis désolé de le voir reprendre ses anciennes habitudes."

M. Beaumont n'a pas jugé nécessaire d'expliquer comment il avait tenté le malheureux jeune homme, aussi le pauvre Nestley a-t-il été sévèrement blâmé par les deux dames pour sa tendance évidente à vivre vite.

"Tellement épouvantable", dit Miss Cassy en levant les mains. "Je ne comprends vraiment pas, et le cher docteur était si gentil. Vraiment, c'est très étrange. Oh, vous y allez, M. Beaumont ? Alors désolé, au revoir."

Beaumont salua les deux dames puis quitta la pièce, très satisfait de son entrevue.

"Je pense que j'ai tout arrangé de manière satisfaisante", murmura-t-il en allumant une cigarette dehors, sur la terrasse. "Si Patience fait seulement sa part de l'affaire aussi bien que j'ai fait la mienne, nous mettrons bientôt Reginald en possession de la propriété, et puis... ce sera mon tour."

Miss Cassy le regarda traverser la terrasse et se tourna vers Una avec un regard d'admiration dans les yeux.

"Quel bel homme est M. Beaumont, si distingué ?" dit-elle avec volubilité. "Un peu comme un Espagnol, comment s'appelle-t-il, tu sais."

"Il n'est pas méchant", répondit distraitement Una, "mais je préfère Reginald."

« M. Blake ? » » dit Miss Cassy, plutôt étonnée d'entendre sa nièce parler de lui d'une manière si familière.

Una vit qu'elle s'était trahie, alors, s'approchant de la dame aînée, elle passa ses bras autour de sa taille avec une caresse.

"Tante, tu as dû le voir tout le temps."

"Vu quoi ?" » demanda Miss Cassy en ouvrant grand les yeux.

"Que j'aime Reginald."

"J'adore Reginald Blake ! Oh, ma chère, comme c'est très étrange."

"Je ne vois pas du tout que ce soit étrange", répondit Una en rougissant, "nous nous aimons très tendrement."

"Mais, ma chérie, ce n'est personne."

"Il est tout le monde, à mes yeux", dit Una avec tendresse.

"Qu'aurait dit le Squire ?" observa Miss Cassy avec consternation.

"Le mariage est interdit, je n'en doute pas", répondit Una, "c'est pourquoi nous avons gardé nos fiançailles secrètes - mais maintenant nous sommes libres de nous marier."

"Oh, Una, comme tu es sans cœur, si étrange, et le pauvre Squire vient de mourir."

"Ma chère tante," dit gravement Una, "je suis la dernière personne au monde à dire du mal des morts, mais je ne peux pas feindre un regret que je ne ressens pas ; l'écuyer nous a invités ici pour sa propre satisfaction... pas le nôtre ; nous avons vécu de notre propre argent, et non du sien ; il ne s'est pas du tout soucié de nous - donc ni vous ni moi ne pouvons prétendre pleurer sur la mort d'un homme que nous n'avons presque jamais vu et qui certainement n'a rien fait qui mérite des larmes."

"Mais quand même, il vous a peut-être laissé sa fortune", a insisté Miss Cassy d'une voix en larmes.

" J'en doute, " répondit Una avec un soupir, " mais fortune ou pas fortune, je ne peux pas prétendre à un chagrin que je ne ressens pas. "

"Et tu es tout à fait déterminé à épouser Reginald Blake ?"

"Tout à fait, nous nous aimons passionnément."

"Je suis sûr que je l'espère," dit la pauvre Miss Cassy en gémissant, "c'est juste comme une romance de ce qui est-son-nom, si très étrange ; il est beau, je sais, mais de l'argent, il a pas d'argent."

"Je ne veux pas d'argent, je le veux."

"Il n'a pas de nom."

"Il en fera un avec sa voix."

"Je suis sûre", s'écria Miss Cassy désespérée, "je ne vois pas ce que vous voyez en lui."

Una a clôturé le débat de la manière la plus décisive.

"Je l'aime."

Cette remarque était sans réponse, alors Miss Cassy fondit en larmes.

CHAPITRE XXVII.

Le testament de l'écuyer.

"Comme c'est étrange un testament, mon seigneur ?
Le résultat d'un cerveau des plus fantastiques. Ce n'est qu'un miroir qui
reflète sa vie, avec tous ses rebondissements et ses arguments insensés."

M. Bolby , l'associé junior du cabinet juridique qui contrôlait les affaires du
Squire, était un petit homme au visage rouge, avec une tête ronde posée sur
un corps également rond, qui, à son tour, était soutenu par deux courts ,
jambes robustes. Son visage était rasé de près, à l'exception de deux petites
touffes de cheveux blancs qui ressortaient sur chaque joue en contraste
saisissant avec le cramoisi de son teint, et sa tête chauve était parsemée de
touffes similaires. Il s'habillait d'une manière quelque peu gaie et avait une
voix forte et joyeuse, d'une nature joyeuse, ainsi qu'une curieuse habitude
d'utiliser les mêmes mots deux fois de différentes manières.

En arrivant de Londres à la Grange, Una lui remit les clés du Squire et
commença immédiatement à examiner tous les papiers privés du mort.
Evidemment , il avait quelque but à le faire, car il ne se reposait jamais avant
d'avoir parcouru tous les documents du bureau, et, s'étant rendu maître de
l'état précis des choses, il se reposa tranquillement jusqu'au jour des
funérailles, variant la monotonie de cette cérémonie. vie quelque peu morne
en se rendant fréquemment au presbytère, où il eut plusieurs vives disputes
avec le Dr Larcher sur des sujets archéologiques .

Enfin, le jour des funérailles arriva, et le défunt fut transporté en grande
pompe jusqu'au caveau ancestral de l' église de Garsworth , où de
nombreuses générations de la famille avaient déjà moisi depuis de nombreux
siècles. Certaines familles du comté sont venues aux funérailles, mais la
plupart d'entre elles ont envoyé leurs voitures pour les représenter, car
Randal Garsworth , en raison de sa vie isolée, n'avait en aucun cas été
populaire, et elles sont venues elles-mêmes ou ont envoyé leurs représentants
uniquement dans un sens. de courtoisie.

Ainsi, la longue procession, dirigée par le lourd corbillard avec ses majestueux
chevaux noirs et ses panaches hochant la tête, quitta la froideur de Garsworth
Grange pour la froideur similaire du caveau familial, et en arrivant à la porte
d'entrée du cimetière, fut accueillie par le Dr Larcher. et son curé. Le cercueil
fut transporté dans l'église et le vicaire lut le service funèbre de la manière la
plus impressionnante, après quoi Cecilia joua la « Marche morte » de « Saul

», et les restes de Randal Garsworth furent transportés vers leur dernière demeure à la voûte lugubre. Ceci fait, les lourdes portes furent de nouveau fermées jusqu'à ce que la mort de quelque autre membre de la famille exigeait qu'elles soient ouvertes, et la plupart des personnes en deuil se dirigèrent vers des chemins différents, tandis que le Dr Larcher , accompagné de Reginald et Dick. , retourna à la Grange en compagnie de M. Bolby , pour entendre la lecture du testament.

Le Dr Larcher était obligé d'être présent, car il était co-exécuteur testamentaire avec M. Bolby , et il emmenait ses deux élèves avec lui pour le plaisir de la compagnie, Reginald n'étant pas réticent, car il n'avait pas revu Una depuis la mort du Écuyer.

Elle était si charmante dans sa robe noire, debout au milieu de la splendeur fanée du salon, recevant les visiteurs avec une gracieuse courtoisie. Ses manières étaient calmes et posées, et elle ne laissait place à aucune manifestation de chagrin à la mort de son cousin, contrairement à Miss Cassy, qui pleurait bruyamment le décès du Squire, comme s'il avait été son plus cher et le plus intime. ami.

"Un tel gentleman qu'il était," gémit-elle en s'essuyant les yeux, "un peu de la vieille école, un habitué de la Régence, très étrange, n'est-ce pas ?"

Le Dr Larcher lui-même pensait que le chagrin ostentatoire de Miss Cassy était très étrange, étant donné qu'il s'agissait d'une personne qu'elle avait très peu vue, mais il ne dit rien d'autre que quelques mots de sympathie, car il comprenait parfaitement que Miss Cassy était l'une de ces personnes. des gens démonstratifs qui pleurent également à l'enterrement ou au mariage, et affichent ouvertement leurs sentiments à la moindre occasion.

Après avoir mangé du gâteau et du vin, M. Bolby s'est assis majestueusement pour lire le testament, et tout le monde s'est préparé à l'écouter. Le Dr Larcher regarda Una avec pitié, car il connaissait le contenu du testament et quel coup ce serait pour elle de perdre la propriété, mais comme il avait discuté avec l'écuyer au moment de l'exécuter, il ne pouvait pas faire plus. il fallait donc que les choses suivent leur cours.

"Ce testament, messieurs et dames," gazouilla M. Bolby en mettant ses lunettes, "mesdames et messieurs, ce testament a été fait il y a cinq ou six ans par mon client décédé - mon client décédé étant alors, car je n'ai aucune raison douter, en pleine possession de ses sens, c'est-à-dire qu'il avait tous ses sens. Je vais maintenant lire le testament, et bien sûr, vous voudrez bien écouter attentivement le testament que je lis.

Ce n'était pas un document très long, car, après avoir laissé de petits héritages à Patience, Jellicks et Munks , le Squire avait accordé à Una un revenu de mille dollars par an, et tout le reste de ses biens était laissé au Dr Larcher et à Simon. Bolby en fiducie pour le fils naturel du défunt, qui prouverait sa prétention en temps voulu en produisant une lettre écrite par son père, ainsi que la bague de sceau de la famille.

Il y eut une sensation considérable à la fin de la lecture de M. Bolby , car personne ne pensait que le Squire avait une progéniture, et, malgré son pressentiment qu'elle n'obtiendrait jamais la propriété, Una ne pouvait s'empêcher d'être déçue, car il semblait que être un obstacle à son mariage avec Reginald. Cependant, elle en avait mille par an, et ils pouvaient vivre de cela, alors après un moment de réflexion, elle n'en voulait pas à ce fils inconnu pour sa bonne fortune. Miss Cassy, cependant, n'était pas si facilement satisfaite et exprima haut et fort sa colère face à la duplicité du Squire, ce qui semblait plutôt comique compte tenu de la façon dont elle avait auparavant vanté ses vertus.

"Tellement horrible !" dit-elle avec indignation, "un fils dont nous n'avons jamais entendu parler, comme c'est très étrange ! qui est sa mère ? où est-il né ? quel est son nom ? c'est très singulier."

"C'est très étrange", acquiesça sèchement M. Bolby , "surtout quand je vous dis que je ne connais aucune des trois choses que vous avez déclarées, c'est-à-dire les trois choses que vous avez déclarées."

« Me dites-vous, monsieur, » demanda lourdement le vicaire, « que vous ne connaissez pas le nom de ce fils ?

"Non."

« Ni le nom de sa mère ?

"Non."

« Ni son lieu de naissance ?

"Je vous donne ma parole d' honneur ", dit solennellement M. Bolby , "que j'ignore absolument tout cela... de tout cela, mon cher monsieur, je l'ignore absolument."

Tous les présents se regardèrent avec un étonnement vide, et il fallut un certain temps avant que quiconque puisse parler. Una se releva la première et s'adressa aussitôt à l'avocat.

« Si tel est le cas, » dit-elle lentement, « comment ce fils inconnu peut-il revendiquer la succession ?

« N'avez-vous pas entendu lire le testament, ma chère dame ? répondit M. Bolby avec égalité. "Tu ne m'as pas entendu lire le testament ? Le fils doit montrer une lettre écrite par son père, ainsi que la bague de sceau de la famille."

"Mais vous ne donneriez sûrement pas la propriété à un inconnu sur la base d'une preuve aussi légère ?"

" Que pouvons-nous faire, moi ou le Dr Larcher , " dit l'avocat avec un haussement d'épaules désapprobateur, " Le Dr Larcher et moi-même ; que pouvons-nous faire ? S'il a les papiers et la bague, il est sans aucun doute l'héritier s'il produit la bague. et les papiers."

"C'est la volonté d'un fou", s'écria Miss Cassy avec colère.

"Je vous assure qu'il était sain d'esprit quand il a été écrit", gazouillait placidement M. Bolby , "ma chère dame, je vous assure qu'il était sain d'esprit."

"Je contesterai ce testament", dit fermement Una.

" Mieux vaut attendre, ma chère demoiselle, " dit l'avocat, " ma chère demoiselle, mieux vaut attendre... jusqu'à ce que l'héritier apparaisse. "

"Mais supposons qu'il n'apparaisse jamais ?" suggéra le Dr Larcher .

"Oh, il viendra très bien," dit calmement Bolby , "les gens ne donnent pas si facilement dix mille par an - non - dix mille ne sont pas si facilement abandonnés par les gens."

"Mais M. Bolby ", dit Una désespérée, "n'y a-t-il aucune note ou certificat parmi les papiers de mon cousin qui puisse conduire à l'identification de cet inconnu ?"

M. Bolby a sorti une lettre de la poche de sa veste. "Maintenant, nous y arrivons", dit-il avec une grande joie. "Je pensais qu'une telle chose pourrait être possible; comme cela était possible, j'ai cherché et trouvé cette lettre - elle est scellée des armes de la famille et j'ai été trouvée par moi enfermée dans son bureau privé. , donc tout est en ordre jusqu'à présent - je suis sûr que vous conviendrez qu'il y a de l'ordre dans tout jusqu'à présent ; il y a certainement un anneau à l'intérieur, car il y a certainement un anneau à l'intérieur, comme je peux le sentir. À mon avis, ceci l'enveloppe contient la lettre et la bague mentionnées dans le testament."

La curiosité de chacun était maintenant éveillée au plus haut point, et Una posa la question suivante dans un silence haletant.

"A qui est adressée la lettre ?"

Un profond silence s'ensuivit, pendant lequel on aurait pu entendre l'épingle proverbiale tomber, tandis que l'avocat répondait solennellement et lentement :

"La lettre est adressée à 'M. Reginald Blake, Vicarage, Garsworth .'"

"Adressé à moi?" s'écria Reginald d'une voix étonnée en se levant d'un bond. "Impossible!"

"Voyez par vous-même", répondit Bolby en lui tendant la lettre.

Reginald le prit en silence et resta là, indécis, pendant quelques instants, pendant lesquels il regarda autour de lui les visages étonnés présents. Finalement, avec effort , il déchira l'enveloppe, mais, accablé d'émotion, il sembla incapable d'aller plus loin, et traversant la pièce, il remit l'enveloppe ouverte au vicaire. Le Dr Larcher se leva de son siège en prenant la lettre et regarda fixement le jeune homme.

"Voulez-vous que je le lise?" » demanda-t-il lentement.

Reginald s'inclina silencieusement et s'assit dans le fauteuil du vicaire.

Sur quoi le Dr Larcher sortit la lettre de l'enveloppe, laissant l'anneau encore à l'intérieur, et l'ayant ouverte, il en lut le contenu d'une manière lente et délibérée. Tout le monde écoutait avec étonnement cette extraordinaire révélation, et tous les yeux étaient fixés sur Reginald, qui était assis sur sa chaise, le visage enfoui dans ses mains.

" Ceci donc, " dit le vicaire en repliant la lettre, " prouve que vous, Reginald, êtes le fils de Randal Garsworth et de Fanny Blake, car voici la lettre et voici la bague. "

Il s'approcha de l'avocat et lui remit solennellement les deux, puis retournant à sa place, il posa gentiment sa main sur l'épaule de Blake.

"Vous entendez ce que j'ai lu", observa-t-il d'une voix sonore. "Que dites-vous?"

" Dites ? " s'écria le jeune homme en se levant avec un visage pâle et hagard, " que c'est un mensonge... vous savez vous-même, monsieur, que je ne suis pas le fils du châtelain... Patience sait tout de mon " Ma naissance... c'est honorable ... honorable . Je... je ne suis pas le fils de cet homme", et le pauvre jeune homme s'effondra.

En apprenant que Reginald était l'héritier de la propriété, une grande joie apparut sur le visage d'Una, mais elle fit place à un air de pitié et de tristesse lorsqu'elle vit avec quelle intensité il ressentait les circonstances ignobles de sa naissance.

"Il n'y a qu'une chose à faire pour être sûr", dit-elle en se levant. "Appelez Patience Allerby ."

Dick Pemberton sortit de la pièce pour la chercher et, pendant le silence de mort qui régnait maintenant, Una traversa la pièce jusqu'à Reginald et lui prit la main.

"Cela ne fait aucune différence pour moi", murmura-t-elle tendrement. "Ne pense pas que ta naissance fera obstacle à notre mariage, je t'aime trop bien pour ça."

"Que Dieu vous bénisse," marmonna-t-il d'une voix brisée, et il lui serra convulsivement la main.

La gouvernante entra dans la pièce, pâle et épuisée, avec une expression dure et provocante sur le visage, comme si elle était déterminée à affronter l'affaire jusqu'au bout, comme elle l'était d'ailleurs. En entendant son pas, Reginald se leva en hésitant et la regarda avec inquiétude. En voyant l'angoisse sur son visage, elle parut faiblir un instant, mais se rétablit bientôt et dissimula son agonie sous un calme impassible.

"Patience", dit Reginald d'une voix brisée, "j'ai appris par une lettre de Squire Garsworth que je suis son fils et que Fanny Blake était ma mère, est-ce vrai ?"

Elle baissa la tête et répondit lentement.

"Parfaitement vrai."

Reginald leva les mains avec un cri d'angoisse et retomba sur sa chaise — c'était vrai — la possession de dix mille dollars par an ne pourrait jamais nettoyer la tache qui reposait sur sa naissance.

"Pourquoi as-tu trompé le garçon ?" » demanda sévèrement le Dr Larcher .

"Par ordre de son père", répondit-elle avec obstination. « Si vous vous souvenez, monsieur, je suis allé à Londres avec Fanny Blake il y a plus de vingt-deux ans ; elle m'a dit que le squire l'avait ruinée, et que c'était pour cela qu'elle avait quitté le village ; six mois après, son enfant est né et elle est morte. J'ai amené le bébé au village chez le châtelain, il a refusé de reconnaître sa propre progéniture, mais a dit qu'il paierait la pension du garçon, alors pour sauver la réputation de l'enfant, j'ai inventé l'histoire des parents mourant en France , et je l'ai confié à vos soins, et il a grandi toutes ces années sous le nom de Reginald Blake.

« Et Reginald Blake est le fils du châtelain ?

"Oui. J'espère qu'il a enfin rendu justice au garçon."

"Il l'a fait. Par son testament, Reginald Blake est reconnu comme le maître de Garsworth Grange."

Patience poussa un cri de joie et, le visage rayonnant de tendresse, s'approcha du jeune homme. Il se leva lentement de sa chaise alors qu'elle s'approchait de lui, fixant ses yeux sauvages avec horreur sur son visage. Elle vit le regard et recula à moitié, mais offrit timidement ses félicitations.

"Vous êtes maintenant riche..." commença-t-elle lorsqu'il l'interrompit furieusement.

" Riche!-- riche! Qui se soucie des richesses? Je suis déshonoré pour le reste de ma vie. Je n'ai aucun droit sur le nom que je porte. Vous m'avez trompé et trompé avec vos mensonges, me faisant croire que ma naissance à Le moins était sans déshonneur , et maintenant, maintenant , je découvre que ma vie n'a été qu'un long mensonge. Pensez-vous que l'argent me récompensera un jour pour la tache de ma naissance. Je déclare à Dieu que je deviendrais volontiers le pauvre que j'étais si Je n'ai pu retrouver mon estime de moi qu'avec ma pauvreté. Regardez-moi tous. Je suis riche ! jeune et salaud.

Avec un cri de colère passionnée , il se précipita hors de la pièce et, en réponse, avec un cri d'angoisse, Patience Allerby tomba évanouie sur le sol.

CHAPITRE XXVIII.

L'amertume de la mort.

Nous appelons la mort cruelle, mais la mort met fin à tous les conflits,
le déshonneur transforme en fiel la vie la plus douce.

Dire que ceux qui s'étaient rassemblés dans le salon de la Grange pour
entendre la lecture du testament furent étonnés des révélations
extraordinaires qu'ils avaient entendues, ne donnerait qu'une faible idée de
l'étonnement qu'ils éprouvaient. Que le châtelain ait laissé sa grande fortune
à un fils dont personne n'avait jamais entendu parler était des plus
remarquables, mais que le fils en question se révèle être Reginald Blake était
presque incroyable.

Pourtant, après avoir examiné toutes les preuves du fait, M. Bolby est arrivé
à la conclusion qu'il ne pouvait y avoir aucun doute quant à l'identité du jeune
homme.

Selon l'histoire racontée par Patience Allerby , qui était bien connue pour être
l'infirmière du garçon, celui-ci était né à Chelsea, Londres, six mois après
l'arrivée de Fanny Blake là-bas, et avait été appelé par le nom de sa mère. En
le ramenant au village, Randal Garsworth , redoutant sans doute le scandale,
refusa de reconnaître son fils, mais accepta de payer sa pension. Patience
avait donc fait de son mieux dans les circonstances et avait placé le garçon
chez le Dr Larcher , lui disant que ses parents étaient morts, lui donnant ainsi
au moins la fiction d'une naissance honorable . C'était un mensonge, sans
aucun doute, mais c'était un mensonge dont on ne pouvait nier la noblesse,
et qui aurait du mal à être réprimé par l'Ange de l'Enregistrement.

Quant à l'étrange découverte qui avait été faite, tout le monde vit aussitôt que
le châtelain avait tenté de réparer tardivement son péché en léguant ses biens
à son malheureux fils ; et la preuve du testament lui-même, la preuve de la
lettre trouvée dans le bureau du châtelain et la preuve de l'anneau de sceau,
toutes montraient clairement que le jeune homme était réellement et
véritablement le fils mystérieux auquel faisait allusion le testament. D'ailleurs,
selon le Dr Larcher , le châtelain avait prononcé le nom de Reginald sur son
lit de mort et lui avait montré le bureau, laissant entendre sans doute que le
document qui donnerait au jeune homme son juste droit y était caché,
comme d'ailleurs il était. Au total, après avoir examiné l'ensemble de l'affaire,
M. Bolby a déclaré qu'il s'agissait de l'affaire la plus extraordinaire qui ait
jamais été portée à son attention. Il ne faisait aucun doute que justice avait

été rendue, et Reginald était formellement reconnu par tous comme le maître de Garsworth Grange.

Certes, l'absence d'enregistrement et d'actes de baptême aurait sans doute constitué une pierre d'achoppement devant un tribunal, mais, comme Beaumont l'avait prévu, Una n'a pas hésité à céder la propriété à celui qu'elle croyait être le héritier légitime, et de plus, lorsque M. Bolby découvrit que les deux prétendants étaient fiancés, il déclara que c'était une solution très soignée à la difficulté, bien qu'en fait, en raison de la clarté du cas sur d'une part, et le refus de vérifier sa véracité par une procédure judiciaire, d'autre part, aucune difficulté de ce genre ne s'est jamais produite.

Beaumont était maintenant extrêmement satisfait du succès de sa conspiration, puisqu'il avait mis son fils en possession d'un beau domaine, valant dix mille livres par an. Son objectif suivant était maintenant de prendre le contrôle de ces revenus importants par l'intermédiaire du jeune homme lui-même. Grâce à ses manières complaisantes, il réussit complètement à fasciner Réginald, qui l'admirait beaucoup, et Beaumont ne souhaitait que quelques mois avoir le jeune homme en sa compagnie pour lui devenir indispensable. Il proposait de devenir le bras droit de Reginald, avec un salaire fixe et avec autorité pour s'occuper du domaine, sur lequel il prévoyait pouvoir faire de belles cueillettes. Pour ce faire, cependant, il lui faudrait éloigner Reginald du village, car Patience surveillait jalousement son fils, et si elle pensait un instant que Beaumont essayait de profiter de son manque d'expérience du monde, elle était tout à fait capable d'exposer toute cette arnaque.

Le destin, cependant, joua une fois de plus en sa faveur, car M. Bolby , ayant reconnu Reginald comme l'héritier, insista pour qu'il vienne à Londres pour voir son associé et être mis en possession formelle de la succession. Beaumont résolut donc de se rendre également à Londres d'abord, afin de ne pas éveiller le caractère suspect de Patience Allerby , puis de rendre visite à Reginald à son arrivée plus tard. Une fois qu'il eut un entretien avec lui à Londres , il fut tout à fait satisfait de pouvoir faire ce qu'il voulait de la nature plastique du jeune homme.

De son côté, Blake, ou, comme on l'appelait maintenant, Garsworth , avait hâte de quitter le village pendant un certain temps jusqu'à ce que les neuf jours d'émerveillement soient terminés, car malgré le sentiment consolant d'en avoir dix mille par an, il sentait son position amèrement. Ayant grandi dans la maison d'un gentleman anglais, il avait absorbé toute sa vie des principes rigoureux, c'est pourquoi il lui semblait une terrible honte d'avoir un tel stigmate sur son nom. Il n'était personne – un paria sans nom, non reconnu par la loi anglaise – et, même s'il souhaitait épouser Una, il hésitait à lui donner un nom sur lequel il n'avait aucun droit légal. Il redoutait qu'il n'y ait des enfants issus d'un tel mariage, auquel cas ils auraient à supporter les stigmates attachés à la naissance de leur père, et il parla sérieusement au Dr Larcher de la possibilité de libérer Una de ses fiançailles et de lui restituer les biens auxquels elle appartenait. il estimait qu'elle avait à juste titre le droit. Ainsi , les fruits du crime de Beaumont furent mis en péril par l' honneur et le sentiment d'honnêteté du jeune homme à qui ce crime avait profité, mais heureusement pour M. Beaumont, Una vint à son secours.

Elle a clairement dit à Reginald qu'elle ne se souciait pas des circonstances de sa naissance, auxquelles il ne pouvait rien faire, et quant à son droit légitime à la propriété, si elle l'épousait, la propriété lui appartiendrait tout autant que si elle l'épousait. il lui avait été dûment laissé par le châtelain. Ainsi, après beaucoup de persuasion de la part d'Una et du Dr Larcher , Reginald en est venu à accepter sa position quelque peu améliorée avec sérénité.

"Mais je ne peux pas rester ici", dit-il avec amertume. "Tout le monde me regarde comme si j'étais une bête sauvage. J'irai en ville avec M. Bolby et je reviendrai dans quelques mois, quand je serai plus habitué à ce poste."

Una approuva pleinement cela et accepta de rester à la Grange avec Miss Cassy jusqu'à son retour, puis ils se marieraient et partiraient à l'étranger pendant un an, période pendant laquelle la vieille maison serait redécorée, puis ils retourneraient au pays. y vivre, alors que toutes les circonstances de sa succession à la propriété avaient été en quelque sorte oubliées.

Beaumont, ayant entendu cette décision, résolut de monter en ville à l'avance et d'y attendre l'arrivée de Reginald. Ainsi, après avoir fait des adieux chaleureux à tout le monde, il partit, emportant avec lui les bons vœux de tous ceux avec qui il avait été en contact. Seule Patience ne lui souhaitait pas bonne chance, mais le regardait d'un air sombre lorsqu'il venait lui dire au revoir.

"Je suis heureuse de te voir partir," dit-elle froidement. "Notre fils est maintenant pourvu, et vous avez au moins fait quelque chose pour réparer votre méchanceté. J'espère que je ne vous reverrai plus jamais, mais si jamais j'entends parler de vous vous mêlez de Reginald de quelque manière que ce soit, ce sera le pire." pour toi."

"Dites le pire pour nous deux", rétorqua Beaumont avec légèreté. "Nous sommes dans la même boîte à propos de cette affaire, et la punition pour moi signifie la même chose pour vous."

donc en laissant derrière lui une excellente impression, et tout le monde espérait qu'il reviendrait un jour , ce qu'il promit en riant de faire si ses engagements le lui permettaient.

"Je te verrai à Londres, Reginald," dit-il au jeune homme, "et tout ce que je peux faire pour toi là-bas, bien sûr, tu peux me l'ordonner."

Reginald le remercia pour sa gentillesse, sans se douter à quel point cette gentillesse était perfide, puis il se mit à préparer son propre départ.

Il eut un long entretien avec Patience, dans lequel elle l'informa que l'histoire qu'elle avait racontée au Dr Larcher avait été racontée avec les meilleures intentions pour lui épargner la vérité, et après réflexion, il vit par lui-même qu'elle avait agi pour le mieux. , alors il lui a pardonné le mensonge. Patience resta à la Grange, vivant son ancienne vie, et se sentit très satisfaite maintenant que l'avenir de l'être humain qu'elle aimait le plus sur terre était assuré.

Reginald a demandé au Dr Larcher de le laisser emmener Dick à Town, ce que le digne vicaire a accordé, recommandant seulement à M. Bolby de s'occuper soigneusement des deux hommes.

" Je les aime comme mes propres fils, " dit gravement l'homme honnête, " et je crains qu'ils ne soient entraînés dans de mauvaises voies dans la grande ville. Ils sont jeunes et inexpérimentés. Qu'ils ne boivent pas, car ce que dit Horace ?' *Non ego sanius , Bacchabor Édonis .*'"

"Ils n'auront pas de mauvais exemple de ma part", a déclaré M. Bolby , "de moi, il n'y a pas de mauvais exemple à recevoir. Je les emmènerai au théâtre et dans plusieurs divertissements, mais c'est tout."

Alors le vicaire, plein d'inquiétude pour ses chers garçons, les autorisa à partir, et le dernier à dire adieu à Reginald fut Una.

« Ne m'oubliez pas parmi toutes les beautés de Londres, » murmura-t-elle d'un ton malicieux ; "ou je viendrai en ville pour te chercher."

"N'ayez pas peur", répondit-il avec une affectation de légèreté qu'il était loin de ressentir. "Je reviendrai vers toi de tout mon cœur, et ensuite, si tu m'acceptes, nous nous marierons."

donc , ayant appris très tôt que la richesse seule ne fait pas le bonheur.

CHAPITRE XXIX.

DU DR. LE POINT DE VUE DE NESTLEY.

Si bas, si bas, oui, je suis vraiment bas,
Mais lui, ton amant, bien que haut placé,
tombera dans cette situation, je te le dis, délicate dame. Le diable, même
maintenant, est à son oreille. Il respire des tentations sous les formes les
plus subtiles, qui bientôt le perdront tout. il a le plus cher.

L'automne était maintenant presque terminé, et c'était cette saison sombre et
froide juste avant l'hiver où les arbres, dénués de feuillage, semblaient
attendre que la neige recouvre les branches nues qui frissonnaient en se
plaignant sous le vent froid. Sous nos pieds, le sol était sombre et détrempé,
au-dessus du ciel le ciel était terne et bas, tandis que des souffles d'un froid
perçant soufflaient à travers les marais solitaires et sifflaient de manière
stridente au-dessus des landes désolées.

Morne et désolée comme elle l'avait semblé en été, Garsworth Grange
semblait encore plus morne et désolée sous le ciel aux couleurs sombres .
L'humidité avait décoloré le marbre blanc des statues, qui semblaient perdues
dans le désert environnant d'arbres nus et de feuilles mortes. Il pleuvait sans
arrêt et Una, regardant par les fenêtres antiques le paysage sombre que l'on
voyait à travers les brumes de pluie battantes, se sentait ennuyée et déprimée.
Toute la journée, les vents sifflaient dans les pièces lugubres et la pluie coulait
sans cesse des avant-toits. Il n'était donc pas étonnant qu'Una et Miss Cassy
se sentent tout sauf joyeuses.

Cela faisait maintenant environ deux mois que Reginald était arrivé en ville,
et Una avait reçu de nombreuses lettres de sa part sur la façon dont tout était
arrangé par les avocats. Ces lettres étaient devenues ces derniers temps
fiévreuses, comme si l'écrivain cherchait à investir sa correspondance d'une
sorte de gaieté fictive qu'il était loin de ressentir, et ce brusque changement
de style lui causait de sérieuses inquiétudes. Elle savait combien Reginald était
sensible et combien il avait ressenti profondément la découverte de sa
véritable naissance, si redouté de peur que, pour bannir les spectres qui le
hantaient, il ne se plonge dans la dissipation. Dans une de ses lettres, il avait
également mentionné qu'il avait rencontré Beaumont en ville, et comme Una
avait appris du vicaire que Dick Pemberton était allé à Folkestone pour voir
son oncle, elle doutait de la sagesse d'un jeune inexpérimenté comme

Reginald. laissé seul à Londres avec un homme du monde imprudent comme Beaumont.

Elle s'était méfiée de Beaumont lors de sa première rencontre, mais grâce à ses manières fascinantes, il avait réussi à vaincre sa répugnance, mais maintenant qu'il était absent, l'influence de sa forte personnalité s'éteignit et elle commença à redouter son pouvoir sur l'honorable de son amant . nature naïve.

"J'aimerais que Reginald revienne immédiatement", dit-elle à Miss Cassy, "et alors nous pourrions nous marier et il aurait quelqu'un pour s'occuper de lui."

"Je suis sûre que je serai heureuse quand vous serez marié", gémit Miss Cassy, dont le moral était tristement déprimé par la vie solitaire qu'elle menait. "Je vais devenir mélancoliquement fou si je reste ici - je sais que je le ferai. Je suis sûr que ce n'est pas étrange, n'est-ce pas ? J'ai l'impression que comment s'appelle-t-elle dans la Grange à Douves, vous savez - la fatiguée , chose morte et fatiguée, je veux dire, et les appartements sombres — pas à moitié aussi beaux que l'appartement que nous avions en ville. Si seulement nous pouvions y retourner – je me sens si frissonnant.

Et ainsi Miss Cassy continuait à divaguer d'une manière décousue, une pensée en suggérant une autre, pendant qu'Una regardait par la fenêtre, la dernière lettre de Reginald à la main, se demandant ce qu'il y avait de mieux à faire.

"Je ne fais pas confiance à M. Beaumont", dit-elle enfin. "Ce n'est pas un bon compagnon pour Reginald."

"Oh, ma chère," dit Miss Cassy en ramassant le chauffe-thé qu'elle gardait près d'elle pour le mettre sur sa tête quand elle avait froid, "un homme si charmant, tout à fait un Seigneur, comment s'appelle-t-il dans son manières."

"Ses manières sont bonnes, je n'en doute pas", répondit Una sèchement, "mais qu'en est-il de ses mœurs ?"

Miss Cassy poussa un petit cri de jeune fille et s'éteignit avec le thé .

"Quelles choses horribles tu dis, Una," observa-t-elle d'un ton choqué. " Tellement bizarre, un peu comme Zola, tellement français. "

"Ma chère tante, je sais que tu fais partie de ces personnes qui pensent que les filles célibataires devraient être absolument ignorantes de ce genre de choses. Je ne suis pas d'accord avec toi. Elles n'ont pas besoin d'afficher leur connaissance du mal, mais elles ne peuvent pas aider." Je sais que Londres n'est pas un bon endroit pour un jeune homme qui a beaucoup d'argent, surtout lorsqu'il est aussi inexpérimenté que Reginald ; et d'ailleurs, M. Beaumont est un homme du monde, que je Je crois vraiment que l'on vit grâce à son intelligence — et s'il s'agit d'un cas où son intelligence s'oppose à celle de Reginald, ma chère tante, je crains que le pauvre Reginald ne s'en sorte le plus mal.

"Que faire alors ?" » dit Miss Cassy d'un ton vide. "Pensez-vous que si j'envoyais à mon cher Reginald des tracts..."

"Je ne pense pas que ce serait très utile", interrompit Una en riant. "Non, j'irai voir Garsworth voir le vicaire, il saura ce qu'il y a de mieux à faire. Je lui montrerai la lettre de Reginald, et je suis sûr qu'il conviendra avec moi qu'il serait sage de se retirer. lui de l'influence de M. Beaumont.

Bolby ne s'occupe-t-il pas de lui ?" » dit Miss Cassy avec indignation.

"J'ose dire que M. Bolby a ses propres affaires à gérer", répondit Una avec un léger soupir ; "En outre, il ne considère Reginald que d'un point de vue monétaire, rien de plus. Veux-tu venir au presbytère avec moi, tante ?"

"Oh oui, ma chérie", s'écria Miss Cassy avec beaucoup d'empressement, "la promenade me fera du bien, et je suis si ennuyée... je parlerai à la chère Mme Larcher , vous savez, elle est si étrange, mais elle est quand même Mieux que sa propre compagnie, n'est-ce pas, ma chère ? Préparons-nous tout de suite ; la pluie est partie, je vois.

"Alors suivons l'exemple de la pluie", dit Una en riant, et les deux dames s'en allèrent se préparer pour leur promenade.

Lorsqu'ils sortirent avec de lourds manteaux et d'épaisses bottes, ils découvrirent que pour une fois le soleil avait montré son visage et regardait à travers les nuages aqueux d'une manière quelque peu faible. Le sol sous leurs pieds était humide et spongieux, mais c'était mieux que d'être emmurés dans la morne Grange, et à mesure qu'ils marchaient rapidement, leur moral remontait malgré l'influence déprimante du temps.

Lorsqu'ils arrivèrent au pont après une marche rapide , ils virent un homme penché sur le parapet qui regardait l'eau grise et froide tourbillonnant en contrebas.

"Cher moi, Una, comme c'est très étrange", s'est exclamée Miss Cassy, "il y a le Dr Nestley ."

"Dr Nestley ", répéta Una plutôt surprise. "Je pensais qu'il était parti la semaine dernière ?"

"Il y allait, mais pour une raison quelconque, il ne l'a pas fait", répondit Miss Cassy, qui, par un moyen mystérieux, entendait tous les potins du village. "J'ai entendu dire qu'il séjournait toujours chez Kossiter - en train de boire, ma chère - oh c'est affreux - donc très étrange."

À ce moment -là , ils étaient directement au centre du pont et, entendant des pas, Nestley se retourna, montrant un visage pâle et hagard, aux yeux ternes et remplis de misère muette. Le jeune homme avait l'air si malade et si désolé que le cœur d'Una la frappa car elle pensait que le changement était dû à son refus de l'épouser, et bien qu'elle le méprisait pour sa faiblesse de caractère en se laissant ainsi influencer, elle éprouvait néanmoins de la pitié pour lui. l'impuissance du pauvre garçon. Nestley rougit en reconnaissant les deux dames, puis leva son chapeau et, sans dire un mot, se tourna une fois de plus pour regarder la rivière. Una se sentit mal à l'aise en faisant cela, car un doute soudain surgit dans son cœur quant à savoir s'il n'avait pas l'intention de mettre fin à ses jours, alors prenant une soudaine résolution, elle murmura à Miss Cassy de se rendre seule au presbytère.

"Je vous rejoindrai bientôt", dit-elle à voix basse, "mais je veux d'abord parler au Dr Nestley ."

"Mais c'est tellement étrange", objecta Miss Cassy, "vraiment tellement très-très étrange."

Néanmoins, elle ne fit aucune autre objection et partit au trot dans la rue du village, laissant Una seule sur le pont avec le Dr Nestley . Même si le malheureux jeune homme savait qu'elle était toujours derrière lui, il ne se retourna pas et continua de regarder d'un air morne les eaux écumées du Gar.

"Dr Nestley ," dit-elle en lui touchant doucement l'épaule, "je veux vous parler."

Il se retourna d'un air maussade, même si le contact de sa main gantée provoqua un frisson dans son corps, et Una recula avec une exclamation de pitié en voyant à quel point il était une épave. Son visage, autrefois si frais , était maintenant gris et maigre, ses yeux étaient brillants de cernes noirs, tandis que ses lèvres nerveuses et ses mains tremblantes montraient à quel point il avait bu. Même dans ses vêtements, elle remarqua un changement, car ils étaient mis négligemment, son linge était sale et sa cravate mal rangée - en tout, il ressemblait à un homme qui avait complètement perdu son amour-propre et ne se souciait pas de sa santé. ni l'apparence.

Nestley vit l'expression de son visage et rit, d'un rire creux et sans joie, qui semblait tout à fait en harmonie avec son apparence misérable.

"Vous regardez votre travail, Miss Challoner," dit-il amèrement, "eh bien, j'espère que vous êtes satisfaite."

La fierté d'Una s'est immédiatement levée.

"Vous n'avez pas le droit de me parler de cette manière, monsieur", dit-elle hautaine en le regardant avec un visage fier et froid. "N'attribuez pas votre propre folie à une de mes fautes, qui est à la fois faible et peu virile."

Le misérable être devant elle baissa la tête devant le regard sévère de ses yeux.

"Tu ne m'épouserais pas," dit-il faiblement, "tu ne me sauverais pas de moi-même."

"Dois-je parcourir le monde en sauvant les hommes de leurs propres passions ?" elle revint avec mépris. « Honte à vous, docteur Nestley , de vous réfugier derrière une défense aussi faible . Sûrement parce qu'une femme refuse d'épouser un homme, il ne devrait pas s'abaisser comme vous l'avez fait, et ensuite rejeter la faute sur elle plutôt que sur lui-même… vous devriez mettre fin à cette folie.

"C'est exactement ce à quoi je pensais", marmonna-t-il en jetant un coup d'œil à la rivière. Elle devina instinctivement ce que signifiait ce regard et le regarda en disant :

« Ajoutez-vous le suicide au reste de vos folies ? C'est un refuge de lâche et pas digne d'un homme intelligent comme vous. Venez, docteur Nestley , » continua-t-elle en posant une main aimable sur son épaule, « soyez avisé. par moi. Renoncez à cet amour fou de la boisson qui vous abaisse au niveau des brutes, et rentrez chez vous ; alors, au milieu de vos anciens compagnons, vous oublierez bientôt que j'ai jamais existé.

"Jamais jamais!" dit-il d'une voix brisée.

"Oh oui, tu le feras," répondit-elle joyeusement. "Le temps est un merveilleux consolateur - d'ailleurs, docteur Nestley , je n'aurais jamais pu vous épouser, car même si vous ne le saviez pas à l'époque, vous le savez maintenant - je vais épouser M. Blake."

"Et quelle différence cela fera-t-il pour toi ?" » demanda-t-il moqueur, levant ses yeux ternes vers son visage sérieux.

"Je ne vous comprends pas", dit-elle froidement en reculant.

"Alors je peux facilement expliquer," répondit rapidement le jeune homme, "la seule différence sera celle-ci : vous l'aimez, vous ne m'aimez pas, pour le reste tous les deux, Reginald Blake, ou dois-je l'appeler Garsworth ? - et moi-même serai égal dans tout le reste."

"Vous parlez d'une manière extravagante", dit Una d'un ton glacial, "donc je vais vous quitter... permettez-moi de passer s'il vous plaît ?"

"Pas avant que j'aie eu mon mot à dire," rétorqua-t-il, ses yeux devenant brillants. "Je peux tordre ton cœur fier maintenant comme tu as tordu le mien alors. J'ai vu ton regard d'horreur quand tu m'as regardé et j'ai vu à quel point j'étais tombé à cause de la boisson - de la même manière que tu regarderas ton amant quand il reviendra de la tutelle de Basile Beaumont."

Una poussa un cri d'alarme et chancela contre le parapet de pierre du pont pour se soutenir, tandis qu'une main froide semblait s'agripper à son cœur.

"Vous avez entendu parler de ces démons d'autrefois qui tentaient l'humanité", poursuivit rapidement Nestley . "Oui, vous avez entendu de telles histoires et vous les avez considérées comme de pieuses fictions du catholicisme, mais c'est vrai, tout à fait vrai. Il y a des démons de ce genre parmi nous même maintenant, et Basile Beaumont en fait partie. Je l'ai connu à Londres il y a cinq ans. il y a quand j'étais un jeune homme qui commençait dans la vie. Je n'avais pas de vices, j'avais de grands talents, j'étais dévoué à mon métier et tout semblait promettre une vie juste. Mais Beaumont est venu, diable qu'il est, sous les traits de un ange de lumière et m'a ruiné. Il m'a séduit avec sa langue cajoleuse et ses manières spécieuses en me faisant croire en lui. Ayant gagné ma confiance, il m'a amené à jouer et à boire jusqu'à ce que je sombre si bas que même lui m'a abandonné - oui, a abandonné l'homme qu'il avait ruiné. C'est lorsque son influence fatale s'est retirée que j'ai commencé à me rétablir. J'ai pris serment, j'ai quitté Londres et ses fascinations et je me suis plongé dans un travail acharné. Pendant cinq ans, je n'ai jamais touché à l'alcool et les choses semblaient aller bien pour moi encore une fois, mais je suis descendu ici et je l'ai rencontré de nouveau. J'ai résisté longtemps à ses persuasions, mais la nuit où vous m'avez rejeté, j'étais épuisé de veiller au chevet du châtelain et malade de déception ; il m'a persuadé de prendre un verre de vin, il a été suivi d'un autre, et puis, je n'ai pas besoin de continuer, mais le lendemain matin, j'ai découvert que j'avais perdu mon estime de moi-même. J'ai cédé au désespoir, il ne semblait y avoir aucun espoir pour moi, et maintenant voyez ce que je suis, et à travers Basil Beaumont, j'ai perdu ma réputation, mon argent, ma position, tout, tout dans le monde. ".

Malade d'horreur, Una essaya de parler, mais ne put le regarder qu'avec des lèvres blanches et un visage terrifié. Voyant son inquiétude, il reprit son discours, mais d'une manière un peu plus douce.

"Votre amant est parti à Londres et Beaumont est avec lui. Il possède de l'argent. Beaumont voudra manipuler cet argent; pour ce faire, il réduira Reginald Blake à un simple chiffre. Savez-vous comment il fera " Je vais vous le dire. En vivant vite, il réduira votre amant à la condition abjecte dans laquelle j'étais et, à travers lui, dilapidera l' argent de Garsworth . Peu importe à quel point les principes de Reginald Blake peuvent être élevés, à quel point il désire vivre purement. Aussi tempérant qu'il ait pu être, il est au pouvoir de Basile Beaumont, et, peu à peu, sera entraîné jusqu'aux plus bas abîmes de la dégradation et du désespoir.

"Non non!" s'écria-t-elle sauvagement, "ce n'est pas possible !"

"Ce sera le cas, je vous le dis - je connais Beaumont, mais vous ne le savez pas - si vous voulez sauver votre amant, le sortir des griffes de ce diable, ou il deviendra un objet d'horreur pour vous comme moi. "

Il se détourna avec un air désespéré et traversa le pont vers la commune, s'affala le long de la route boueuse sans jeter un regard en arrière, tandis qu'Una, le visage pâle et les mains serrées, le regardait avec une agonie muette dans les yeux. .

"Oh, grand paradis !" » gémit-elle en levant son visage pâle vers le ciel gris, « si cela doit être vrai – cela doit être vrai – je peux voir qu'il dit la vérité ! Reginald doit s'y laisser prendre... non, non ! allez voir le curé. Je lui dirai tout... tout ! Il faut le sauver avant qu'il ne soit trop tard !

Avec une impatience fiévreuse, elle se mit à marcher dans la rue pour se rendre au presbytère, avec la seule intention de trouver un moyen de sauver l'homme qu'elle aimait.

Et l'homme qui n'avait aucune femme pour le sauver était affalé le long de la route, une silhouette solitaire et désolée, avec seulement le ciel gris au-dessus et la terre grise en bas, sans espoir, sans paix, sans amour qui l'attendait, mais seulement le l'ombre vide et noire du chagrin imminent couvant sa vie avec des ailes sombres .

CHAPITRE XXX.

L'AFFECTION D'UNE MÈRE.

Niobé . Du cruel Ph[oe]bus, tous mes enfants fuient.
Refrain . Fuyez donc, ô Reine, sinon ils vous feront du mal.
Niobé . Quel mauvais conseil est sur ta langue ?
Refrain . Le conseil qui te sauverait de toi-même.
Niobé . L'amour d'une mère doit donc protéger son enfant.
Refrain . D'une telle protection te vient la mort.

Niobé . La mort sera la bienvenue si elle arrive ainsi.
Car tu ne sais rien de la vraie maternité
, pensant que la peur de la mort me poussera d'ici à laisser ma progéniture
aux fléchettes de Ph[oe]bean.

Le lendemain était dimanche, et pendant la nuit il y eut une forte chute de
neige, de sorte que les gens de Garsworth ne furent pas peu étonnés, en se
levant le matin, de trouver le sol blanc et le ciel d'une couleur terne et
plombée . Una avait vu le vicaire et, à la suite de l'entretien qu'elle avait eu
avec lui, avait écrit une lettre à Reginald, qu'elle mettait dans une enveloppe
lorsque Patience Allerby entra pour ranger les affaires du petit-déjeuner. Elle
vit qu'Una avait écrit à Reginald, et une lueur d'intérêt traversa son visage
impassible alors qu'elle regardait sa maîtresse avec impatience. Una devina
ses pensées et, connaissant le profond intérêt de la femme pour Reginald,
découlant, comme elle le pensait, du fait que Patience était sa nourrice, lui
parla à ce sujet.

"J'écris à M. Blake", dit-elle en fermant l'enveloppe, "car j'ai hâte qu'il
revienne à Garsworth ."

"Il va bien, n'est-ce pas, Miss Una ?" » demanda Patience avec inquiétude.

"Oh, oui, je le pense", répondit Una, dubitative, "mais j'ai parlé avec le vicaire,
et il est d'accord avec moi qu'il est dangereux pour Reginald d'être à
Londres."

"Danger... de qui ?"

"M. Beaumont."

"M. Beaumont!" répéta Patience d'une voix dure. « Qu'a-t-il fait à mon garçon
?

Una la regarda avec étonnement, car tout le visage de la femme semblait transformé, et au lieu d'avoir son expression calme habituelle, il était convulsé par des passions orageuses. Pour une fois, le masque était tombé et Una reconnut la terrible force de caractère cachée sous l'extérieur placide de cette femme. La gouvernante sentait aussi qu'elle s'était trahie et s'efforçait de regagner le terrain perdu par une explication.

"Je vous demande pardon, Miss Una, si je parle avec colère", dit-elle fébrilement, "mais rappelez-vous que j'étais l'infirmière de M. Blake, et il est le seul être qui m'importe dans ce monde. S'il lui arrivait du mal, je le ferais. ne me pardonne jamais. »

"J'espère qu'il n'y a aucune chance qu'il lui arrive du mal", répondit gentiment Una, "mais il est à Londres avec M. Beaumont, et d'après ce que le Dr Nestley m'a dit à propos de ce monsieur, je ne pense pas qu'il soit un bon compagnon. pour Réginald."

"Dr Nestley ", dit Patience pensivement, "je ne savais pas que le Dr Nestley avait déjà rencontré M. Beaumont."

"Oui, je crois qu'il l'a rencontré à Londres", répondit Una, et elle se mit à diriger l'enveloppe, tandis que Patience, réfléchissant à ce qu'elle avait entendu, quittait la pièce.

Lorsqu'elle eut fini tout son travail de la journée , elle se retira dans sa chambre pour réfléchir à la conversation. À en juger par ce que Miss Challoner lui avait dit, Beaumont essayait de ruiner Reginald, et elle devinait ses motivations. Patience connaissait assez bien l'artiste pour savoir qu'il ne faisait rien sans objet, et comme il avait donné à Blake dix mille dollars par an, elle prévoyait que sa prochaine étape serait de s'en occuper. Comme il ne pouvait le faire que par l'intermédiaire de Reginald , il essayait de mettre le garçon complètement en son pouvoir afin de faire ce qu'il voulait. Quant aux remarques du Dr Nestley , il savait évidemment quelque chose sur la vie antérieure de Beaumont, et Patience, après réflexion, décida qu'elle ferait appel au Dr Nestley cet après-midi et découvrirait tout ce qu'il savait sur lui.

Ayant pris cette résolution, elle enfila ses affaires et sortit, après avoir dit à Jellicks qu'elle reviendrait dans environ deux ou trois heures.

Au dehors, la neige avait cessé de tomber, et toutes les teintes froides et l'aspect misérable du paysage étaient cachés sous une couverture d'un blanc pur. Les branches nues des arbres étaient toutes chargées de neige poudreuse, qui secouait en flocons blancs à chaque souffle du vent. Les longues lignes de haies épineuses couraient le long de la surface blanche en lignes noires, et ici et là de grands arbres décharnés se dressaient dans un contraste de couleurs saisissant . Patience, cependant, ne voyait aucune des beautés de l'hiver, mais marchait lentement le long de la route à moitié effacée et pensait aux périls auxquels Reginald était exposé par son propre père.

Puis elle traversa le pont, et, jetant un coup d'œil par-dessus bord, elle aperçut l'eau plombée qui courait tristement entre les berges blanches, le toit en pente de l'église couvert de blancheur comme un autel recouvert du tissu sacramentel ; les lourdes pierres grises de la tour et, au-delà, les hautes cheminées rouges du presbytère, formant une tache joyeuse de couleur vive sur le ciel bleuâtre.

Elle savait que Nestley s'arrêtait à « La Maison du Bien-Vivre », alors elle y alla directement et le demanda, après quoi elle fut conduite dans le salon , devant le feu duquel était assis le malheureux jeune homme, l'air plus épuisé et hagard. que jamais. Il se leva lorsqu'il vit Patience et la regarda avec anxiété, exprimant la pensée qui était la plus importante dans son esprit :

"Est-ce que Miss Una est malade ?" » a-t-il demandé, pensant qu'elle était venue pour ses services professionnels.

"Non, monsieur," répondit Patience en s'asseyant et en rejetant son voile, "Miss Una va très bien, je suis venue vous voir pour mes propres affaires."

"Es-tu malade?" » demanda-t-il avec lassitude, en reprenant sa place et en appuyant sa tête sur sa main, « qu'as-tu ?

"Rien du tout", répondit-elle froidement. "Ma santé va bien, mais je souhaite vous parler de M. Beaumont."

Le Dr Nestley la regarda avec surprise, avec un sourire amer aux lèvres.

"Quoi, toi aussi ?" dit-il avec dérision, "êtes-vous une autre de ses victimes ?"

"Non, je ne suis pas sa victime, mais, comme vous le savez, je suis la nourrice de M. Blake, qui a récemment succédé à la propriété, et comme il est maintenant à Londres avec M. Beaumont , j'aimerais avoir des nouvelles de votre propre lèvres, quel danger pensez-vous qu'il y ait dans une telle compagnie.

« Que puis-je dire ?

"Tout; vous avez raconté votre histoire à Miss Una hier et elle m'en a parlé ----"

« J'ai trahi ma confiance ?

« Rien de tout cela, monsieur, elle a simplement dit que vous ne considériez pas M. Beaumont comme un bon compagnon pour un jeune homme, rien de plus, est-ce vrai ?

"Parfaitement vrai. Je sais ce qu'est Beaumont d'après ma propre expérience de lui : il entraînera Reginald Blake jusqu'aux plus basses profondeurs de la dégradation."

La femme serra ses lèvres fines d'un air menaçant.

"Je ne pense pas, si je peux m'en empêcher", dit-elle sombrement.

"Alors si vous pouvez l'aider, si vous avez le moindre pouvoir sur lui, éloignez Blake de son influence, sinon il le ruinera."

"Es-tu sûr?"

"Bien sûr", répéta-t-il amèrement, "je ne le sais que trop bien à mes dépens, que Dieu m'aide ! Basil Beaumont est un diable, et il ne se repose jamais tant qu'il ne se fait pas des amis aussi vils que lui. Blake a de l'argent, Beaumont veut cet argent, et ne laissera rien l'empêcher de se le procurer.

"Il ferait mieux de ne pas s'opposer à moi."

"Que sais-tu de lui?"

"Plus qu'il ne se soucie que le monde le sache."

"Alors utilise ces connaissances pour l'éloigner de Garsworth ."

"Je m'en fiche s'il vient à Garsworth tant qu'il laisse mon-- mon garçon tranquille."

"Ton garçon?"

"Reginald Blake--j'étais sa nourrice--je le ferai revenir ici, et s'il épouse Miss Una , je ne pense pas que M. Beaumont pourra faire grand-chose."

"Il fera tout cela", s'écria rapidement Nestley , "il essaiera d'empêcher le mariage."

"Pourquoi?" » demanda-t-elle sèchement. "Pour quelle raison?"

"La meilleure de toutes les raisons : il aime Una Challoner lui-même."

Patience se leva avec un cri, son visage devint d'une horrible pâleur.

"Tu... tu ... es fou," haleta-t-elle en posant la main sur son cœur, "cela ne peut pas être vrai."

"C'est vrai, je vous le dis ", dit Nestley dans un murmure dur, se rapprochant d'elle. "Una Challoner ne m'écouterait pas parce qu'elle aime Reginald Blake. Beaumont l'aime aussi et voit que Blake est un obstacle sur son chemin, il éliminera cet obstacle par des moyens justes ou grossiers - mais il le supprimera, il le fera. obtenez un tel pouvoir sur Blake qu'il lui fera faire un testament en sa faveur , alors… alors… vous pourrez deviner ce qui suivra. »

"Oh ! mais c'est horrible... horrible ... cet homme ne ferait jamais une chose pareille."

"Je connais Basil Beaumont, pas toi."

« Non ! » cria-t-elle méchamment en se retournant. "Je ne le connais que trop bien : j'ai été une bonne femme autrefois !"

"Ah ! Je pensais que tu étais une autre victime", dit cyniquement Nestley . "Et que proposes-tu de faire ?"

"Faire!" dit-elle avec férocité. "Je vais lui écrire une lettre et l'avertir une fois pour toutes - s'il refuse d'accepter l'avertissement, je ne lui montrerai aucune pitié - il doit renoncer à toute pensée sur Una Challoner - elle épousera Reginald Blake et personne d'autre. ".

"Elle ne fera jamais ça tant que Beaumont vivra. Je sais qu'elle aime Blake, mais Beaumont l'aime, et que sont ces deux innocents face à sa ruse diabolique ?"

"Il doit s'occuper de moi aussi bien que d'eux", dit-elle avec grandeur. "Plus tôt que Beaumont ne leur fera de mal à un cheveu, je mettrai fin à sa vie et à ses méchancetés en même temps."

"Tu ne le tuerais pas ?"

"Je ferai ce que je dis : s'il n'accepte pas l'avertissement que je lui envoie, sa vie est entre ses mains, pas les miennes."

Nestley resta silencieux d'étonnement, tandis que, sans un autre mot, Patience quitta la pièce, et alors seulement il retrouva son pouvoir de parole.

"Pouah!" dit-il avec un frisson. "Je crois qu'elle le fera, mais non. Beaumont est un homme auquel rien ne peut nuire. Les démons sont envoyés sur la terre dans un but précis, et il en est un."

Il s'accroupit près du feu dont la lumière rouge éclairait son visage, faisant ressortir toutes les lignes et tous les creux qui y étaient désormais imprimés et lui donnant un air très vieux et gris. Dehors, la nuit approchait et il frissonna à nouveau tandis que la voix grave de la cloche de l'église résonnait dans l'air vif.

"C'est dimanche", murmura-t-il. « Dimanche soir, je devrais aller à l'église. À l'église ! » répéta-t-il avec un rire morne, il n'y a pas d'église pour moi ; entre moi et Dieu se tient le diable de la Boisson.

CHAPITRE XXXI.

PSAUME CVII. 19.

Un mot fortuit
peut frapper une oreille inattentive et réveiller l'âme de son sommeil égoïste
,
pour lutter contre mille ennemis subtils qui détruiraient son espoir de
paradis.

Dehors, la neige tombait rapidement et épaissement du ciel terne et
impénétrable, mais à l'intérieur de l'église tout était chaleur et lumière. En
raison de la civilisation primitive du village, le saint édifice n'était éclairé que
par quelques lampes à huile, qui suffisaient juste à le remplir d'ombres. Le
grand toit voûté au-dessus était complètement plongé dans l'obscurité, et les
lampes suspendues très bas, presque au niveau des bancs, brillaient d'une
lumière jaune terne dans l'atmosphère pesante. Sur la table de communion,
quatre cierges brillaient comme des étoiles ambrées , touchant avec des
lumières intermittentes les membres blancs du Christ suspendus à la croix
d'ébène. Une lampe enfermée dans un globe rouge se balançait au centre de
l'arc du chœur, d'un cramoisi farouche comme un œil rouge sortant de la
pénombre, et de chaque côté de la chaire deux bougies jetaient une lueur
douteuse sur la Bible ouverte. Au milieu de toute cette fantaisie d'ombre et
de lumière, les simples villageois s'agenouillaient, la tête baissée, suivant, à
voix basse, le Notre Père récité par le vicaire. Le son confus bourdonnait
parmi les innombrables arches, se perdait en faibles échos parmi les grandes
poutres de chêne, puis le tonnerre de l'orgue déroulait un amen mélodieux
qui s'éteignit dans un murmure tandis que, avec un bruissement, l'assemblée
se levait. pour apporter les réponses.

Pendant le chant des psaumes, la porte du bas de l'église s'ouvrit et, annoncé
par un souffle d'air froid qui fit vaciller toutes les lampes, un homme se glissa
furtivement vers un siège sombre et s'agenouilla. C'était Duncan Nestley ,
qui, torturé par des pensées exaspérantes et une angoisse mentale accablante,
était venu à la religion pour se consoler, maintenant agenouillé, les yeux
brûlants et secs et les mains jointes, au milieu de l'ombre.

Le psaume du soir était ce chant magnifique dans lequel David décrit Jéhovah
comme sortant dans toute sa gloire, et le chœur, étant vraiment excellent, les
vers roulants du poète hébreu étaient bien rendus. Les aigus aigus des garçons
résonnaient d'une manière perçante à travers le crépuscule mystique.

« *Il chevauchait les chérubins et volait : il venait en volant sur les ailes du vent .* »

Puis, sans pause, les voix plus graves des hommes tonnèrent les paroles sublimes :

" *Il a fait de l'obscurité son lieu secret, son pavillon tout autour de lui avec une eau sombre et d'épais nuages pour le couvrir .* "

Ce n'est pas étonnant que, tandis que le grand volume sonore résonnait dans l'église, le cœur du malheureux était rempli de peur.

Cette divinité terrible qui apparaissait dans une splendeur si épouvantable était son ennemi, cet horrible Jéhovah des Hébreux, dans la main duquel brillait l'épée de la vengeance, était son juge impitoyable, et à genoux là, les mains étroitement serrées, il se sentit écrasé à terre par le des dénonciations féroces retentirent dans le chœur. Mais alors un changement se produisit dans la terrible véhémence de la musique, et la proclamation, douce comme une trompette d'argent, retentit :

" *Le Seigneur vit , et béni soit mon puissant secours et loué soit le Dieu de mon salut .* "

Il y avait alors de la miséricorde ; cette splendeur inconnue , dont les terreurs avaient été ombragées avec tant de grandeur, avait de la pitié aussi bien que de la vengeance ; un sourd sentiment d'épuisement l'envahit alors que le psaume se terminait par la promesse de miséricorde, et ses lèvres sèches remuaient en silence comme pour se joindre au final « Gloire au Père ».

Il ne se leva pas de ses genoux, mais, toujours dans une posture de supplication abjecte, il entendit, comme dans un rêve, la lecture des leçons et la douce et bienveillante musique des hymnes. Ce n'est que lorsque le vicaire, grand et majestueux dans son surplis blanc, monta en chaire et distribua le texte, qu'il bougea. Avec un soupir las, il se leva et s'assit sur le banc, complètement épuisé par les émotions contradictoires suscitées en lui par la musique, mais les paroles du texte prononcées par la voix résonnante du Dr Larcher semblaient apporter un certain réconfort à son désespéré. âme.

" *Alors ils crient vers l'Éternel dans leur détresse et il les sauve de leur détresse .* "

Au début, il écouta le sermon sans rien faire, mais il s'aperçut bientôt, à sa grande surprise, qu'il suivait les paroles du prédicateur avec une attention particulière. Le Dr Larcher n'était en aucun cas un Chrysostome à la bouche en or, mais il prêchait un sermon simple et simple, éminemment adapté à la simple congrégation dont il était pasteur. Jamais il ne se perdait un instant au milieu d'arguments théologiques abstrus qu'ils n'auraient pas compris, mais il leur disait des vérités pratiques dans un saxon vigoureux, dont personne ne pouvait manquer de saisir le sens.

" *Car, mes frères, lorsqu'un homme est au plus profond du désespoir, c'est alors qu'il invoque pour la première fois le nom du Seigneur. Dans les temps de paix et d'abondance, lorsque nos amis sont autour de nous et que nos coffres sont pleins, nous Nous sommes hélas trop enclins à oublier que tous ces bienfaits viennent du Tout-Puissant et négligent ainsi parfois de le remercier pour ses nombreuses miséricordes. Mais quand les nuages de l'adversité s'amoncellent autour de nous, quand les êtres chers sombrent dans la tombe, quand la richesse disparaît comme la neige, quand notre nom devient un mot de mépris et de reproche, c'est alors que nous nous tournons vers Dieu pour ce secours qui nous est refusé par l'homme. Et refuse-t-il jamais de nous aider ?-- Non !- - Selon les paroles du Psalmiste : « Recharge ton fardeau sur le Seigneur et il te soutiendra » - au cœur vraiment contrit, il donne la paix et l'aide en cas de besoin ; aucune n'est si basse qu'il n'entend et exaucez leurs prières si elles sont faites avec le cœur. Ce n'est pas au terrible Jéhovah de la nation juive, avec la pompe et l'orgueil de ses sacrifices et le son de ses trompettes d'argent, que nous, les générations futures, faisons appel. Non, depuis la venue de notre cher Seigneur, qui fait le lien entre le très haut ciel et la basse terre, nous lui offrons d'humbles prières dans la solitude et lui, notre doux et miséricordieux Père à tous, sèche les larmes de nos yeux et prend le relais. chagrins de nos cœurs. Si un homme est faible et veut commettre le péché, qu'il invoque le Seigneur et il sera fortifié. Si les tentations auxquelles il a été exposé ont été trop lourdes pour lui et qu'il a succombé, qu'il implore la miséricorde du Tout-Puissant. et il le trouvera sûrement. Hélas! combien de fois trouvons-nous du manque de pardon chez les hommes. Oubliant les paroles du Christ : « Pardonnez-nous nos offenses comme nous pardonnons à ceux qui nous ont offensés », ils détournent le visage et nous laissent humiliés dans la poussière, mais Christ nous élève de cette position de humiliation avec des paroles réconfortantes : « Lève-toi, pauvre pécheur, et tes péchés te soient pardonnés, car je suis venu dans le monde dans ce but. S'il y a parmi vous quelqu'un qui a péché, qu'il se repente cette nuit et il trouvera la paix de Dieu qui dépasse toute intelligence. S'il est faible, Dieu lui donnera la force de vaincre ; s'il est désespéré, Dieu lui donnera l'espoir d'être pardonné. Priez, priez sans cesse, car c'est par la prière seule que nos faibles voix peuvent parvenir à l'oreille du Père éternel . »*

Nestley n'attendit plus rien, mais avec un cri d'angoisse étouffé, il s'enfuit de l'église dans le monde froid et blanc de l'extérieur. Trébuchant sur les pierres tombales, à travers la neige aveuglante, qui tombait maintenant en flocons épais, il se retrouva bientôt dans la rue, et poussé par quelque impulsion folle, il ne savait quoi, il se précipita follement à travers la place du marché, sur le pont et sur la commune sans voie ferrée. Les dents serrées et les yeux sauvages et fixes, il fit face à la tempête qui balayait. Ses pas ne faisaient aucun bruit sur la neige qui cédait et il glissait comme un fantôme inquiet, les paroles brûlantes du sermon résonnant à ses oreilles.

Il était au plus profond du désespoir et tous les hommes avaient détourné leur visage de lui ; il invoquerait le Seigneur pour l'aider, mais Dieu s'en occuperait-il ? Il le ferait sûrement. Quels étaient les mots du texte ?

" *Alors ils crient vers l'Éternel dans leur détresse et il les sauve de leur détresse .* "

Lui aussi pleurerait et le Seigneur le sauverait de la terrible agonie qu'il endurait. Il s'agenouillait là et là dans la neige et invoquait ce Dieu invisible, pavillonné dans la terrible splendeur des nuages qui l'entourent, pour l'aider.

" *Dieu aide moi!* "

Pas de réponse sinon le sifflement du vent et le doux bruit de la neige qui passait, caressant son visage froid d'un toucher délicat.

" *Dieu ! montre-moi comment être sauvé .* "

Rien, rien, seulement le ciel noir au-dessus, la terre blanche en bas, et lui-même, entre les deux, un homme téméraire et désespéré levant ses mains impuissantes.

" *Notre Père qui es aux cieux ----* "

Comme ces mots étaient doux ; il les avait sûrement entendus sur les genoux de sa mère – alors il était un enfant innocent, mais maintenant ! Oh mon Dieu, la mauvaise vie qu'il avait vécue depuis !

Il faisait assez chaud maintenant et il se sentait somnolent ; s'il dormait un moment, il se réveillerait alors et demanderait une fois de plus à Dieu de le sauver ; mais non, s'il s'endormait dans la neige, il ne se réveillerait plus jamais, car cette neige traîtresse l'égorgerait de froides étreintes. Il mourrait... mourrait . Ah ! il ne pouvait pas mourir, même s'il était endormi par la voix des sirènes et les douces caresses de la reine des neiges ; la vie était douce, alors il se battrait pour la conserver.

Un long combat et il était debout ; la route! où était la route ? il ne pouvait pas le voir. Qu'à cela ne tienne, la neige et le vent étaient dans son dos, il marcherait jusqu'au pont, alors il serait en sécurité. Oh, les kilomètres fatigués, fatigués – à moitié étourdi, à moitié fou, il tituba, titubant comme un homme ivre. La route ne finirait-elle jamais ? Oh ce tourbillon incessant de flocons de neige dans lequel il se trouvait, c'était la danse de la mort et c'était lui le danseur.

De plus en plus vite, les flocons tombaient sur la plaine blanche et sur la surface sombre du Gar, mais aucune silhouette ne se débattait maintenant ; non, il gisait sur le pont, un amas désordonné de vêtements noirs, que la neige cachait rapidement sous son doux manteau blanc.

Sur le pont arrivent le cheval et le chariot d'un fermier robuste qui doit traverser les étendues sauvages et blanches au-delà pour rentrer chez lui, et le fermier robuste lui-même, avec sa femme plantureuse à ses côtés, conduit le vieux cheval sage. Soudain, le vieux cheval hésite devant la silhouette allongée dans la neige - un sursaut de la part du fermier et de sa femme - puis des exclamations et des appels à l'aide, des silhouettes noires viennent glisser sur la neige comme des ombres, et des mains aimables lèvent Duncan Nestley. de son lieu de repos mortel.

Emmenez-le à l'auberge, placez-le devant un feu crépitant, forcez un peu d'eau-de-vie chaude entre ses lèvres bleues et frottez ses membres gelés pour rétablir la circulation du sang glacé.

Mort! non, pas mort ! il ouvre les yeux. En eux, il n'y a pas d'intelligence, seulement un regard vide : il balbutie quelques mots puis retombe évanoui.

Délire, oui, et délirer pendant de longues journées, la pauvre âme.

CHAPITRE XXXII.

LONDRES.

Londres est la bougie qui, attirant toujours les papillons de nuit par son éclat fiévreux, les détruit sans pitié dans sa flamme cruelle.

Reginald Blake ne s'amusait pas beaucoup à Town en raison de son état d'esprit perturbé. Pendant des années, il s'était imaginé la ville merveilleuse et la vie qu'il y vivait ; comment il se retrouverait un jour habitant de la grande métropole, avide de conquérir gloire et fortune par la magie de sa voix, comment il prendrait plaisir à mener l'existence ambitieuse, à moitié bohème, tout à fait délicieuse d'un chanteur, et comment il pouvoir flâner dans les rues et voir la vie brillante de la puissante ville avec son activité incessante et ses efforts ardents pour la richesse, la renommée et la nouveauté. L'abbaye de Grey Westminster, le noble Saint-Paul, l'énorme monument du Parlement, la colonne dorée du Monument, il verrait tout cela, avec leur richesse d'associations historiques, religieuses et artistiques. Il foulerait les rues mêmes sur les pierres desquelles erraient le fier Chatterton frappé par la pauvreté, le courtois Addison et le lourd Dr Johnson ; il trouverait les ruelles, les maisons et les routes pittoresques décrites dans les pages fascinantes de Dickens, et il errerait dans les lieux sacrés de Drury Lane, hantés par les ombres majestueuses de Wilkes, de Siddons, de Bracegirdle et de David Garrick. Bon Dieu, quels innombrables châteaux fantastiques n'a-t-il pas construit dans le pays des coucous-nuages sur les gloires invisibles de Londres, où chaque rue et chaque pierre rappelait la glorieuse histoire de l'Angleterre, de Plantagenêt à Guelph.

Oh, les magnifiques châteaux de Cloudland, avec quelle rapidité leur splendeur a-t-elle disparu de son imagination devant le contact désenchanteur de la réalité glaçante. Il était bien à Londres, mais hélas ce n'était pas le Londres magique de ses rêves, cet énorme assemblage de maisons à travers lesquelles coulait une rivière grise et mélancolique et au-dessus de laquelle pendait un lugubre nuage sombre de fumée et de brouillard. Le Londres de la romance et le Londres de la réalité étaient deux choses très différentes, mais le désenchantement de ce jeune rêveur n'était pas entièrement dû à l'apparence prosaïque de la ville elle-même mais plutôt à la tristesse et à la dépression de son esprit.

Le souvenir de la manière dont sa richesse lui était parvenue pesait lourdement sur son esprit, lui faisant voir toutes choses de la manière la plus sombre et torturant son caractère sensible par des pensées irritantes et des illusions exaspérantes. En vain il s'efforçait de se débarrasser de ce sentiment sombre et de profiter de la vie multicolore de la grande ville ; en vain il se disait que le hasard de sa naissance n'était pas de sa faute et en vain il s'efforçait de prendre plaisir dans la société des hommes et des femmes auxquels l'avait présenté Basile Beaumont. Tout cela était inutile, car un sombre nuage d'amertume et de méfiance semblait s'installer sur la joie de sa vie et le conduisait à tout voir avec des yeux jaunis. Il sentait qu'il avait perdu la joie de vivre adolescente, comme Donatello avait dû le perdre après s'être taché les mains de sang, et bien qu'il ait de la jeunesse, du talent, de la beauté et de la richesse, tous ces dons délicieux des fées étaient neutralisés par le cadeau fatal du déshonneur que lui avait fait la méchante dame qui s'était révélée être le mauvais génie de sa vie.

Dès que les affaires liées au domaine Garsworth furent correctement achevées et qu'il eut été pleinement reconnu comme l'héritier du vieux Squire, Bolby estimant avoir fait son devoir, laissa le jeune homme et son ami Dick assez bien à eux-mêmes. . Dick jouissait de tout avec l'appétit inépuisable de la jeunesse, mais Reginald prenait ses plaisirs, tels qu'ils étaient, d'une manière apathique, ce qui montrait à quel point il avait complètement perdu toute capacité de jouissance.

M. Pemberton avait été plutôt irrité par la vie prosaïque qu'ils menaient lorsqu'ils étaient sous la direction de M. Bolby , dont les idées d'amusement étaient de la nature la plus primitive, s'étendant rarement au-delà d'un après-midi au zoo ou d'une nuit chez Madame Tussaud ou au Salle égyptienne. La seule chose qu'il considérait comme méritoire dans les idées de M. Bolby sur la vie, c'était les excellents dîners que leur offrait le petit avocat, mais Dick, lors de ses visites éclair à Town, avait goûté à l'Arbre de la Connaissance à l'ombre duquel se trouvaient les les music-halls et les théâtres burlesques, il avait donc hâte d'aller dans des endroits semblables pour s'amuser.

Lorsqu'ils quittèrent M. Bolby et furent confortablement installés dans un hôtel tranquille de Jermyn Street, Dick, voyant que Reginald était absolument indifférent quant à l'endroit où il allait ou à ce qu'il faisait, prit en compte tout l'arrangement de leur vie londonienne. de ses propres mains et réussit à se rendre dans de nombreux endroits, ce qui aurait terriblement choqué le vicaire s'il l'avait su. Non que ces plaisirs interdits leur fassent beaucoup de mal, car les deux garçons étaient extrêmement sensés pour leur âge. Cependant, Dick se sentant capable, grâce à la générosité de Reginald, de dépenser beaucoup d'argent, emmena son ami et lui-même dans divers endroits ombragés dont ils aurait tout aussi bien pu être ignorant. Mais Nemesis tomba bientôt sur le malheureux Richard, et juste au moment où il devenait un bel homme de la ville, son oncle célibataire de Folkestone lui écrivit une lettre lui demandant de venir lui rendre visite et comme Dick était censé être son Héritier de son oncle célibataire, il dut quitter Town, à son grand dégoût et au grand regret de Reginald, à qui son ami plein d'entrain manquait à chaque heure de la journée.

Il restait cependant toujours à Town, mais comme il ne connaissait personne, son existence était pour le moins extrêmement ennuyeuse. Reginald était essentiellement de nature sociale et cherchait quelqu'un à qui parler, il ne fut donc pas désolé lorsqu'un jour Basil Beaumont, qui attendait le départ de Dick, fit appel à lui et se constitua désormais son chef d'ours. Comme ils n'avaient rien vu de l'artiste depuis leur arrivée à Town, Dick n'avait jamais pensé à faire part à Reginald de sa méfiance à l'égard du fascinant Beaumont, aussi le jeune homme, se souvenant de la gentillesse de l'artiste à l'égard de sa probable carrière de chanteur, se sentit très amical envers lui. et il était tout à fait disposé à accepter son offre de compagnie comme le résultat d'une disposition bienveillante et non comme le résultat d'un plan soigneusement calculé.

On pouvait difficilement imaginer un compagnon plus dangereux pour un jeune homme déprimé que Beaumont, car il conduisait Reginald à se plonger dans des plaisirs tumultueux pour le plaisir de se distraire, devant lesquels il aurait autrement reculé. Doté d'un esprit éminemment raffiné et aimant la compagnie cultivée, s'il avait été en parfaite santé, il n'aurait jamais été entraîné par ce Méphistophélès moderne dans le vortex de plaisir frénétique dans lequel ses jours et ses nuits étaient désormais engloutis. Mais, étant dans un état d'esprit morbide, il a médité éternellement sur la stigmatisation présumée attachée à son nom jusqu'à ce que cela devienne pour lui un parfait cauchemar. Il pensait que tout le monde connaissait sa misérable histoire et le méprisait pour la position anormale qu'il occupait maintenant. Ainsi, dans un esprit de bravade folle, il devint tout à fait imprudent et déterminé à défier le monde que son esprit sensible imaginait se moquer de lui. un salaud. Terrible à raconter, malgré les relations existant entre eux, Beaumont, qui aurait dû éviter au jeune homme de tomber dans un état d'esprit aussi malsain, encourageait plutôt ses accès moroses qu'autrement, pensant que cela lui donnerait une plus grande emprise. que jamais à cause de son fils, a si délibérément conduit le malheureux jeune homme à la ruine , à la ruine , non de sa fortune ou de sa position, mais de sa nature physique et morale.

Dans ses meilleurs jours, le cercle des connaissances de Beaumont n'était pas très vaste ni très réputé, mais maintenant il est plus restreint et pire que jamais ; néanmoins il présenta le jeune maître de Garsworth Grange à ses amis, dont les manières, en général, étaient aussi polies que leurs mœurs étaient mauvaises. Des hommes de métier brisés, des seigneurs déjoués, des messieurs de fortune ruinés, des parasites louches de la société ; C'étaient les associés quotidiens de Reginald Blake, jusqu'à ce que son esprit, éminemment calculé pour recevoir des impressions, commence à se corrompre. La société des faucons est une chose plutôt dangereuse pour les colombes, et cette pauvre colombe peu sophistiquée était d'une nature bien trop naïve pour se méfier des oiseaux de proie dont il se trouvait entouré, bien que, bien sûr, ses instincts naturels du bien et du mal l'entourent. l'a sauvé de bien des embûches.

Non pas que les faucons autour de lui aient nui à sa position pécuniaire, car Beaumont était trop égoïste pour permettre à quiconque d'avoir le plumage de ce pigeon bien emplumé, sauf lui-même, et comme il existe un code d' honneur non écrit même parmi les faucons, le jeune homme a été entièrement laissé à la tendre merci de son mentor maléfique. Néanmoins, les longues nuits de jeu, les ruses de femmes dont la beauté ne rédemptait pas leur fragilité, et la vie constante d'excitation qui se passait sous l'éclat fiévreux des lampes à gaz, détruisirent bientôt le nouveau sentiment de jeunesse sain que Reginald Blake avait possédé pendant les années tranquilles. années de sa vie à la campagne.

Quand parfois ses meilleurs sentiments l'emportaient et qu'il aurait fui cette vie malsaine de plaisirs au goût amer, Beaumont était toujours à ses côtés avec quelque nouveau moyen pour l'entraîner à la destruction. Blake n'était en aucun cas un homme faible d'esprit, mais il était jeune et impressionnable, et le changement soudain de la pauvreté et de la vie tranquille de Garsworth à la vie opulente et brillante de Londres le déstabilisa moralement.

Sans aucun doute, il aurait dû courageusement résister aux attraits du péché et aux frivolités superficielles auxquelles il se livrait avec l'apathie du désespoir, mais, dans les jardins de Londres, semblables à ceux d'Armida, les yeux les plus perçants sont aveuglés, les sens les plus aigus sont déconcertés et étourdis. par le brouhaha et l'éclat qui l'entourent, la victime ne tombe que trop facilement dans les pièges cachés sous le splendide spectacle.

Une chose, cependant, à laquelle Reginald résista vaillamment, c'était la tentation de boire : il jouait à la sieste et au baccara, y perdant des sommes relativement importantes, mêlé à la société des femmes qui l'attiraient vers la destruction avec des voix de sirènes, mais en dépit de Malgré les incitations insidieuses de Beaumont, il ne prenait jamais plus de vin que ce qui était bon pour lui, et cette tempérance était dans une certaine mesure une protection contre l'influence fatale de sa vie par ailleurs insensée. Cependant Beaumont n'était pas impatient, connaissant par expérience l'effet du temps sur l'usure des bonnes résolutions, et attendait tranquillement qu'une heureuse occasion lui permette de mettre un terme à la ruine de son malheureux fils. Il semble presque incroyable qu'un homme tel que Basile Beaumont, dont même sa propre chair et son sang n'étaient pas à l'abri, puisse exister ; mais, malheureusement, il n'est qu'un des nombreux hommes chez qui tout amour et toute affection naturels sont entièrement détruits par la vie vicieuse et fiévreuse qu'ils mènent.

Voilà donc ce malheureux papillon de nuit attiré vers la destruction par l'éclat criard des lumières de Londres sous lesquelles était assise la fatale Circé du plaisir, aux cheveux couronnés de roses et à la coupe remplie de vin. Autour d'elle se déplaçait la splendide foule des chercheurs de plaisir, dansant, chantant, mangeant et buvant, ne se souciant pas du lendemain dans la mauvaise joie du présent ; mais, au-dessous de ce tourbillon étincelant de vice et de coquinerie, se trouvaient les pièges cachés par les roses dans lesquels enfonçait à chaque instant quelque fêtard gai , son dernier cri de désespoir noyé dans la foule tumultueuse dansant gaiement sur sa tombe invisible.

CHAPITRE XXXIII.

COUPE DE CIRCÉ.

Dans sa coupe brille le vin rouge,
Parfumé comme la rose rougissante ; Guérison des chagrins, guérison des malheurs,

De là tu gagneras.

Ah ! mais la coupe de Circé trompe,
le mal envoûte sa magie, elle s'en va pour l'imbécile qui boit.

L'amertume du péché.

Un soir, Reginald et Beaumont étaient confortablement assis devant leurs cigarettes et leur café dans le fumoir de l'hôtel, discutant d'une manière décousue des nouvelles du jour, lorsque Blake fit soudain une remarque tout à fait étrangère à la conversation.

"Je me demande souvent pourquoi tu ne t'es jamais marié, Beaumont," dit-il distraitement.

L'artiste haussa les épaules.

"Ce n'est pas difficile de répondre," répondit-il légèrement. "Je n'ai jamais rencontré de femme à laquelle je tenais particulièrement."

"Tu n'aimerais pas te marier ?" » demanda Réginald.

"Humph! ça dépend. J'ai bien peur d'avoir dépassé l'âge de cultiver les vertus domestiques. Je suis un cosmopolite, un vagabond, aucune maison ne me serait agréable pendant un certain temps."

"Mais pourquoi ne t'installes-tu pas ?"

" Parce que l'ère des miracles est révolue. Je fais partie de ces hommes qui ne savent jamais dans quel pays ils déposeront leurs os. Non, non ! J'ai bien peur que l'urne à thé domestique et le cercle familial ne soient pas pour moi. "

Il était curieux d'entendre cet homme parler d'une manière aussi cynique à son propre fils, mais Beaumont avait été si longtemps séparé de sa progéniture qu'il le considérait presque comme un étranger et lui parlait donc comme tel.

"Je pense que tu serais beaucoup plus heureux en mariage", observa Reginald.

" Sans aucun doute. Vous me jugez par vous-même. Quand vous vous marierez avec Miss Challoner et que vous vous installerez, votre vie sera un paradis, car une longue formation vous a rendu admirablement apte à une vie domestique. Mais je... ouf !-- je je me lasserais de la meilleure femme du monde. »

"Quel homme curieux tu es, Beaumont", dit Blake en le regardant d'un air perplexe. "Votre vie en Ville me paraît si insatisfaisante. Tout le monde est en mouvement. Jamais un moment de repos ou de réflexion, une recherche constante du plaisir, et quand ce plaisir est obtenu, qu'est-ce que les fruits de la Mer Morte ? Maintenant, d'un autre côté, je ne peux imaginer une vie plus agréable que celle de la campagne. Quand j'épouserai Una , j'habiterai à Garsworth Grange, j'élèverai mes enfants, si je suis assez heureux pour devenir père, je m'intéresserai à la chère vieux village, et profiter de toute mon existence d'une manière tranquille et agréable, ce qui me procurera un plaisir bien plus durable que cette vie rapide et frivole de ville.

"Vos instincts sont tout à fait ceux d'une époque patriarcale", dit Beaumont avec un ricanement à peine dissimulé, "mais bien sûr, je ne peux guère m'en étonner. De nombreuses années d'une civilisation hautement artificielle m'ont donné un dégoût pour votre bel idéal de vie. , alors que la simplicité de votre formation vous a rendu impropre au gaz et aux paillettes de Londres. Un homme élevé avec du rosbif ne se soucie pas des truffes, même si, bien sûr, le rosbif est le plus sain des deux.

Reginald rit de cette manière extraordinaire d'argumenter, mais n'insista pas sur le sujet, et peu de temps après, les deux hommes se précipitèrent dans un fiacre jusqu'au Totahoop Music Hall.

Cet établissement, qui doit son nom extraordinaire à un éminent comédien qui l'ouvrit le premier comme lieu de divertissement, était l'un des music-halls les plus grands, les plus beaux et les plus fréquentés de la ville. Il se dressait sur un côté d'une grande place et avait une apparence somptueuse avec son escalier de marbre, ses énormes portes pliantes et la vue qu'elles offraient lorsqu'elles étaient ouvertes sur des arbres tropicaux, des statues blanches nues et de magnifiques tentures de peluche bleue, le tout paraissait brillant sous le puissant rayonnement des lumières électriques.

Lorsque les deux messieurs arrivèrent, la promenade était pleine d'hommes et de femmes, certains parlant fort, d'autres assistant au spectacle, et beaucoup se pressaient autour des comptoirs en marbre des différents bars d'où des barmaids souriantes servaient des boissons rafraîchissantes. La salle était pleine et relativement calme, car on dansait maintenant le ballet de *La Lorelei , et la scène était remplie d'une multitude de jolies filles en costumes vert pâle scintillant d'écailles d'argent, qui se balançaient d'avant en* arrière au rythme d'une valse entraînante. mélodie jouée par l'orchestre.

"C'est un très bon ballet", observa Beaumont en prenant place dans une loge privée, "le décor et les danses étant excellents. Prendre un verre ?"

"Non, merci," répondit nonchalamment Blake en enlevant sa cape, "je préfère regarder le ballet."

Il se pencha hors de la loge et fut bientôt profondément intéressé par l'action pantomime sur scène, tandis que Beaumont balayait le fer à cheval scintillant avec sa jumelle pour voir s'il pouvait apercevoir un ami. Très vite, il aperçut un homme qu'il connaissait bien et quitta la loge en murmurant des excuses, tandis que Reginald, absorbé par le ballet, ne prêtait aucune attention à son départ.

Des voiles de gaze vert pâle tombaient comme un rideau devant la scène inondée d'une lumière émeraude, et au fond on apercevait le Palais Marin de la Lorelei, au-dessus duquel ondulait les vagues bleues de l'océan. L'audacieux jeune chevalier en armure d'argent se tenait comme une statue au centre de la scène et autour de lui les nymphes, liées main dans la main, s'enroulaient dans des évolutions mystérieuses, de plus en plus lentes jusqu'à ce qu'elles s'arrêtent toutes, regroupées dans des attitudes gracieuses comme des vies. statues. Un étrange accord grave émanait de l'orchestre, puis une étrange mélodie subtile semblait posséder une fascination semblable à celle d'un serpent alors qu'elle montait et descendait avec des sons aigus de clarinette et de violon. Une ondulation soudaine comme des cloches d'argent et la fatale nymphe du Rhin glissa sur la scène depuis un énorme coquillage placé loin en arrière dans l'eau verte agitée. Ensuite, il y eut une danse de fascination dans laquelle le chevalier résista aux attraits de la Lorelei, mais les nymphes endormies se réveillèrent également et recommencèrent leur danse rêveuse, tandis que, à travers le balancement et le rythme de l'orchestre, volaient l'étrange cornemuse sauvage de la *Lorelei. motif*. Finalement, le chevalier céda, il y eut une tempête de musique quelque peu discordante et toutes les mauvaises choses de l'océan apparurent en troupe sur la scène, se précipitant enfin dans un galop fou alors qu'elles bondissaient et roulaient autour du chevalier, maintenant captif dans les bras de la sirène. Une obscurité épaisse s'étendit sur la scène et lorsque la lumière revint, les salles océaniques avaient disparu et une joyeuse foule de paysans dansait sur une belle pelouse au son de la cornemuse d'un berger.

Reginald n'aimait pas tellement cette dernière scène, car elle manquait de l'attrait mystérieux de la première, et se sentait plutôt déçu, mais il fut tout à fait récompensé par la dernière scène du ballet, qui représentait le rocher fatal de Lorelei au milieu des eaux troubles sous le pâle lumière de la lune.

Sur le rivage errait le chevalier enchaîné, et Blake pensa à la ballade de Heine avec son début inquiétant :

alors que la mystérieuse mélodie de la Lorelei commençait à nouveau à se faufiler au milieu de la musique sombre de l'orchestre. Le chevalier est seul, car il n'aime rien sur terre alors que la sorcière de l'eau a du pouvoir sur lui. De plus en plus strident s'élève la mélodie et tout à coup une flamme blanche de lumière électrique enveloppe le rocher sur lequel se tient la sirène, peignant ses merveilleuses mèches d'or.

Avec des gestes mystiques, elle fait signe au chevalier, il lance un bateau et les vagues s'élèvent blanches et menaçantes au milieu d'une tempête de musique de l'orchestre, tandis qu'au-dessus du ciel gronde le tonnerre et les éclairs. Le bateau atteint le rocher, heurte, et en un instant le chevalier se débat dans l'eau, les mains tendues pour implorer la Sorcière de l'Eau. L'obscurité revient, puis à nouveau la lumière émeraude brille, montrant les salles de la Lorelei, qui se tient au-dessus du cadavre du chevalier, tandis qu'autour se balancent les nymphes de la rivière aux cheveux flottants et aux mains agitées, puis le sifflement strident du *motif de la Lorelei* retentit. encore une fois et le rideau tombe.

"Eh bien, que penses-tu du ballet ?" demanda Beaumont, qui était rentré dans la loge et observait avec un vif intérêt l'air rêveur du visage du jeune homme.

"Je pense que c'est charmant", répondit Reginald, dans la tête duquel résonnait encore la mystérieuse mélodie de la Lorelei, "mais quel imbécile ce chevalier était."

"Ah, tu le penses ?" » répondit l'artiste d'un ton léger. " Là, je ne suis pas d'accord avec vous. Beaucoup d'hommes ont vu leur vie détruite en écoutant la musique de la Sorcière des Mers. La légende de la Lorelei est simplement une allégorie de la vie. "

"Il en va de même pour la légende des sirènes, je suppose", dit Blake d'un ton nonchalant.

" Bien sûr, l'homme qui est éloigné de la nature par la voix séduisante du monde perd toujours son bonheur et son génie. "

"Je ne pense pas beaucoup au chant de votre monde", rétorqua Blake, un peu cynique. "Cela ne me séduirait jamais."

"Cela vous séduit maintenant", pensa Beaumont, bien qu'il ne le dise pas, mais se contenta de le remarquer, "Il y a peut-être trop de sentimentalité moderne là-dedans, ou vous pensez que la voix du monde est une chansonnette trop vulgaire. Là, je suis d'accord avec vous, mais malheureusement, à notre époque, nous vulgarisons tout, nous faisons sortir les beaux rêves mystérieux du moyen âge de leurs crépuscules enchantés jusqu'aux flammes du jour, puis nous les rejetons avec dégoût parce que nous sommes désillusionnés . Cette journée, qui réduit tout à des chiffres simples, me fait toujours penser à un enfant qui abîme un tambour pour savoir ce qu'il y a dedans.

"Désagréable, mais vrai."

" La vérité est toujours désagréable mon ami, c'est pour cela qu'on la dit si rarement, " dit Beaumont, " mais écoute cette récitation, c'est la meilleure chose de la soirée. "

La récitante était une actrice célèbre qui avait été incitée à apparaître sur la scène d'un music-hall à titre expérimental, pour voir si le public ordinaire d'un tel lieu adopterait la forme d'art supérieure illustrée par la récitation.

Habillée simplement, sans aucun effet scénique, mais seulement avec sa voix merveilleuse et son fort instinct dramatique, la dame a récité un petit morceau touchant sur une femme mourante, et l'effet que cela a eu sur le public épris de plaisir était vraiment merveilleux. Malgré l'attrait des chansons comiques, des jolies filles, des culbuteurs grotesques et des gymnastes audacieuses, le corps entier des hommes et des femmes se livrait au charme de la récitation. Le poème était plein de nature humaine, et l'intensité de la voix du récitant faisait comprendre à chacun le pathétique de cette petite histoire pitoyable. L'intense humanité du conte, déclamé de la manière la plus dramatique par un artiste, arrivait comme un souffle d'air frais de montagne dans l'atmosphère parfumée et close d'une salle de bal, et la tempête d'applaudissements qui éclata à la fin de la récitation a montré à quel point le génie est puissant pour émouvoir même les plus *blasés* de l'humanité.

"C'est un pas dans la bonne direction", a déclaré Beaumont en quittant le music-hall avec Reginald. "Tout le monde prédisait l'échec d'une telle expérience, mais vous voyez, la voix du cœur peut toujours atteindre le cœur. Il y a plus de culture même parmi le public du music-hall que ce que nous leur attribuons.

"Je ne pense pas du tout que ce soit une question de culture", a répondu sans ambages Blake ; "Cette histoire simple déclamée de cette manière plairait au public le plus bas de Whitechapel.

"Je suppose que vous avez raison", répondit Beaumont d'un ton nonchalant, "un peu de nature rend le monde entier semblable. Je pense que c'est Shakespeare qui a fait cette remarque, un homme merveilleusement sage, j'aurais aimé le voir écrire un drame sur la civilisation complexe d'aujourd'hui. »

"Nos dramaturges d'aujourd'hui font de leur mieux."

"Sans doute, mais ils écrivent sur des sujets si frivoles. S'ils abordaient une vaste question de l'époque et la plaçaient devant nous sous la forme d'une pièce de théâtre , ils pourraient développer un nouveau style dramatique propre à être transmis à la postérité, mais quand ils ne s'occupent que du drame des petites choses, leurs idées sont aussi éphémères que leurs pièces de théâtre. Non, ce n'est que l'ère des découvertes scientifiques, pas l'époque des imaginations poétiques.

En parlant ainsi, ils se promenèrent dans les rues bondées et se dirigèrent vers une salle à souper, où ils prirent un repas confortable. Beaumont essaya de convaincre Reginald de l'accompagner à son club et de faire une partie de cartes, mais le jeune homme, hanté par la subtile mélodie de la Lorelei, ne se sentit pas enclin à la table verte, et souhaita donc une bonne nuit à l'artiste. monta dans un fiacre et fut reconduit à son hôtel.

Tout au long de son sommeil cette nuit-là, la musique aiguë résonnait dans son cerveau, et il rêvait constamment de la femme à la beauté fatale, qui, assise sur son rocher, attirait les hommes vers la destruction.

Aucune voix d'avertissement ne lui murmurait-elle le sens de ses rêves, comment Londres, avec la musique des sirènes, l'entraînait vers ses pièges cruels cachés par les roses ? Non! Apparemment , son bon génie l'avait abandonné, et il était maintenant aux prises avec le danger, sans qu'une seule main ne soit tendue pour le sauver des rochers cruels cachés sous l'écume tourbillonnante, au-dessus desquelles la Lorelei chantait son chant maléfique.

CHAPITRE XXXIV.

UN MOT DE SAISON.

J'en ai marre des danses, des chants du sud

Des sons de viole et de luth,

Ah, c'est amer de constater que tout est dans ma bouche

Goût uniquement de fruits de mer amers.

Cela faisait maintenant deux mois que Reginald était arrivé à Londres, et il commençait à se lasser de la vie épuisante qu'il menait. Il était à moitié déterminé à quitter la ville et à rentrer chez lui, mais il était encore indécis lorsqu'il reçut une lettre d'Una qui confirmait sa résolution.

Dehors, le brouillard était épais et jaune, enveloppant les maisons frissonnantes d'une brume terne et solide, qui rendait tout ineffablement morne. Dans les rues et dans les maisons , le gaz brûlait d'un air involontaire, comme s'il savait qu'il n'avait pas le droit d'être allumé pendant la journée. Jour ! – mon Dieu, était-ce ce demi-crépuscule le jour, avec le brouillard épais qui descendait sur les rues, à travers lesquelles les taxis et les bus se faufilaient d'une manière prudente et furtive ? Cette boule rouge terne, qui semblait ne donner ni lumière ni chaleur, était-elle le soleil glorieux ? Et l'ambiance ; un air froid et moite qui s'insinuait partout, faisant ramper les chair comme au contact d'un serpent repoussant. Assurément, cette sirène de Londres, si séduisante la nuit, sous l'éclat d'innombrables lampes, n'offrait pas un spectacle agréable le matin, et la Circé souriante et couronnée de roses du soir était changée en une sorcière hagarde et négligée, au visage usé et morne. yeux.

Reginald était assis à la table du petit-déjeuner, mais la nourriture devant lui n'avait pas été touchée, car il ne ressentait plus d'appétit, mais il restait assis nonchalamment sur sa chaise, lisant la lettre d'Una, qui venait d'arriver. Elle avait hâte qu'il revienne à Garsworth , et c'est cette partie de la lettre qui toucha Blake avec une certaine dose de remords.

" *Tu ne peux pas imaginer à quel point tu me manques, Reginald, et chaque jour où tu es absent semble nous éloigner davantage l'un de l'autre. L'affaire qui t'a amené à Londres doit sûrement être terminée à ce moment-là, alors si tu m'aimes, comme je sais que vous le faites, revenez immédiatement à Garsworth , et nous nous marierons dès que cela sera compatible avec la bienséance après la mort de votre père. Ensuite, nous pourrons voyager sur le continent pendant un certain temps, et moi, étant à vos côtés, je le ferai. ne ressens plus cette terrible inquiétude pour votre bien-être qui me hante maintenant constamment. Bien que je sache que vos propres instincts vous pousseront toujours à faire ce qui est juste et juste, tant envers vous-même que envers vos amis, je redoute cependant l'influence de ce dangereux Londres. contre les tentations contre lesquelles même la nature la plus forte ne peut prévaloir. C'est la première demande que je vous fais jamais, cher Reginald, et je suis sûr que vous l'accorderez. Alors revenez vers moi immédiatement et rappelez-vous que je compterai chaque instant de du temps jusqu'à ce que je te revoie à mes côtés .*

Lorsqu'il arriva à cette partie de la lettre, Reginald la mit de côté et commença à réfléchir aux mots qu'Una avait écrits.

Oui ! — elle avait tout à fait raison — il valait mieux pour lui, à tous égards, retourner à Garsworth et quitter cette existence fiévreuse et irréelle qu'il menait maintenant. Il revenait une fois de plus à l'ancienne vie familière, avec sa douce simplicité et ses délices agréables - le lever dans la grisaille matinale, la course matinale avec les chiens à travers la commune venteuse - puis, plus tard dans la journée, il rencontrait Una et se promenait avec elle dans les rues tranquilles du village, où tout le monde les connaissait et les aimait tous les deux, depuis l'ancienne grand-mère se prélassant au soleil jusqu'à l'enfant bavard qui chancelait derrière eux pour se faire remarquer d'une démarche instable. Pas de brouillard, pas de bruit morne de taxis, pas de cris rauques de marchands de journaux et de vendeurs de poisson, mais le beau ciel bleu et lumineux, avec le soleil doré qui brille et un vent humide et vif soufflant des marais lointains. , rempli d'étranges odeurs froides volées à des herbes cachées. Et le soir, il lui chanterait ces charmantes vieilles ballades de Phyllis, Daphné et Lady Bell, qu'il n'avait pas chantées depuis tant de jours, ou peut-être écouteraient-ils la lourde conversation du docteur Larcher . , avec son arôme classique d'Horace.

Le temps s'écoulait dans de si innocents plaisirs sur des ailes rapides, jusqu'à ce que le jour de leur mariage vienne, avec les feuilles naissantes des arbres et des haies, et le timide éclat des délicates fleurs printanières. Alors le vieux vicaire génial les rendait mari et femme, dans l'obscurité sacrée de l'église familière, pendant que la marche nuptiale retentissait de l'orgue et que les cloches de joie s'entrechoquaient dans la vieille tour normande. Ensuite, ils partaient à l'étranger pendant quelques mois et erraient dans les villes du vieux monde, parmi les trésors des âges morts, revenant quand ils étaient fatigués, pour mener une vie tranquille et utile sous leur propre toit et parmi les amis de leur pays. Premiers jours. Oui !... il retournerait à Garsworth et essaierait de réaliser ces rêves délicieux, mais... Beaumont...

À ce moment, comme en réponse à ses pensées, on frappa à la porte et Beaumont entra, dispersant aussitôt les châteaux construits dans les nuages, auxquels s'était livrée l'imagination rêveuse de Reginald. Son œil vif vit aussitôt que le jeune homme n'avait pas pris de petit-déjeuner, et il rit gaiement en ôtant son chapeau et en s'asseyant près du feu.

"Tu ne te sens pas bien ce matin ?" » dit-il légèrement. « Quel idiot vous êtes, Blake ; un peu de dissipation ne devrait pas être rien pour un jeune campagnard en bonne santé comme vous. »

"C'est justement ça", répondit Reginald avec animation en glissant la lettre d'Una dans sa poche. "Je suis un homme de la campagne, habitué à mener une vie simple et tranquille, et non une existence artificielle."

"Oh, tu t'y habitueras bientôt."

"Sans doute, mais je ne vais pas tenter le coup."

"Oh, en effet !" observa Beaumont en cachant son mécontentement. — Ainsi , vous avez l'intention de retourner dans ce trou mort-vivant d'un Garsworth ?

"Trou, comme tu le penses," répondit le jeune homme avec un peu de chaleur, "c'est ma maison depuis de longues années, et j'ai appris à l'aimer; d'ailleurs, tu oublies, je retourne me marier. ".

"Mais sûrement pas encore ?" objecta Beaumont avec sérieux. « Votre père n'est pas mort depuis très longtemps ? D'ailleurs, vous devez avoir une aventure de célibataire avant de devenir Benoît, l'homme marié.

"J'ai eu assez de "flings", comme vous l'appelez," dit froidement Reginald, "et je n'aime pas ça - ce style de vie incessant et sous haute pression n'est pas à mon goût, alors je m'en vais. à partir de cela."

"J'ai bien peur de ne pas pouvoir quitter la ville pour l'instant", dit l'artiste en fronçant les sourcils, sentant sa proie lui glisser entre les doigts.

Blake le regarda avec surprise.

"Je ne veux pas que vous quittiez la ville", observa-t-il d'une manière digne. "Il n'est pas nécessaire que vous m'accompagniez par quelque moyen que ce soit : vous avez votre propre vie et vos propres amis, j'ai la mienne, il n'y a donc rien de commun entre nous. Vous avez certainement été très gentil, en m'offrant de m'aider en tant que chanteur, mais, comme je n'ai pas besoin de votre aide maintenant, bien sûr, je ne vous dérangerai pas. Sans aucun doute, j'ai occupé une partie considérable de votre temps depuis que je suis à Londres, mais je suis prêt à rembourser toute perte que vous pourriez avoir subie, de la manière que vous suggérez.

Il regardait Beaumont tout en parlant ; et ce monsieur, un peu déconcerté par la calme dignité du jeune homme, eut la grâce de rougir un peu, tandis qu'il calculait rapidement son prochain mouvement. Ses affaires financières n'étaient pas du tout dans un état florissant à l'heure actuelle, et il aurait aimé demander à Blake de lui donner de l'argent ; mais, ne jugeant pas le moment assez mûr pour préférer une telle demande, il temporisa d'une manière astucieuse.

"Vous m'avez mal compris," dit-il doucement. "Ce que j'ai fait est par pure gentillesse et je ne veux aucun retour. Si vous vous sentez enclin à retourner à Garsworth , bien sûr, vous êtes votre propre maître et vous pouvez le faire. Un jour , je pourrai courir vers Garsworth. à bientôt, et si je peux vous être d'une quelconque aide, dans le cadre de la gestion de vos biens, bien sûr, je ne serai que trop heureux de faire ce que je peux.

"Merci, je n'oublierai pas votre offre", répondit Reginald, toujours assez froidement, car il n'aimait pas le ton magistral adopté par l'artiste. "Et maintenant, si vous voulez bien m'excuser, je vais préparer mon valise."

"Oh, je viendrai vous voir à Paddington", dit Beaumont gaiement; "quel train prends-tu ?"

"Le train de midi", répondit Blake en jetant un coup d'œil à sa montre.

— Alors je vous verrai sur l'estrade, observa Beaumont en se levant et en prenant son chapeau. "Au fait, qu'en est-il de tes engagements pour cette semaine ?"

"Je vais devoir les casser. Aucun n'est très important, et la plupart sont plutôt chers."

Beaumont, se mordant les lèvres à ce coup de poing, ne répondit qu'un rire insouciant ; et, mettant son chapeau, il quitta la pièce d'un air enjoué. Une fois dehors, cependant, son visage se transforma en une expression de profonde colère ; car son succès auprès de Blake, jusqu'alors, ne l'avait pas amené à s'attendre à une résistance aussi calme à ses désirs.

"Tu vas me défier, n'est-ce pas ?" murmurait-il entre ses dents, en marchant rapidement dans la rue. " Je vais y voir, mon garçon ; comme je t'ai mis en possession de la propriété, je peux aussi te la reprendre ; et je le ferai, à moins que tu ne sois guidé par moi. J'attendrai. " jusqu'à ce que vous retourniez à Garsworth et que vous me suiviez peu de temps après. Une fois que vous connaîtrez la vérité, et je ne pense pas que vous serez si impatient de vous débarrasser de votre meilleur ami. Je peux vous laisser riche ou faire de vous un pauvre. ; ainsi toute ta vie future est entre mes mains, et je la façonnerai à ma guise."

Même s'il était ennuyé par la démonstration inattendue de fermeté de Blake, il n'était pas alarmé, sachant qu'il détenait la main la plus forte du jeu et que Reginald serait obligé de tout lui céder s'il voulait rester riche. Pourtant, c'était très irritant, car personne n'aime que le ver se retourne, car c'est clairement le devoir du ver d'être piétiné ; et le fait qu'une chose aussi misérable que le ver ressente son sort va à l'encontre des lois de la nature. Cependant, il existe une exception à chaque règle ; et dans ce cas, le ver de M. Beaumont était un animal plus audacieux qu'il n'avait aucune idée ; et, bien qu'il soit le parti le plus fort, il pourrait fort bien se demander à qui reviendrait finalement la victoire.

Cependant, la maîtrise de soi habituelle de Beaumont lui vint en aide et l'empêcha de montrer la moindre irritation lorsqu'il se tint sur la plate-forme de Paddington, à la fenêtre d'une voiture fumante, souhaitant au revoir à Reginald.

"J'espère que vous avez apprécié votre séjour à Londres", dit-il chaleureusement.

"C'est comme ça," répondit Reginald avec lassitude. "Je ne peux pas vraiment profiter de quoi que ce soit, connaissant les circonstances de ma naissance."

"C'est absurde ! Tu vas bientôt oublier tout ça."

"Je ne le pense pas, malheureusement pour moi je n'ai pas votre heureuse facilité à oublier."

"Pshaw ! Tu es riche et l'or cache tout."

" Aux yeux du monde, oui ; mais pas du point de vue d'un homme : personne, sauf celui qui le porte, ne sait où le bât blesse. "

"Si tel est le cas, laissez celui qui le porte sourire doucement et le monde ne devinera jamais que sa chaussure ne lui va pas - ce sont vos imbéciles, qui ont le cœur sur la main, qui reçoivent les pires paroles de tout le monde."

"Et l'homme sage qui cache une vie vicieuse reçoit des éloges", dit Blake avec amertume. "Quel monde délicieux."

"C'est le meilleur des mondes possibles", rétorque cyniquement Beaumont. " Je suis d'accord avec M. Voltaire ; d'ailleurs, le monde vous prend toujours à votre appréciation ; souriez, et il sourit ; froncez les sourcils, et cela paraît sombre ; chaque homme est le miroir d'un autre et lui rend le reflet qu'il reçoit. "

"Quelle philosophie de sang-froid."

— Sans doute, mais une philosophie bien nécessaire, répliqua Beaumont d'un ton de bonne humeur ; "C'est ridicule d'apporter à Rome la simplicité d'Arcadie. La France l'a essayé sous le XIVe Louis, et l'expérience s'est terminée par la guillotine et la Carmagnole."

Le train s'éloignait maintenant, alors il serra la main du jeune homme à travers la fenêtre ouverte du wagon.

"Au revoir", dit chaleureusement Reginald, "quand vous viendrez à Garsworth , je serai heureux de vous voir, mon ami."

"Ami", répéta Beaumont avec un sourire diabolique, alors que le long train s'éloignait, "la prochaine fois que tu me verras, ce sera en tant que ton maître."

CHAPITRE XXXV.

UNE VOIX DU PASSÉ.

Seulement un cœur de femme, en effet ;
Une chose sacrée pour vous, dites-vous, pour moi, un jouet avec lequel
jouer. Ah, eh bien, que chacun retienne fermement son credo.

Qu'importe qu'il saigne,
s'il s'agit d'un doigt coupé d'un homme ? Non,
seulement d'un cœur de femme.

Vos imaginations se nourrissent de contes anciens,
Quand la femme gouvernait saintement, Mais nous avons changé de telles
choses aujourd'hui. Car, après tout, à quoi sert-il d'en tenir compte ?
Seulement le cœur d'une femme.

Voyant que Reginald lui avait ainsi échappé pendant un certain temps,
l'humeur de M. Beaumont n'était pas des plus douces lorsqu'il revint dans ses
appartements. Comme la plupart des hommes intelligents, l'artiste était très
fier de son tact et de sa délicatesse dans ses relations avec une jeunesse
ingénue, et il s'en voulait de peur qu'en ne pêchant pas habilement cette truite,
il n'ait perdu son prix en échouant dans sa diplomatie, et ainsi montra trop
clairement les véritables raisons qu'il avait de son amitié apparemment
désintéressée. Ainsi, en arrivant dans ses appartements, M. Beaumont alluma
une cigarette, se jeta d'un air maussade dans un grand fauteuil et se mit à
revoir mentalement toute sa conduite envers Reginald depuis l'arrivée du
garçon en ville.

Alors qu'il essayait de trouver dans sa propre conduite quelque défaut qui
aurait pu mettre Blake sur ses gardes, Beaumont n'y parvint pas, car son
attitude envers sa victime proposée était tout ce que le tacticien le plus délicat
aurait pu désirer.

"Je ne peux pas l'avoir effrayé", se dit-il à voix haute, "car j'ai joué le rôle d'un
ami désintéressé à la perfection. Attendez! Je me demande ce qui l'a ramené
à Garsworth . J'ai vu une lettre dans sa main, alors je m'attends à ce que Una
Challoner lui a écrit : mais cela ne me ferait aucun mal, car elle m'aime bien,
et je pense qu'elle serait plutôt heureuse si je m'occupais du garçon en ville.

Je me demande si, confondante Patience a parlé ? J'ai fait tout allait bien avant que je quitte Garsworth , mais on ne sait jamais ce qui peut arriver, et si Patience avait une idée de mon dessein, elle remuerait ciel et terre pour ramener le garçon à ses côtés... hum ! penser... c'est le pire quand on a affaire à des femmes ; elles sont tellement véreuses qu'on ne sait jamais ce qu'elles vont faire ensuite. »

Il se leva de son siège et parcourut la pièce avec impatience, cherchant une solution au problème qui se présentait ainsi à lui. Ce faisant, il jeta un coup d'œil à la cheminée et y vit une lettre.

"J'aurais aimé que mon homme ne mette pas les lettres là," grommela-t-il en prenant la lettre, "Je ne pourrai jamais les trouver, mais laissez-moi voir de qui cela vient ; le cachet de la poste de Garsworth - je ne connais pas l'écriture. Je me demande si Una Challoner est... par Jupiter !" s'écria-t-il en sortant la lettre et en jetant un coup d'œil à la signature, "elle vient de Patience Allerby . Je savais qu'elle avait fait des bêtises. Eh bien ! Je vais lire la lettre et voir si je ne peux pas vous déjouer, ma dame."

Reprenant sa place dans le fauteuil, il lissa soigneusement la lettre tout en se préparant à la lire. Le contenu, qui était le suivant, l'étonna considérablement, et ses lèvres se retroussèrent avec un sourire cynique alors qu'il parcourait la page écrite de manière serrée.

" BASILE BEAUMONT , - -

" *Est-il vrai ce que m'a dit le docteur Nestley , à savoir que vous êtes amoureux d'Una Challoner ? Si c'est le cas, je mettrai fin à tout entre nous et je vous dénoncerai, même au prix de ma propre liberté. Vous vous avez gâché ma vie, mais vous n'allez pas gâcher celle de mon fils en lui enlevant la femme qu'il aime .*

" *Reginald Blake est maintenant à Londres et j'ai entendu dire que vous êtes constamment à ses côtés. Agissez honorablement envers lui, sinon je jure que je vous punirai pour tout mal que vous lui ferez. Par notre péché mutuel, il est maintenant en possession du Garsworth . Sa succession, et va en épouser la maîtresse légitime. Comme c'est le cas, et que son mariage avec Miss Challoner est la seule expiation que nous pouvons tous deux faire pour la priver de son héritage, vous devez laisser les choses suivre leur cours. Vous J'ai une femme désespérée à affronter en moi, et si vous faites du mal à Reginald ou à sa fiancée de quelque manière que ce soit, je jure par tout ce que je tiens le plus sacré que vous vous retrouverez sur le banc des accusés pour complot, même si je dois rester debout. à vos côtés en tant que complice .*

" PATIENCE ALLERBY ".

Beaumont rit sardoniquement en achevant cette lettre, et la faisant tournoyer entre ses doigts, il regarda pensivement le tapis.

« Je me demande, » dit-il enfin à voix basse, « je me demande si cette lettre signifie l'amour de son fils, ou la jalousie d'Una ; j'imagine les deux, car bien qu'elle me déteste comme un poison, et que tout ce qui est sentimental entre nous soit Morte et enterrée il y a des années, elle se met en colère dès qu'elle croit que j'admire une autre femme - chose étrange, un cœur de femme - quelles que soient les cendres d'amours morts, il y a toujours une braise vivante cachée dessous - hum ! que l'amour d'il y a vingt ans revienne soudain à la vie.

Il se leva de son siège et se remit à marcher de long en large dans la pièce, en monologueant à voix basse, tandis qu'au dehors le brouillard devenait tout noir et qu'un sombre crépuscule se répandait dans l'appartement.

" C'est donc Nestley que je dois remercier d'avoir éveillé ses soupçons. Il a donné à Patience son point de vue sur mon personnage, qui coïncidera sans aucun doute avec le sien - des créatures aimables toutes les deux ! Elle a dit à Una qu'il y avait un danger pour Reginald dans ma compagnie, donc elle-même ou Una ont écrit à la ville et ont effrayé mon oiseau timide pour qu'il prenne son envol. Dérangez ces femmes, à quel point elles bouleversent terriblement vos plans ; cependant, cela ne me dérange pas, mon emprise sur Reginald Blake est tout aussi ferme à Garsworth tel qu'il est à Londres. Quant à Patience qui me dénonce... putain ! Je prends ce risque. Quant à Blake lui-même, quand il saura que je suis son père, il sera assez heureux de conclure des conditions ou de perdre la propriété et Una Challoner.

Il s'arrêta un moment, alluma une cigarette et, se dirigeant vers la fenêtre, il regarda distraitement la brume noire qui s'accrochait aux toits et aux cheminées des maisons et cachait à son regard la rue brillamment éclairée.

"Una Challoner," murmura-t-il pensivement. "Patience pense que je suis amoureux d'elle. Curieux que je ne le sois pas : elle a tout ce qu'une femme peut avoir pour attirer et séduire un homme, et pourtant je ne me soucie pas du tout d'elle. Si j'avais été amoureux d'elle, je Je n'aurais pas troublé la tête à propos de Reginald mais j'avais laissé Una hériter de la propriété, et cela aurait alors été une lutte acharnée entre le père et le fils pour savoir qui épousait l'héritière ! Que j'ai obtenu la propriété pour notre fils devrait facilement convaincre Patience. que j'aime l'argent plus qu'Una Challoner, mais bien sûr elle ne le voit pas parce qu'elle est aveuglée par la jalousie - c'est plutôt élogieux pour moi, je dois dire, vu à quel point j'ai essayé de lui briser le cœur dans le passé.

Se détournant de la fenêtre avec un soupir, il alluma le gaz, puis se dirigeant vers le miroir placé au-dessus de la cheminée, il se regarda longuement et d'un œil critique.

"Tu vieillis, mon ami," murmura-t-il, "le vin de la vie coule avec toi, et j'ai peur que tu ne tombes plus jamais amoureux, mais c'est merveilleux comme je garde mon bien." regarde... mon visage est ma fortune... ah, bah ! et quelle fortune m'a-t-il apporté ? deux chambres lugubres, une existence précaire, et pas un ami au monde.

Il rit tristement de la perspective lugubre qu'il avait évoquée et poursuivit sa méditation.

"Je ferai encore une offre pour la fortune, et je pense que j'ai de bonnes cartes. Si je gagne - et je ne peux m'empêcher de le faire - je tournerai une nouvelle page et je deviendrai respectable. Mais si je perds, et il y a toujours la possibilité de perdre, je jetterai l'éponge en Angleterre et tenterai ma chance en Amérique. Si je n'y réussis pas, peut-être qu'un sympathique cow-boy mettra fin à ma vie gâchée ; à l'heure actuelle, *carpe diem* , comme dirait notre ami le vicaire, alors je vais dîner au club et griffonner une lettre à Patience Allerby .

Il s'habilla lentement, toujours d'humeur maussade, et, tandis qu'il roulait dans un fiacre , il se secoua d'impatience.

"Bah," marmonna-t-il en frissonnant, "j'ai une crise de diables bleus avec ce temps. Qu'à cela ne tienne, un bon dîner et une bouteille de vin me remettront bientôt."

Il avait les deux et se sentit tellement mieux qu'il commença à voir les choses sous un jour plus rose et écrivit une lettre à Patience Allerby qui le satisfit entièrement.

"Voilà," dit-il gaiement en le déposant dans la boîte, "je pense que cela montrera assez clairement à ma dame comment je compte procéder, alors maintenant qu'il n'y a rien de mieux à faire, j'irai au théâtre."

Et il se rendit au théâtre, essayant par tous les moyens de se débarrasser, par cette gaieté fictive, des pensées sombres qui l'assaillaient toujours lorsqu'il se trouvait seul.

CHAPITRE XXXVI.

LE CALME AVANT LA TEMPÊTE.

Après de grands troubles, nos vies se réorganisent sous de nouvelles formes, qui ne durent que jusqu'à ce qu'un mal ultérieur surgisse pour les modifier une fois de plus, et ces dernières à leur tour sont sujettes à de nouveaux changements, de sorte que du berceau à la tombe, notre fortune change de diverses manières. chaque instant de notre existence.

Ainsi, le fils prodigue était revenu après ses périlleuses pérégrinations dans des pays lointains, et son entourage avait tué le veau gras et s'était réjoui en signe de réjouissance. Quand Una vit à quel point le jeune homme était hagard et déprimé d'esprit, elle se sentit profondément reconnaissante envers la Providence que les paroles fortuites de Nestley l'aient amenée à écrire la lettre qui avait incité son amant à revenir. Maintenant qu'il était de nouveau à ses côtés , elle était déterminée à ce que plus rien ne les sépare et aspirait ardemment à ce mariage qui lui donnerait le droit de vivre sa vie à ses côtés. Sans aucun doute, beaucoup de gens considéreraient un tel désir peu compatible avec la pudeur d'une jeune fille, mais Una était une femme trop pure et trop sensée pour voir les choses sous un jour aussi faux. Elle aimait ardemment Reginald et il lui rendait cet amour, pourquoi alors, au nom d'une apparence conventionnelle, risquerait-elle le bonheur de sa vie en retardant, sachant que tout était maintenant en jeu ? Non! elle était déterminée à épouser Reginald le plus tôt possible, afin qu'il ne soit pas attiré vers la destruction par de mauvais conseils et de méchants compagnons. Ce n'était pas qu'elle se méfiait de son amant, car elle connaissait bien son caractère droit et honorable , mais il valait mieux ne rien laisser au hasard, car même l'homme le plus fort n'est pas à l'abri de la tentation.

Une semaine après l'arrivée de Reginald , ils étaient assis dans le bureau du Dr Larcher , discutant de la question du mariage, et le vicaire était enclin à être d'accord avec leur désir que cela ait lieu bientôt, même s'il ne voulait pas qu'on leur reproche une précipitation excessive.

"Le monde, ma chère Una, est censuré", dit-il sagement, "et comme l'écuyer n'est mort que depuis deux mois, il vaudrait mieux attendre encore un peu."

"Je suppose", répondit Una avec un soupir, "même si je ne vois pas que cela manquerait de respect à sa mémoire si nous nous mariions immédiatement."

"Sans doute, sans doute... quand même, *medio tutissimus ibis* , et je pense qu'il serait plus sage pour vous deux de retarder le mariage d'au moins trois mois."

"Trois mois", dit Reginald avec un gémissement, "c'est aussi mauvais que trois ans, mais je suppose que nous devons le faire. Je resterai à Garsworth en attendant."

"Bien sûr, mon cher garçon, bien sûr", répondit le vicaire en croisant les jambes et en joignant les pouces et les index, "tu peux reprendre ton ancienne vie."

" Ah ! plus jamais ! " dit le jeune homme en secouant tristement la tête, " l'ancienne vie est morte. J'ai mangé de l'arbre de la connaissance, et le fruit est amer. "

"Mon cher Reginald," dit Una en s'approchant de lui et en lui passant ses bras aimables autour du cou, "tu ne dois pas être si découragé, ce n'est pas ta faute."

"Les péchés du père se répercutent sur les enfants", répondit-il sombrement, "si cela avait été autre chose, cela ne me dérangerait pas - mais être ce que je suis - une personne - n'ayant le droit de porter aucun nom - c'est amer, très amer en effet. Je ne doute pas que je devrais être au-dessus d'un tel orgueil mesquin, pourtant je ne suis qu'un mortel, et la disgrâce est difficile à supporter.

"Si c'est une honte, je la supporterai avec toi", murmura Una en lissant ses cheveux, "nous nous marierons et partirons pour un temps ; tu oublieras bientôt le passé quand nous partirons à l'étranger."

"Avec votre aide, j'espère y arriver", dit-il en regardant affectueusement ses yeux clairs qui brillaient sur lui d'un amour ineffable dans leurs profondeurs azurées.

"Je pense," remarqua le curé, touché par la profonde tristesse du jeune homme, "qu'en considération de toutes choses il serait plus sage de faire ce que l'on veut."

"Et te marier ?" s'écria Reginald avec impatience.

« Et mariez-vous », acquiesça le vicaire en hochant la tête avec bonhomie ; " que dit Horace ? " *carpe diem quam minimum crédula postero* .' Ainsi, en suivant ce conseil, il serait préférable que vous vous mariiez tous les deux tranquillement la semaine prochaine et que vous partiez à l'étranger pendant un certain temps : à votre retour, Reginald trouvera sans aucun doute sa situation plus facile.

"Je l'espère", dit Blake tristement alors qu'ils se levaient pour partir, "mais j'ai bien peur que ce soit sans espoir ; cette découverte a tué tous les plaisirs de la vie ; ma jeunesse est morte."

"L'âme est immortelle", dit solennellement le Dr Larcher , "et sur les ruines de votre joyeuse jeunesse, que vous considérez comme morte, vous pouvez élever la structure d'une vie plus noble et plus sage - ce sera difficile, mais avec Una pour t'aider, pas impossible-- *nil mortalibus ardum est* ."

Et ils s'éloignèrent de la présence du vieil homme, lui avec la résignation dans sa poitrine, et elle avec des paroles de réconfort murmurées sur ses lèvres, une pitié infinie dans ses yeux et une affection durable dans son cœur.

Patience Allerby fut ravie d'apprendre combien de temps le mariage allait avoir lieu, car elle craignait que les machinations de Beaumont ne le rompent. Une fois que Reginald serait marié à Una , il serait en sécurité à la fois en termes de fortune et de position, car rien de ce que Beaumont pourrait révéler concernant le complot ne modifierait la situation et son seul objectif dans la vie, assurer le bonheur de son fils, serait ainsi atteint.

À présent, cependant, elle redoutait chaque jour soit de voir Beaumont, soit de ses nouvelles, surtout après la lettre d'avertissement qu'elle avait écrite, et elle n'était pas non plus déçue, car une semaine après le retour de Reginald, elle reçut une lettre de son ancien amant l'informant qu'il descendait pour avoir une bonne entente avec son fils.

« Ce jeune coquin a plus de fermeté d'intention que je ne lui en avais cru », écrivait-il d'un ton cynique, *« et il prenait moins d'enthousiasme aux dissipations de Londres que je n'aurais dû m'y attendre. le tempérament chaud de son père, sinon il n'aurait guère quitté la seule ville digne de vivre pour un trou ennuyeux comme Garsworth . Cependant, je vois clairement qu'il est une motte et qu'il n'a pas le goût divin nécessaire pour profiter de la vie, donc je suppose qu'il est revenu tout à fait content d'épouser Una Challoner et de vivre la vie bovine d'un hobereau de campagne. Qu'il en soit ainsi ! Cela ne me dérange certainement pas, mais il doit d'abord s'installer avec moi. Je l'ai placé dans une bonne position et lui ai donné un grand donc pour ces services je dois être récompensé, et je descends pour avoir un entretien avec lui à ce sujet. S'il est sage , il ne cherchera pas à en savoir plus que lui, mais s'il hérite de votre nature obstinée et veut Sachez tout, j'ai peur qu'il doive apprendre la vérité. Même alors, il ne sera pas trop tard, car je me tairai sur sa véritable naissance et le laisserai en pleine possession de ses richesses à condition d'être bien payé. pour un tel silence. Maintenant que vous comprenez la situation, vous feriez mieux de le préparer à me recevoir comme quelqu'un qui désire être amical - s'il me traite comme un ennemi , il me trouvera amer, alors il ferait mieux d'être raisonnable et d'accepter. Quant à mon amour pour Una Challoner, vous devriez savoir qu'à ce moment-là, je n'aime personne d'autre que*

" *Votre serviteur* ,

" BASILE BEAUMONT ".

Cette lettre brutale tomba comme un morceau de glace sur le cœur de la malheureuse Patience qui voyait le filet se refermer peu à peu autour d'elle. Elle savait très bien que Beaumont ferait ce qu'il disait à moins qu'un arrangement ne puisse être trouvé - et alors, comme Nestley disait qu'il aimait Una, il voudrait sans aucun doute l'épouser ainsi que gagner un revenu, et leur fils resterait. misérable. Non, elle ne le voulait pas, il ne serait plus permis à ce diable de pécher et de ruiner des vies en toute impunité comme il l'avait fait jusqu'à présent. Elle se décida à le voir avant son entrevue avec Reginald et à faire un dernier appel à ses sentiments de père ; s'il refusait d'exaucer ses prières et de garder le garçon ignorant de sa véritable naissance , elle se révélerait entièrement et supporterait la honte plus tôt que de tenter Reginald de commettre un péché. En fin de compte, elle implorerait Una d'épouser encore son fils, puis partirait s'enterrer dans la solitude et expierait ses péchés par des années de repentir.

Les événements étaient encore à venir, et elle ne savait pas comment ils allaient se terminer, mais elle était déterminée à une chose : que Beaumont ne gâcherait pas et ne gâcherait pas la vie de son fils comme il avait gâché et gâché la sienne.

CHAPITRE XXXVII.

UNE VIE RUINEE.

"Est-ce la fin de toutes les années

Que tu as vécu, mon ami ?

De joyeux sourires et de larmes amères,

Est-ce la fin?

Même si le passé est triste et sombre,

Dieu enverra du courage à ton âme,

Et le Christ murmurera à tes oreilles

Le mot qui acclame les cœurs découragés ;

Alors lève-toi et va à ton travail.

Ne laissez pas non plus les méchants demander en se moquant

Est-ce la fin?"

Quelques jours après qu'une décision eut été prise concernant le mariage, Basil Beaumont fit sa réapparition à Garsworth et reprit ses anciens quartiers à « The House of Good Living », afin de parvenir à un accord définitif avec Reginald Blake.

L'artiste était d'excellente humeur , car, selon son propre jugement, il était maître de la situation. Il n'avait qu'à menacer Reginald de la perte de sa richesse nouvellement acquise et, jugeant la nature du jeune homme par la sienne, il se sentait convaincu que, plutôt que d'abandonner Garsworth Grange, le faux héritier lui verserait un beau revenu pour tenir sa langue. . Avec de tels revenus, il se retirerait sur le continent et s'amuserait pour le reste de sa vie, tandis que, quant à Patience, voyant qu'il n'avait plus besoin d'elle, elle pourrait prendre les arrangements qu'elle voudrait avec Reginald et se faire plaisir en elle. manière de vivre. Cependant, avec tout cet astucieux calcul, Beaumont ne tenait pas compte de la nature différente de son fils, et ne pensait pas un instant que la noblesse d'âme du jeune homme l'inciterait à tout abandonner, à tout prix, plutôt que de conserver la possession de son fils. ce qu'il savait ne lui appartenait pas légitimement.

Il apprit par Kossiter que Reginald et Una allaient se marier la semaine prochaine, et se sourit cyniquement en pensant avec quelle facilité il pourrait arrêter la cérémonie.

« Si seulement Una Challoner connaissait la vérité, pensa-t-il, je pense que même son amour reculerait devant une telle épreuve. Reginald Blake, le salaud riche, est une chose ; mais Reginald Blake, le salaud pauvre, en est une autre. Oui, Je pense que j'ai la meilleure main dans ce jeu ; quant à Patience ! bah ! mes cartes sont un peu trop fortes pour qu'elle puisse les battre.

M. Beaumont n'était arrivé que peu de temps et était assis devant le feu fumant dans la lumière terne de l'après-midi d'hiver, se préparant à écrire une lettre à Reginald. Margery, brillante et alerte, était en train de ranger le déjeuner, alors M. Beaumont, désireux d'être bien sûr de son terrain, commença à l'interroger sur les événements qui s'étaient produits pendant son absence.

« J'ai entendu dire que Miss Challoner allait se marier avec M. Blake, » dit-il cordialement ; "c'est un bon match pour elle."

"Et pour lui aussi, monsieur", rétorqua Margery avec indignation. "Miss Una est une jeune femme aussi douce que vous en trouverez n'importe où."

"Sans aucun doute", répondit calmement Beaumont. "Ils forment un couple charmant et méritent certainement la bonne opinion de tout le monde ; mais dites-moi, Margery, qu'en est-il du Dr Nestley ? Je suppose qu'il est parti depuis longtemps ?"

"Non", dit Margery en secouant la tête, "il est toujours là."

"À cet endroit?"

"Oui monsieur, très- très malade."

« Humph ! » pensa Beaumont, "j'ai réussi les sauts, je suppose. Qu'est-ce qu'il a ?" » demanda-t-il à voix haute.

"Il s'est égaré dans la tempête de neige la semaine dernière", expliqua délibérément Margery, "et a failli mourir, mais le fermier Sanders l'a trouvé sur le pont et l'a amené ici."

"Oh ! et est-il toujours là ?"

"Il l'est, monsieur. Il était tout à fait délirant, monsieur - déliré horriblement. Le Dr Blank l'a soigné, ainsi que Miss Mosser."

"L'organiste aveugle, pourquoi est-elle devenue infirmière ?"

Margery sourit d'une manière mystérieuse.

"Eh bien, les gens disent une chose et certains en disent une autre", répondit-elle en pliant la nappe, "mais je crois qu'elle est amoureuse de lui ; d'ailleurs, dès qu'elle a appris qu'il était malade, elle est venue ici comme une folle. , avec Miss Busky , et toutes les deux le soignent depuis."

"Comme ils sont bons", dit Beaumont ironiquement, "et est-il meilleur ?"

"Il est raisonnable," répondit prudemment Margery, "mais très faible. Je ne sais pas comment il vivra."

"J'aimerais le voir. Vous savez que je suis un de ses amis. Pensez-vous que je pourrais monter dans sa chambre ?"

"Je ne sais pas, monsieur", répondit Margery d'un ton impassible. "Je vais demander à Miss Mosser."

"Oui, c'est une bonne fille, répondit-il, et Margery partit.

"Pauvre Nestley ", murmura Beaumont en allumant une autre cigarette, "c'était plutôt une honte de ma part de l'avoir entraîné comme je l'ai fait, mais si je ne l'avais pas fait , il aurait interféré avec mes projets concernant le vieux Garsworth , alors j'ai Il le fallait... la conservation est la première loi de la nature. Entrez, cria-t-il alors qu'on frappait à la porte. "Entrez, Margery."

Ce n'était cependant pas Margery, mais Cecilia Mosser, qui entra, avec un visage pâle et triste et un regard douloureusement tendu dans ses yeux aveugles.

"M. Beaumont", dit-elle de sa voix basse et douce.

"Je suis là, Miss Mosser", répondit-il en se levant de son siège. "Que puis-je faire pour vous?"

"Rien", répondit-elle en se dirigeant à tâtons vers la table et en se tenant à côté. "Es-tu seul?"

"Tout à fait seul", répondit poliment Beaumont.

"Vous souhaitez voir le Dr Nestley ?"

"Si je peux me le permettre."

"Vous ne serez pas autorisé", répondit lentement Cecilia; "Il est encore très faible, et votre vue le rendrait encore malade."

"Et pourquoi?" demanda Beaumont, un peu agacé de la fermeté de son ton ; "Sûrement un ami----"

"Un ami", l'interrompit-elle d'une voix faible et vibrante. "Oui, un ami qui n'en a qu'un nom."

"Je ne te comprends pas", dit poliment Basil. « Que savez-vous de l'amitié qui existe entre moi et le Dr Nestley ?

"Je sais tout, oui tout, dans son délire, il a révélé plus qu'il n'aurait fait..."

« Délire… pshaw ! »

" Ce qu'il a dit alors a été confirmé par ses propres lèvres plus tard, quand il était raisonnable, " répondit-elle d'une manière parfaitement froide, " et je sais combien votre amitié lui a coûté, comment vous avez essayé de l'entraîner dans les profondeurs les plus basses. d'iniquité. Dieu sait dans quel but... "

Beaumont rit d'un air ricanant et appuya confortablement ses épaules contre la cheminée.

"Vous semblez bénéficier de la confiance de notre ami commun", dit-il d'un ton facile. "Puis-je demander pourquoi?"

"Parce que je vais être sa femme", répondit Cécile, tandis qu'un flot de pourpre envahissait le blanc pur de son visage.

"Sa femme, une jeune fille aveugle ?"

"Aveugle comme je suis, il m'aime", dit-elle avec indignation, "et je peux le protéger contre vous, M. Beaumont."

"Moi ? Je ne souhaite pas lui faire de mal."

"Non. Vous ne le pourriez pas, même si vous le vouliez ; il va m'épouser, et j'espère réparer tout le mal que vous lui avez fait."

"Je vous souhaite de la joie dans votre tâche", répondit-il avec un ricanement. "Mais le Dr Nestley semble être capable de transférer ses affections très facilement. Peut-être ne savez-vous pas qu'il était amoureux de Miss Challoner."

" Oui ," répondit-elle à voix basse, "il m'a tout dit, et nous nous comprenons parfaitement. Vous avez fait de votre mieux, M. Beaumont, et vous n'en pouvez plus, il va devenir mon mari. , et, aveugle comme je le suis, j'espère être son ange gardien auprès d'hommes comme vous.

"Ces détails domestiques ne m'intéressent pas du tout", répondit-il avec mépris en agitant la main. « Auriez-vous la gentillesse d'y aller, Miss Mosser ? J'ai quelques lettres à écrire.

"J'y vais", répondit la jeune aveugle en tâtonnant tranquillement jusqu'à la porte. "Je suis seulement venu te dire que tu ne le reverras plus jamais, jamais !"

"Toi non plus," répondit-il brutalement.

La pauvre fille fondit en larmes devant cette raillerie peu virile, mais les essuya à la hâte et lui répondit fièrement.

« Je peux le voir dans mon esprit, monsieur, » dit-elle avec indignation, « et c'est tout ce que je souhaite : ses fautes sont de votre faute, et non de la sienne. Je vous dis au revoir, monsieur. , et je te souhaite seulement un cœur meilleur, afin que tu ne puisses pas te moquer du malheur des autres. »

Alors qu'elle fermait la porte derrière elle, Beaumont eut un peu honte de lui-même, mais se remit bientôt de ce sentiment et s'assit à table pour écrire un mot à Reginald.

"Bah!" » dit-il tandis que sa plume parcourait rapidement le papier. " Qu'importe ? S'il aime s'encombrer de cette femme, il peut le faire. Je ne pense pas que je le reverrai jamais dans cette vie, et je ne le souhaite pas non plus - mes affaires maintenant sont avec ma chère fils. J'obtiendrai de lui ce que je veux, et alors tous pourront aller au diable.

Pendant ce temps, Cecilia était retournée à la chambre du malade, où Miss Busky , toujours fidèle à son ami aveugle, veillait au chevet du malade. Une lumière pâle et maladive filtrait à travers les fenêtres aux rideaux blancs, se mêlait à la lueur rouge du feu, et dans ce crépuscule curieusement mélangé on apercevait la lueur des flacons de médicaments sur la table ronde près du lit, les bras profonds. à portée de main, dans laquelle Miss Busky était assise, la blancheur laiteuse des draps en désordre et l'éclat tamisé de la surface des meubles. Dans toute la pièce régnait un silence complet, ininterrompu même par le tic-tac d'une horloge, et on n'entendait rien d'autre que la respiration lourde du malade.

Lorsque Cecilia entra, Miss Busky se leva légèrement et se dirigea vers son amie, parlant à voix basse.

"L'avez-vous vu?" elle a demandé.

"Oui... il ne viendra pas, Dieu merci !... Le docteur Nestley ne se doute de rien ?"

— Rien !... il dort... laisse-moi te placer dans le fauteuil... je sors quelques minutes.

Elle fit avancer Cécile, et la jeune fille aveugle se laissa tomber dans le fauteuil ; puis, mettant précipitamment son chapeau, Miss Busky se glissa rapidement hors de la chambre, laissant Cecilia assise près du lit, écoutant la respiration du malade.

Si calme, si calme, on aurait presque pu entendre le silence du tombeau. Puis vint le léger crépitement des gouttes de pluie sur les fenêtres. Le feu était devenu une lueur rouge terne, et un morceau de charbon brûlant tomba, avec un bruit singulièrement distinct, sur l'aile. Nestley soupira dans son sommeil, bougea avec inquiétude, puis se réveilla, un fait dont la jeune aveugle se rendit compte immédiatement, grâce à son sens aigu de l'ouïe.

— Cécilia, dit le malade d'une voix faible.

"Je suis là, chérie," répondit-elle doucement. "Voulez-vous quoi que ce soit?"

Il tendit la main et serra l'une des siennes dans sa faible étreinte.

"Seulement toi, seulement toi, je pensais que tu m'avais quitté."

— Chut ! il ne faut pas parler beaucoup, dit-elle en arrangeant les couvertures.

" J'ai fait un rêve, " murmura craintivement le malade, " un rêve étrange : j'étais dans les anneaux d'un serpent, écrasé à mort. Mais une femme apparut soudain, et à son contact le serpent disparut et j'étais libre. La femme avait ton visage, Cecilia.

" Chut ! ne parle pas davantage ; tu es trop faible ; tu es en sécurité maintenant, et aucun serpent ne te touchera pendant que je serai à tes côtés. "

"Tu seras ma femme?"

"Je serai ta femme," répondit-elle doucement. "Je t'ai aimé depuis le premier jour où je t'ai rencontré, mais je n'aurais jamais pensé que tu serais accablé par une chose aussi inutile que moi."

"Pas inutile, ma chérie. Comment ai-je pu être assez stupide pour ne pas avoir compris votre amour plus tôt ? Remerciez Dieu pour cette maladie qui m'a ouvert les yeux. Vous m'avez sauvé la vie, mon âme."

Il s'arrêta, épuisé, et s'allongea silencieusement sur son oreiller, regardant la lueur rouge du feu briller sur le visage pâle de la jeune aveugle. Un grand sentiment de joie et de gratitude l'envahit, alors qu'il sentait que toute la vie orageuse et tumultueuse du passé était enfin terminée - et à côté de lui était assise la seule femme qui pouvait empêcher sa faible nature de céder aux tentations du monde. monde.

CHAPITRE XXXVIII.

MATER DOLOROSA.

"Madonna, qui a toujours été
le type de la sainte maternité, je te prie, pour l'amour de ton Fils, ôte ce
chagrin de mon sein. Car il y a ceux, avec une colère sauvage, qui blessent
la mère à travers l'enfant. Je sais que tu auras pitié de moi, car ton Fils est
pendu à l'arbre. Et comme il est mort pour sauver et bénir, Oh, aide-moi,
toi, dans ma détresse.

Après avoir terminé un très bon petit dîner, avec une petite bouteille de
champagne pour y ajouter du piquant, M. Beaumont alluma une cigarette et
s'assit confortablement devant le feu, pour attendre Reginald Blake. Il avait
écrit au jeune homme pour lui annoncer son arrivée et lui demander de
l'appeler, il ne doutait donc pas qu'il serait favorisé par une visite. Ayant donc
établi son plan d'action, il s'allongea indolemment sur sa chaise, faisant des
plans pour l'avenir et construisant des châteaux aériens au milieu des spirales
bleues de fumée qui s'élevaient de ses lèvres.

Vers sept heures, il entendit frapper à la porte et, en réponse à son invitation
à entrer, une femme apparut. Beaumont, qui avait seulement tourné la tête
pour saluer Reginald, fut un peu étonné de cet hôte inattendu, et se leva pour
voir de qui il s'agissait. Sa visiteuse ferma soigneusement la porte derrière elle
et s'avança pour entrer dans le cercle de lumière projetée par la lampe sur la
table, puis, rejetant son voile, regarda fixement l'artiste.

"Patience!"

"Oui, Patience," répondit-elle en s'asseyant sur une chaise près de la table.
"Tu ne t'attendais pas à me voir ?"

"Eh bien, non", répondit Beaumont en s'appuyant indolemment contre la
cheminée. "Je dois avouer que non, mais si vous voulez me parler, je ne peux
vous accorder que très peu de temps, car j'attends..."

"Pour Réginald ?" l'interrompit-elle rapidement. "Oui je sais."

« Que diable vous faites ! Quelle femme merveilleuse vous êtes ! Comment
avez-vous découvert que j'étais ici ? »

"J'ai laissé des instructions selon lesquelles je devais être informé de votre
arrivée, car je souhaitais vous parler avant que vous ne voyiez notre fils."

"En effet ! Et de quoi veux-tu me parler ?"

"Ta lettre."

"Je pense que ma lettre était trop claire pour nécessiter des explications supplémentaires", dit-il avec impatience. "Je t'ai fait part de mes intentions."

"Vous l'avez fait, et je suis venu vous dire qu'ils ne seront pas exécutés."

"Est-ce ainsi?" dit Beaumont avec un ricanement. "Eh bien, nous verrons. Qui m'empêchera de faire ce que j'aime ?"

"Je vais."

" Vraiment... je crains que vous surestimez vos pouvoirs, ma chère Patience. Vous êtes sans aucun doute une femme intelligente... une femme très intelligente... mais il y a des limites. "

"Comme vous le constatez, très justement, il y a des limites", rétorqua-t-elle farouchement, "et ces limites que vous avez dépassées. Pensez-vous que je vais rester là et vous voir arracher de l'argent à mon fils ?"

"Notre fils," corrigea-t-il doucement. "Vous oubliez que je suis son père. Quant à lui arracher de l'argent, c'est une manière très désagréable de le dire. Je propose simplement de faire appel à son bon sens."

"Asseyez-vous", dit soudain Patience. "Je souhaite vous parler."

Beaumont haussa les épaules, puis, poussant le fauteuil de côté, s'y assit de manière à lui faire face, gardant cependant, avec sa prudence habituelle, son visage bien dans l'ombre.

"Bien sûr," dit-il aimablement. "Je fais toujours plaisir à une femme quand il n'y a rien à gagner à faire autrement. Continuez, ma chère amie, je suis toute attention."

La gouvernante était penchée en avant, les coudes appuyés sur la table, et il voyait son visage finement découpé, exsangue, comme sculpté dans le marbre, dans les rayons jaunes de la lampe, avec les narines dilatées, ses lèvres fermement fermées et ses yeux noirs pétillants de colère réprimée.

"Je vois que ça va être un duel à mort", dit-il d'un ton moqueur en appuyant sa tête contre le coussin de la chaise. "Eh bien, cela ne me dérange pas, j'aime les duels."

"Tu es un démon !" » éclata-t-elle avec colère.

"Vraiment ! Êtes-vous venu jusqu'ici pour transmettre cette information ? Si c'est le cas, vous avez perdu votre temps. J'ai entendu si souvent la même remarque."

Son attitude brutalement froide eut sur elle un effet merveilleusement apaisant, car après cet accès de colère, elle parut écraser sa colère par un grand effort de volonté, sourit avec dédain et continua à parler d'une voix froide et claire.

"Écoute-moi, Basil Beaumont : il y a des années, tu m'as fait le pire mal qu'un homme puisse faire à une femme - tu as détruit ma vie, mais grâce à mon intelligence, j'ai réussi à conserver au moins l'apparence extérieure d'une femme pure sans sacrifier notre fils d'une manière ou d'une autre, mais pensez-vous que cela ne m'a rien coûté, pensez-vous que je n'ai pas ressenti l'amertume de devoir renier mon propre fils et de voiler mes désirs maternels sous l'apparence d'une servante ? , non pas tant pour préserver ma propre réputation que pour le bénéfice du garçon. Je voulais qu'il pense qu'il n'avait aucun héritage de honte, afin qu'il puisse ressentir au moins de la fierté et du respect de lui-même. Lorsque j'ai obtenu la récompense de mon sacrifice- - quand j'ai vu que mon fils était satisfait de son sort et avait des talents pour se frayer un chemin dans le monde, tu es descendu pour la deuxième fois pour ruiner non pas ma vie, mais la sienne, la vie d'un être innocent, qui ne l'avait jamais fait. Je suis entré dans votre vile conspiration parce que je pensais que cela profiterait à mon fils, et maintenant je me repens amèrement de l'avoir fait. Grâce au mensonge ignoble que vous m'avez forcé de raconter, il a gagné une fortune, mais il a perdu son estime de lui-même. Vous ne comprenez pas ce sentiment, parce que votre cœur a été trempé dans la méchanceté pendant tant d'années, mais pensez à ce que cela a fait à notre malheureux enfant - a jeté sur sa vie un fléau qu'aucun argent, aucune position ne pourra jamais enlever - sa jeunesse. est mort à partir du moment où je lui ai dit ce mensonge, et à qui appartient cette œuvre, la mienne ou la vôtre, Basil Beaumont ? Le mien ou le vôtre?"

Elle s'arrêta un moment, humecta ses lèvres sèches avec sa langue, puis reprit son discours rapide et véhément.

"Et maintenant, quand le pire est passé, quand il est fermement établi en possession de cette richesse qui lui a coûté son bonheur de jeunesse, quand il va épouser la femme qu'il aime, qui saura le réconforter dans dans une certaine mesure - vous retournez une fois de plus au travail ruiné pour la troisième fois - vous exigez de l'argent pour étouffer un secret honteux - vous lui diriez non seulement qu'il est toujours un paria anonyme, mais vous prendriez tout son argent de lui, oui, et prends aussi la jeune fille qui doit être sa femme, tu le laisserais pauvre, un paria, un être misérable sans amour-propre, sans richesse, ni consolation. Je vous en supplie pour moi. -- pour son bien -- pour votre propre bien, ne faites pas cela -- notre crime a déjà trop assombri sa jeune vie -- ne lui en dites pas plus -- éloignez-vous d'ici et laissez-lui au moins une chance. de bonheur."

Elle se leva aux derniers mots et tendit les bras d'un air suppliant vers Beaumont, les yeux humides et une expression implorante sur le visage. L'artiste resta silencieux, souriant cyniquement, avec une lueur sauvage dans les yeux, et quand elle eut fini, il éclata de rire alors qu'il se relevait également, jetant méchamment sa cigarette dans le feu.

"C'est une très jolie chose à me demander de faire," dit-il d'un ton moqueur, "et une demande très inutile à faire. Pensez-vous que je me soucie de ses sentiments ou des vôtres ? - pas un claquement de doigt. J'ai mis Reginald en possession. du domaine Garsworth , non pas pour lui-même, mais pour le mien. S'il avait été sage et m'avait permis de le guider, il n'en aurait pas su plus qu'il n'en sait maintenant. S'il me donne l'argent que je demande, ce n'est même pas maintenant trop tard, mais je ne vais pas l'épargner, ni pour lui ni pour le vôtre. Il sera bientôt là et je lui dirai tout, donc s'il ne me donne pas ce que je demande, je lui ruinerai le corps. et l'esprit."

Patience se jeta à ses pieds et fondit en larmes.

"Pour l'amour de Dieu, Basil, épargne-le."

"Non."

"C'est ton enfant."

"Raison de plus pour qu'il m'aide."

"N'as-tu aucune pitié ?"

"Aucun, si cela signifie ne pas avoir d'argent."

"Pour mon bien, épargnez-le."

"C'est surtout pour toi."

"Tu as l'intention de lui dire?"

"Oui. Vous pouvez vous épargner la peine de faire cette exposition mélodramatique. Je ne bougerai pas d'un cheveu de la position que j'ai prise. Je veux de l'argent, et je veux l'avoir."

Patience se leva d'un bond dans un accès de fureur folle et se tint devant lui, les mains crispées et les yeux flamboyants.

"Tu n'as pas peur que je te tue ?"

"Pas du tout."

"Tu me défies."

"Je fais."

Elle inspira longuement et arracha ses gants sur la table, sa passion s'apaisant sous sa froide brutalité comme une mer agitée s'apaise lorsque de l'huile est jetée sur les eaux.

"Très bien," dit-elle froidement. "Je dirai tout au docteur Larcher et je lui demanderai de nous poursuivre tous les deux pour complot. Je me tiendrai sur le banc des accusés et vous à mes côtés."

Beaumont rit d'un air ricanant.

"Je n'ai aucun doute que vous serez sur le banc des accusés", dit-il avec emphase, "mais pas moi. Je n'ai rien fait dans cette affaire, vous avez tout. Qui doit prouver que j'ai hypnotisé le vieil homme et falsifié les papiers faisant Reginald l' héritier ? - personne. Qui prouvera que vous avez faussement fait passer votre fils pour héritier ? - tout le monde. Vous êtes le seul représentant de la conspiration, et je nierai simplement toute l'affaire. Ce sera mon affaire. parole contre la vôtre, et avec des preuves aussi solides que l'on peut apporter contre vous, j'imagine que vous aurez le pire.

Une expression de terreur passa sur le visage de la malheureuse femme en voyant quel gouffre était ouvert à ses pieds. C'était vrai ce qu'il disait – elle était la seule à avoir parlé – selon toute apparence extérieure, il n'avait en aucun cas été impliqué dans la conspiration. Avec un cri de désespoir, elle s'appuya contre le mur, se couvrant le visage de ses mains. À ce moment-là, la voix de Reginald se fit entendre à l'extérieur, et d'un mouvement rapide, Beaumont bondit en avant et attrapa un de ses poignets dans sa poigne.

« Voici Reginald, » dit-il dans un murmure dur, « tais-toi ou ce sera pire pour toi. Je ne veux pas qu'il te voie – cache-toi ici et garde le silence. dépend du résultat de cet entretien.

Patience ne dit rien, car toute volonté semblait l'avoir abandonnée, et se laissa entraîner vers une porte pratiquée dans le mur qui communiquait avec un escalier menant à la partie supérieure de la maison. La poussant ici, Beaumont ferma la porte, puis revint rapidement devant la cheminée et se jeta sur sa chaise.

"Le premier acte a été plutôt orageux", se dit-il en ricanant. "Je me demande à quoi ressemblera l'acte II."

CHAPITRE XXXIX.

PÈRE ET FILS.

Père ! – es-tu mon père ? – pause, bon monsieur,
avant de profaner ainsi ce saint nom. Un père devrait protéger et guider son
enfant à travers le tumulte dur de cette vie bruyante, mais tu es resté à
l'écart pendant tant d'années et m'as quitté. à la merci du monde, avec tous
ses pièges et son influence démentielle ,
pourtant maintenant tu dis : « Je suis ton père » – non,
aucun nom n'est cela pour quelqu'un comme toi.

En regardant cette pièce calme éclairée par la douce lumière de la lampe,
personne n'aurait pu imaginer la scène de terreur et de désespoir qui s'était
produite récemment, mais lorsque Reginald entra, son visage arborait une
expression quelque peu perplexe.

"Comment vas-tu, Beaumont?" dit-il tandis que l'artiste se levait avec un
franc sourire et lui prenait la main. "Je pensais avoir entendu un cri."

"As-tu?" répondit Beaumont en aidant son visiteur à ôter son capote. "Alors
j'ai peur d'avoir dû dormir, car je n'ai rien entendu, pas même votre coup ;
l'ouverture de la porte m'a réveillé."

"Je n'ai pas frappé du tout", a déclaré Reginald en s'asseyant près du feu et
en rapprochant sa chaise des braises ardentes. "J'aurais dû le faire, mais j'ai
oublié et je suis entré directement. Cela ne vous dérange pas, n'est-ce pas ?"

"Pas du tout, mon garçon, tu es parfaitement le bienvenu", répondit
chaleureusement l'artiste. "Veux-tu fumer ?"

"Merci, j'ai ma pipe."

Il alluma sa pipe et s'allongea dans son fauteuil, regardant le feu, tandis que
Beaumont, penché en avant, le visage dans l'ombre, tirait sur sa cigarette,
regardant Reginald, et accroupie dans l'escalier sombre, l'œil vers le trou de
la serrure, une femme silencieuse regardait les deux. C'était une situation
curieuse et non dénuée d'une touche de comédie sinistre, même si, en fait, la
pièce que le trio s'apprêtait à jouer contenait plus d'élément tragique que
comique.

Reginald, l'air triste et las, regarda le feu pendant quelques instants, jusqu'à ce
que Beaumont, sentant le silence oppressant, le rompit en riant.

"Comme tu es terriblement ennuyeux, Blake," dit-il gaiement, "est-ce que quelque chose ne va pas ?"

Blake retira ses yeux tristes du feu et regarda l'orateur avec un sourire singulier.

"Ce n'est pas ce que beaucoup de gens qualifieraient de mal", dit-il enfin. "J'ai de gros revenus, je suis jeune et j'épouse la fille que j'aime la semaine prochaine."

"Eh bien, comme vous ne pouvez qualifier aucune de ces bénédictions de mauvaise, mon ami, vous devriez être parfaitement heureux."

"Sans doute, mais le bonheur parfait n'est donné à aucun mortel."

"Vous êtes bien jeune pour moraliser", dit Beaumont avec un léger ricanement.

"Oui, cela paraît absurde, n'est-ce pas, mais je n'y peux rien ; depuis que j'ai découvert la véritable histoire de ma naissance, une ombre semble être tombée sur ma vie."

"Et pourquoi... qui se soucie du bar sinistre de nos jours ?"

"Pas grand monde, je suppose, mais c'est le cas. J'ose dire que j'ai été élevé à l'ancienne mode, mais je ressens profondément la perte de ma réputation. La richesse peut dorer la honte, pas la cacher."

"C'est nul ! vous êtes morbidement sensible sur le sujet."

" Sans doute que je le suis, comme je l'ai déjà dit, c'est la faute de mon éducation. Mais venez, " continua-t-il d'un ton plus vif, " je ne vous ai pas appelé pour vous infliger ma mauvaise humeur, parlons d'autre chose. ".

"Comme ton mariage ?"

"Certainement, le mariage est un sujet agréable", dit le jeune homme avec un sourire tranquille. "Comme je vous l'ai dit, j'épouse Miss Challoner la semaine prochaine et ensuite nous partons à l'étranger pendant un an ou deux."

"Et qu'en est-il de votre propriété en attendant ?" demanda Beaumont.

"Oh, je laisse mes avocats s'en occuper."

"Pourquoi ne pas me nommer votre agent ?"

Blake rougit un peu à cette demande directe et sourit d'une manière embarrassée.

"Eh bien, je ne vois pas comment je pourrais faire ça," dit-il franchement, "je ne vous connais que depuis trois mois environ, et d'ailleurs, j'ai une parfaite confiance en mes notaires pour gérer la propriété, donc, avec tout le respect que je dois à toi, Beaumont, je dois refuser de te nommer mon agent.

Il parlait avec une certaine hauteur, car il était irrité par la froideur avec laquelle parlait Beaumont, mais ce monsieur ne parut nullement offensé et sourit doucement en répondant :

" Si donc vous ne voulez pas m'aider de cette façon, me donnerez-vous de l'argent, disons cinq cents livres ? "

"Certainement pas!" rétorqua Blake avec chaleur en repoussant sa chaise, pourquoi devrais-je faire une chose pareille ? Comme je l'ai déjà dit, je ne vous connais que depuis trois mois. Vous avez eu la gentillesse de me présenter à quelques-uns de vos amis en ville, au-delà de notre nôtre. l'amitié ne s'étend pas – je n'ai pas encore appris que des messieurs demandent des sommes d'argent à des inconnus.

— Il vous reste encore bien des choses à apprendre, dit froidement Beaumont, irrité par le ton indépendant du jeune homme, et l'une d'entre elles est que vous devez me donner l'argent que je demande.

Blake se leva d'un bond, étonné du ton péremptoire de l'artiste et le regarda avec indignation.

"Doit!" répéta-t-il avec colère, je ne comprends pas ce mot... de quel droit me parlez-vous de cette manière ? Si vous pensez avoir affaire à un imbécile, vous vous trompez lourdement... je refuse. pour vous prêter ou vous donner six pence, et de plus, je refuse également de vous connaître à partir de ce moment.

Il attrapa son pardessus et l'enfila, mais Beaumont, toujours frais et imperturbable, restait assis, souriant, sur sa chaise.

"Attends un instant," dit-il lentement, "tu ferais mieux de comprendre la situation avant de quitter cette pièce."

Reginald Blake, qui avait tourné le dos à l'artiste, se retourna avec une expression dangereuse dans ses yeux sombres.

" Je comprends parfaitement la situation, monsieur ; vous pensiez que j'étais un jeune imbécile qui, étant devenu riche, était assez simple pour jouer le rôle de pigeon à votre faucon. "

Beaumont se leva lentement de sa chaise à ce discours insultant et fronça les sourcils d'un air menaçant, tandis que la femme cachée derrière la porte les regardait comme un chat, prête à intervenir si elle en voyait la raison.

"Tu ferais mieux de faire attention, mon garçon", dit délibérément Beaumont. "Je suis ton ami maintenant, prends garde à ne pas faire de moi ton ennemi."

« Pensez-vous que je me soucie de votre amitié ou de votre inimitié ? répondit Blake avec un mépris suprême, en regardant l'artiste de haut en bas. " Si oui, vous vous trompez : que pouvez-vous faire pour me faire du mal, j'aimerais le savoir ? "

"Alors vous saurez : je peux vous déposséder de votre richesse et vous laisser pauvre."

"À peine, puisque je connais maintenant votre véritable caractère et que je ne touche ni au coffret à dés ni aux cartes."

" Cela ne nécessitera ni boîte à dés ni cartes, " répondit Beaumont, grimaçant à ce coup de force, " je peux me passer de ces aides, et je peux vous réduire à votre ancienne position de pauvre et mettre fin à votre mariage. "

"En effet ! Alors fais-le."

Beaumont fut piqué d'une fureur soudaine par le sang-froid du jeune homme et s'emporta.

"Tu me défies!" siffla-t-il en s'avançant vers Blake. "Tu oses me défier, espèce de pauvre, espèce de paria, espèce de salaud !"

"Menteur!"

Un instant plus tard, Réginald avait la main sur la gorge de Beaumont, le visage convulsé par la rage, lorsque tout à coup Patience surgit de sa cachette.

"Arrête ! C'est ton père."

La poigne de Blake se relâcha et son bras tomba le long de son corps tandis que Beaumont, chancelant en arrière, tomba dans le fauteuil et commença machinalement à arranger sa cravate en désordre.

"Mon père!"

C'était Reginald qui parlait d'une voix sourde et lente, avec son visage horriblement pâle et ses yeux fixés sur la forme recroquevillée de la femme devant lui.

"Mon père ! Est-ce vrai ?"

Patience essaya de parler, mais sa langue ne parvenait pas à former les mots, alors Beaumont, avec une lumière diabolique dans les yeux, répondit à sa place.

"C'est tout à fait vrai. Ta mère te l'a dit."

"Ma mère ! Toi ?"

Le jeune homme se regarda tour à tour d'un air hébété, puis, poussant un cri haletant, s'avança en chancelant et saisit Patience par le bras.

"Entendez-vous ce que dit cet homme?" dit-il d'une voix tendue et peu naturelle. " Qu'il est mon père, que tu es ma mère ! Est-ce vrai, dis-moi, est-ce vrai ? "

"C'est vrai."

Un air d'horreur envahit son visage, et la rejetant loin de lui, avec un cri d'angoisse, il tomba contre le mur, le visage blanc et les bras tendus.

"Mon Dieu ! c'est vrai."

Sa mère le regarda un moment avec appréhension, puis tomba à genoux en pleurant amèrement.

"Rejetez-moi, maudis-moi, méprise-moi !" cria-t-elle d'une voix brisée. "Vous avez parfaitement le droit de le faire. Je suis votre malheureuse mère et il est votre père. J'ai menti quand j'ai dit que Fanny Blake et le Squire étaient vos parents. J'ai menti à l'instigation de votre père afin de vous faire fortune. Il a conçu le complot, je l'ai exécuté.

"Et j'ai été la dupe des deux", interrompit farouchement Reginald, s'avançant avec la main levée comme pour la frapper. "Je ne le crois pas, c'est un mensonge ! Tu es ma nourrice."

"Je suis ta mère."

La manière calme avec laquelle elle fit cette affirmation ne laissait aucun doute, et Reginald Blake recula devant cette silhouette agenouillée comme s'il s'agissait d'un serpent.

"Ma mère!" marmonna-t-il convulsivement. « Grand Dieu ! ma mère !

Patience vit combien il reculait devant elle, et une grande vague de désespoir balaya son âme alors qu'elle se débattait sur ses genoux, jetant ses bras vers lui avec un cri amer.

"Oh, pardonne-moi, pardonne-moi !" elle a pleuré. "Je l'ai fait pour le mieux ; je l'ai fait, en effet. J'ai nié que tu étais mon enfant afin de sauver ta réputation, et j'ai seulement juré de mentir à propos de Fanny Blake afin de te rendre riche. Ne recule pas devant moi, mon " Mon fils, je t'en supplie. Pense à combien j'ai souffert toutes ces années, à combien j'ai sacrifié ma vie pour toi. Aie pitié, Reginald, pendant que tu espères de la miséricorde. Aie pitié ! "

Reginald Blake resta silencieux un moment, puis, se contrôlant par un effort puissant, il la releva. Ce faisant, elle regardait timidement son visage, mais n'y voyait aucune pitié, aucune tendresse ; seulement le regard d'un homme souffrant d'agonie. Il la plaça sur une chaise et, sans la regarder, s'avança vers la table.

« Avant de pouvoir croire cette histoire, » dit-il d'une voix dure, « j'en ai besoin d'une preuve. Par le testament du Squire, la propriété a été laissée à la personne qui a produit un certain papier, écrit par lui, et une bague. ont tous deux été trouvés dans son bureau, adressés à moi. Si je ne suis pas le fils du Squire, comment est-ce arrivé ?

— Je peux l'expliquer très facilement, répondit Beaumont en sortant quelques papiers de la poche de son plastron. "Quand je suis venu ici il y a quelques mois, j'ai entendu parler de la folie du Squire concernant sa réincarnation, et grâce à un sommeil hypnotique, j'ai appris de ses propres lèvres qu'il avait l'intention de léguer tous ses biens à un fils fictif, qui devait être lui-même dans un nouveau corps. Etant sous mon contrôle dans l'état hypnotique, il m'a montré où étaient cachés le papier et la bague. Je les ai sortis de leur cachette et j'ai rempli le papier avec ton nom et celui de Fanny Blake. " J'ai ensuite enfermé l'anneau et le papier dans une enveloppe que le Squire vous avait adressée, je l'ai refermée et, récupérant les clés de son bureau, je les ai placés dedans, là où ils ont été trouvés. Vous comprenez ? "

"Je comprends ; mais pourquoi le Squire m'a-t-il adressé une enveloppe ?"

"Parce qu'il a voulu t'aider, et il a écrit cette lettre et ce chèque, qu'il a mis dans une enveloppe qui devait te être remise par ta mère. J'ai utilisé l'enveloppe comme je l'ai expliqué, et j'ai gardé la lettre et le chèque près de moi. Les voici. sont comme une preuve de la vérité.

Reginald prit les papiers que l'artiste avait posés sur la table et les parcourut d'un coup d'œil, puis les plaça dans sa poche et, se détournant, prit son chapeau.

"Où vas-tu?" demanda Beaumont, alarmé de son geste.

"Je vais voir le Dr Larcher et lui dire tout", répondit sévèrement son fils. « Quel autre cours puis-je suivre ? »

"Pour tenir ta langue", dit l'artiste avec empressement. " Vous n'êtes sûrement pas assez stupide pour renoncer à la possession d'un domaine comme celui-ci pour un simple sentiment d' honneur . Versez-moi un revenu déclaré et je tiendrai ma langue. Votre mère se taira pour elle-même, alors non on saura la vérité.

Reginald le regardait avec un mépris inexprimable.

"Après m'avoir amené si bas comme vous l'avez fait, pensez-vous que je vais sombrer plus bas de mon plein gré ?" dit-il d'un ton méprisant. "Non ! Mille fois non. Je ne garderais pas cette propriété un autre jour si elle était de dix millions par an. Je vois quel a été votre plan : me menacer de me dénoncer si je ne vous soudoyais pas pour que vous restiez silencieux. Vous vous êtes trompé. Je ne suis pas si bas que cela. Cette propriété reviendra à son propriétaire légitime, et vous ne recevrez pas un sou ni d'elle ni de moi.

"Je suis ton père."

"Tu es mon père, oui, que Dieu m'aide ! Si j'en crois cette histoire, tu es mon père, un père que je méprise et que je déteste. Je te pose seulement une question : es-tu le mari de ma mère ?"

"Non", dit Beaumont d'un air maussade, "je ne le suis pas."

Reginald devint un peu plus pâle et rit amèrement.

"Qu'ai-je fait pour être puni comme ça ?" » dit-il en levant la tête avec douleur. "Vous m'avez enlevé les richesses que je possédais injustement, vous m'avez privé de ma réputation, de mon estime de moi-même, mais, comme Dieu est au-dessus de nous, vous ne me rendrez pas vil à mes yeux en faisant votre mauvaise volonté. "'

Un autre moment et la porte se referma, de sorte que Patience et Beaumont se retrouvèrent seuls. Se levant de son siège, elle ôta son bonnet.

"Qu'est-ce que tu vas faire?" » demanda sauvagement Beaumont, toute sa brutalité innée se manifestant maintenant que le masque était tombé.

« Je vais rester ici cette nuit, » dit-elle en se dirigeant vers la porte en chancelant, « et demain j'irai à Londres pour ne jamais revenir.

« Et la Grange ?

"Je ne retournerai jamais à la Grange", répondit lentement la femme, "il n'y a pas de maison pour moi là-bas; vous avez fait de votre mieux, Basil Beaumont, vous avez fait de votre pire, et vous avez échoué."

de nouveau et Beaumont se retrouva seul, seul avec ses espoirs ruinés et son désespoir.

"Échec", marmonna-t-il sauvagement en regardant le feu. "Oui, je n'ai pas réussi à obtenir l'argent, mais je ne manquerai pas de ruiner Reginald Blake pour autant ; il pense qu'il épousera encore l'héritière de la Grange ; il peut se rassurer : il n'épousera jamais Una. Challoner."

CHAPITRE XL.

BEAUMONT JOUE SA DERNIÈRE CARTE.

Même s'il te semble un ange

Que ton cœur ne le trompe pas,

C'est un diable venu d'un enfer étrange,

Le mal se cache sous son sourire.

Autour de la vieille Grange, les vents hurlaient lamentablement, et maintenant que le dégel s'était installé, la tristesse de l'endroit était accrue par les gouttes incessantes de la neige fondue. Les feuilles mortes du parc étaient détrempées et lourdes, si lourdes en fait qu'elles ne pouvaient être déplacées par le vent violent qui, pour se venger, secouait les branches nues des arbres ou sifflait lamentablement à travers les fissures et les recoins des arbres. vieil immeuble.

Una, assise à la fenêtre du salon , regardait le ciel lourd et gris vers lequel les arbres mornes levaient leurs bras décharnés, et écoutait les gouttes monotones sur la terrasse. Mais, malgré la tristesse et la solitude du lieu, son cœur aurait sûrement dû être plus léger et son visage plus gai qu'il ne l'était, puisque dans quelques jours elle allait s'unir à l'homme qu'elle aimait. Mais l'ombre du paysage lugubre reposait également sur son visage, et même les bavardages animés de Miss Cassy à propos du mariage ne parvenaient pas à faire sourire ses yeux tristes.

"Je suis sûr, Una chérie, je suis heureuse que tu vas te marier", dit Miss Cassy, qui avait mis le couvre-théière sur sa tête avant de quitter la pièce, "mais en réalité, je ne sais pas ce que c'est. tu as l'air si triste -- un peu comme une personne en deuil, tu sais -- la Mariée En Deuil de quel-est-son-nom -- et puis Patience doit rester à l'écart toute la nuit ! Pourquoi fait-elle cela ? -- pourquoi ! --pourquoi !--elle n'a jamais fait ça auparavant, et puis ces lettres que tu as reçues ce matin, de quoi parlent-elles ?--c'est si étrange, je ne sais vraiment pas à quoi ça aboutit.

"Les choses vont très bien, ma tante", dit Una avec un léger sourire. "Patience est restée toute la nuit au village à cause de l'orage d'hier soir, et quant à ces lettres, je vous en parlerai plus tard."

"Oui, laisse-moi au moins partager ta confiance. Je t'ai élevé en tablier, tu sais, un peu comme mon propre enfant. Oh, j'aurais aimé en avoir un.

Pourquoi n'ai-je pas un enfant ? Maintenant, je sais ce que tu vas dire--le mariage, bien sûr--mais je n'en ai jamais eu l'occasion, personne ne voulait m'épouser--c'est tellement étrange--j'aurais fait une épouse aimante--un peu comme un lierre-- vraiment un lierre accroché. Oh, si seulement je pouvais trouver mon chêne. "

La petite dame sortit de la pièce en larmes, laissant Una assise seule avec les lettres sur ses genoux, regardant la scène morne. Elle soupira tristement et, rassemblant les lettres, se leva de sa chaise, quand juste à ce moment-là, la sonnette de la porte d'entrée retentit. Una sursauta avec appréhension et son visage pâle devint encore plus pâle, mais elle ne dit rien, se contentant de se tenir comme une statue près de la fenêtre avec un regard impatient sur son visage. A peine le tintement dur de la cloche avait-il cessé de résonner dans la maison que Jellicks entra et, se tortillant vers Una, lui annonça dans un murmure sifflant que M. Beaumont désirait la voir.

"M. Beaumont", murmura Una en sursautant brusquement, "que veut-il, je me demande ? Je ferais mieux de le voir , cela peut faire du bien, du bien. Oui !" dit-elle à haute voix, "Je vais le voir; Jellicks , fais entrer M. Beaumont dans cette pièce."

Elle reprit sa place près de la fenêtre alors que Jellicks disparaissait, et peu de temps après, la porte s'ouvrit et Basil Beaumont, l'air hagard et féroce, se tenait devant elle. Il s'inclina, mais ne tenta pas de saluer plus chaleureusement, et elle, de son côté, lui montra simplement une chaise près d'elle, sur laquelle il s'assit.

"Je suppose que vous êtes étonnée de me voir, Miss Challoner ?" dit-il après une pause.

"J'avoue que je le suis un peu," répondit-elle calmement, "Je pensais que tu étais à Londres."

"C'est vrai, mais je suis descendu à Garsworth hier."

"En effet ? Notre petit village tranquille doit avoir de grandes attractions pour vous éloigner de Londres."

"Je ne suis pas descendu sans but, Miss Challoner," dit-il gravement, "j'ai un devoir à remplir."

"Envers qui ?"

"Vous-même. Oui, je suis venu de Londres spécialement pour vous voir."

— C'est bien gentil à vous de vous donner tant de peine pour moi, dit-elle froidement en le regardant fixement. « Puis-je vous demander quel est ce devoir auquel vous faites allusion ?

"C'est le devoir d'un honnête homme envers une femme lésée", dit tranquillement Beaumont.

"Tu veux dire moi ?"

"Je veux dire toi-même", affirma-t-il solennellement.

"Vous parlez par énigmes, M. Beaumont", dit Una en joignant les mains. "Je serai très heureux si vous les expliquez."

Il y a deux mois, votre cousin est décédé et a laissé tous ses biens à un fils supposé, qui s'est avéré être Reginald Blake. Je dois maintenant vous informer que Reginald Blake n'a aucun lien avec Squire Garsworth , par conséquent sa prise en charge de la propriété. est une fraude."

"Que voulez-vous dire, monsieur?" » dit rapidement Una. "J'ai compris que l'identité de M. Blake était pleinement établie ----"

"Oui, par Patience Allerby ", interrompit rapidement Beaumont. "Elle a dit qu'il était le fils de Fanny Blake et du Squire, sachant qu'une telle déclaration était fausse."

"Alors qui sont les parents de M. Blake ?"

"Patience Allerby et moi-même."

Una se leva de son siège avec une couleur de colère sur les joues.

"Tu... tu es le père de Reginald... impossible !"

"C'est parfaitement vrai", répondit-il calmement. "Patience Allerby est venue à Londres avec moi il y a de nombreuses années, et quand Reginald est née , elle m'a quitté et est venue ici, élevant notre fils sous un autre nom. Comme vous le savez, je suis venu à Garsworth il y a quelque temps et je l'ai vue. encore une fois, mais elle m'a demandé de ne rien dire, alors je lui ai obéi, mais maintenant que je découvre qu'elle a commis une fraude dont vous êtes victime, je m'empresse naturellement d'y remédier.

« Est-ce que M. Blake savait qu'il n'était pas l'héritier ?

"Il l'a fait dès le début", affirma avec audace Beaumont. "Je n'ai aucun doute que sa mère lui a dit sa véritable naissance , et connaissant la manie de l'écuyer pour la réincarnation, ils ont monté cette conspiration ensemble afin de vous escroquer la propriété."

« Ainsi M. Blake m'a trompé ? » dit Una d'un ton anormalement calme.

"Oui, il vous a trompé depuis le début. Je n'ai aucun doute qu'il a préparé tous les faux documents prouvant son identité avec le supposé fils, et il comptait sur votre amour pour lui pour ne pas engager de poursuites si quelque chose était découvert. Je suis heureux d'avoir J'ai pu vous prévenir à temps. Vous ne l'épouserez plus jamais maintenant.

"Mais la propriété, pensez-vous qu'il la gardera ?"

— Il essaiera, je n'en doute pas, dit gravement Beaumont, mais si vous confiez votre affaire à des mains expérimentées, je n'ai aucun doute qu'il sera obligé de restituer son butin.

"Mais vers qui puis-je me tourner ?" dit Una, impuissante. "Je n'ai pas d'amis."

Beaumont se leva et s'approcha d'elle.

"Oui, tu en as un, moi-même."

"Toi?" s'écria-t-elle en reculant avec un frisson.

"Oui. Je t'aime passionnément, Una, et si tu veux être ma femme, je récupérerai tes biens pour toi."

"Mais... votre propre fils ?"

"Je méprise un fils qui pourrait agir comme Reginald l'a fait. Je suis venu ici dans l'espoir de trouver un homme honorable , mais à la place j'ai découvert un scélérat, un faussaire et un voleur."

« Est-ce que tout ce que vous dites est vrai ? murmura Una en le regardant droit dans les yeux.

"Tout à fait vrai", répondit-il solennellement, "je le jure."

"Menteur!"

Il recula avec étonnement, car elle lui faisait face comme une tigresse enragée, aux joues cramoisies et aux yeux flamboyants.

"Que veux-tu dire?" dit-il dans un murmure rauque.

"Signifier?" répéta-t-elle avec mépris. " Cela je sais tout, Basile Beaumont. Voyez-vous cette lettre ? Je l'ai reçue ce matin de votre malheureux fils, me rendant la propriété et révélant tout votre infâme stratagème. Je sais qui a falsifié les documents, vous ! Je Je sais qui espérait jouir de l'argent par l'intermédiaire de Reginald, toi ! Je sais qui vient avec des mensonges sur les lèvres pour me séparer du seul homme que j'aime, toi ! Oui, toi ! toi ! toi !

L'intrigant déconcerté se tenait nerveusement en train de doigter son chapeau, avec un visage blanc et maussade, tout son courage l'ayant quitté. Il avait l'air si méchant, si lâche, si méprisable, se reculant contre le mur devant cette jeune fille qui le dominait comme une pythonisse inspirée.

"Vous me dites que Reginald Blake était au courant de cette basse conspiration", dit-elle avec mépris. "Cette lettre y ressemble-t-elle ? Vous dites qu'il refusera de céder la propriété - cette lettre dit qu'il la cède de son plein gré - et vous avez l'insolence de me parler d'amour. Vous... qui donc honteusement trompé et trahi Patience Allerby , espèce de chien méprisable ! »

Il essaya de sourire d'un air de défi et fit un effort pour former un mot avec ses lèvres blanches et tremblantes, mais les deux tentatives furent un échec, et sans lui jeter un regard, il se dirigea furtivement vers la porte, ressemblant à un chien battu.

"Oui, fuyez comme le lâche que vous êtes," cria-t-elle avec dédain, "et quittez Garsworth immédiatement, ou je vous poursuivrai pour votre conduite scélérate. Oui, même si vous étiez vingt fois le père de Reginald."

"De toute façon, j'ai gâché sa chance," siffla-t-il venimeux.

"Vous n'avez rien gâché de la sorte", rétorqua-t-elle superbement. « Pensez-vous que je crois aux paroles d'une chose vile comme vous contre cette lettre ? Je vais aujourd'hui chez Reginald Blake, et je me remettrai, moi et ma fortune, entre ses mains ; malgré vos mensonges, je l'épouserai. et il sera toujours le maître de Garsworth Grange, mais, quant à vous, quittez le village immédiatement, ou je vous en ferai chasser, comme vous le méritez, espèce de salopard !

Il était blanc de colère et de honte, essaya de parler, mais d'un geste impérieux elle l'arrêta d'un seul mot :

"Aller!"

Il sortit aussitôt, ruiné et déshonoré.

CHAPITRE XLI.

UN COEUR DE FEMME.

Quand Dame Fortune fronce les sourcils le plus sévèrement,

Alors je t'aime le plus,

Je m'accrocherai à toi, ma très chère ,

Même si le monde en ruines s'effondre.

Le Dr Larcher était dans son bureau en train de parler à Reginald Blake, qui était assis près de la table à écrire, appuyant sa tête sur sa main et son bras posé sur le bureau. Le visage du bon Vicaire était quelque peu assombri, car il éprouvait une profonde compassion pour le malheureux jeune homme et il essayait de lui adresser des paroles de réconfort, même s'il sentait combien il était difficile de converser joyeusement dans les circonstances présentes. Reginald, cependant, avait accepté cette seconde découverte plus facilement que la première, peut-être parce qu'il avait déjà tellement souffert qu'il ne pouvait pas souffrir davantage. Quoi qu'il en soit, son visage, bien que pâle, était parfaitement calme, et il y avait un air de détermination autour de ses lèvres et une lumière sereine dans ses yeux qui donnèrent une grande satisfaction au Dr Larcher .

« Je dois dire, mon cher garçon, dit-il gentiment, que vous avez de grandes raisons de vous chagriner, mais vous devez supporter l'adversité comme un homme, et je suis sûr que le résultat sera bénéfique pour votre vie future, tôt ou tard. nous ressentons tous ce que Goethe appelle « la tristesse du monde », et c'est cela qui nous transforme d'une jeunesse insouciante en une virilité réfléchie – votre épreuve est arrivée plus tôt et a été plus amère que celle de la plupart des hommes, mais croyez-moi, par souci ce bien maléfique apparent viendra ; souvenez-vous du dicton du vieux lyriste romain, *Perrupit Achéronta Travail d'Hercule* : le temps vous apportera un soulagement et, si vous résistez vaillamment, vous pourrez vous aussi briser cet Achéron de chagrin et de douleur.

Réginald écouta attentivement ce long discours, et, à la fin, releva fièrement la tête.

"Je suis d'accord avec tout ce que vous dites, monsieur," répondit-il d'un ton ferme, "et j'espère profiter de vos conseils, mais vous ne devez pas me considérer comme un simple faible qui cède sans lutte lorsque surviennent les épreuves. Non, je pense que votre entraînement a été efficace. m'a appris plus que cela. Je ressens amèrement les circonstances de ma naissance, et en ayant des parents je ne peux ni honorer ni respecter, mais le coup le plus cruel de tous, c'est qu'il me faut renoncer à tout espoir de la femme que j'aime, c'est très dur. , en fait, presque gagner le prix et ensuite le perdre sans que ce soit de ma faute. »

"Je pense que vous jugez mal Una", dit doucement le vicaire, "elle n'est pas la femme à agir de cette manière. En fait, maintenant que vous avez rencontré le malheur, je pense qu'elle vous aimera plus qu'avant."

"Je l'espère, mais j'en doute", répondit sombrement le jeune homme; "Mais maintenant que tout mon passé est en ruine, je dois regarder vers l'avenir et essayer de gagner un nom respecté - ce que je n'ai pas maintenant. Mais d'abord, que dois-je faire de mes parents?"

« Concernant votre père, dit pensivement le vicaire, je ne pense pas que vous le reverrez, car il quittera probablement le village aujourd'hui ; maintenant qu'il ne peut rien gagner de vous , il vous quittera probablement. seule, mais quant à votre mère, votre place est certainement à ses côtés.

"Mais regarde comme elle m'a trompé."

" Si elle s'est trompée, c'est par amour pour vous, " répondit gravement le docteur Larcher , " et après tout elle vous est liée par les liens de la nature. Oui, vous devez prendre soin d'elle ; mais qu'en est-il de vous ? "

"J'irai à Londres et je ferai fortune grâce à ma voix."

"Votre dernier séjour à Londres n'a produit aucun bon résultat", dit le vicaire avec douceur.

"Peut-être pas, mais si j'ai commis une erreur, c'était avec ma tête et non avec mon cœur. J'étais malheureux et j'essayais de noyer mes chagrins dans la dissipation, mais maintenant je vais en ville dans des circonstances très différentes - un pauvre où j'étais autrefois riche - - donc ma seule distraction maintenant sera un travail acharné.

"C'est vrai", dit le vicaire avec approbation. "Je suis heureux de vous voir accepter l'inévitable dans un tel esprit - *Levius fit patientia Quidquide corriger est nefas* ."

"C'est le seul esprit dans lequel je peux accepter l'avenir", répondit tristement Reginald, "puisque je dois passer le reste de ma vie sans Una."

"Comme je l'ai déjà dit, vous lui faites du tort ; c'est une femme trop noble pour vous quitter maintenant que vous avez des ennuis."

"J'aurais aimé être aussi sûr que vous", dit Blake en se levant et en marchant de long en large , "mais après ce qui s'est passé , j'ai peur d'espérer."

À ce moment, on frappa à la porte, et immédiatement après Una Challoner entra. Elle avait l'air pâle dans ses vêtements sombres de deuil, mais il y avait une douce lumière dans ses yeux alors qu'ils se posaient sur Reginald, ce qui réconforta grandement le vicaire.

"Bienvenue, ma chère," dit-il chaleureusement, en se levant et en lui prenant la main, "vous n'auriez pas pu venir à un moment plus heureux. Reginald a grand besoin de vous, alors je vous laisse tous les deux ensemble, et j'espère que vous prouverez le bien-fondé de votre présence. David à son Saül, afin de chasser l'ombre maléfique qui est sur lui. »

Lorsque le vicaire fut parti et ferma la porte derrière lui, Una resta silencieuse, regardant Reginald, qui s'était rassis. Son attitude était si triste, si découragée, que tout l'amour de son cœur se tourna vers lui, et s'approchant doucement de son amant, elle lui toucha l'épaule.

"Réginald."

"Oui," dit-il en levant ses yeux lourds vers son visage. "Qu'est-ce qu'il y a ? Tu es venu me faire des reproches ?"

"Qu'est-ce qui te reproche, mon pauvre garçon ?" » demanda-t-elle tendrement en s'agenouillant à côté de lui. "Qu'as-tu fait pour que je vienne vers toi avec des paroles dures ?"

"Tu es une bonne femme, Una", dit tristement Blake en posant sa main caressante sur sa tête, "mais je pense qu'il y a même une limite à ta patience."

"Quelles bêtises vous dites," dit-elle légèrement. "Je comprends tout : tu n'es pas responsable des péchés de tes parents."

"Je ne peux pas t'épouser maintenant," répondit-il à voix basse. "Je ne peux rien vous offrir sauf la pauvreté et un nom déshonoré ."

"Vous pouvez m'offrir vous-même", dit Una avec un sourire, "et c'est tout ce que je veux. Quant à votre nom déshonoré , vous oubliez que vous l'avez abandonné - votre nom est maintenant Reginald Garsworth ."

"C'était le cas, mais je le cède avec la propriété."

"Je ne le vois guère, vu qu'il n'est pas question de capitulation. Oui," continua-t-elle en voyant l'étonnement qui se lisait sur son visage, "les choses vont rester exactement telles qu'elles sont. Vous serez toujours seigneur titulaire du manoir, et nous considérerons cette conspiration de vos malheureux parents comme si elle n'avait jamais existé.

"Impossible", murmura-t-il. "Je ne peux pas vous voler votre propriété."

"Est-ce que je ne te dis pas qu'il n'y a pas de vol ?" » répondit-elle rapidement. "En tant qu'homme et femme , nous partagerons la propriété en commun, vous n'aurez donc pas besoin de renoncer à ce qui vous reviendra bientôt par mariage."

"J'avais abandonné tout espoir de mariage !"

"Ah ! tu ne sais pas à quel point je suis déterminée quand je me mets une chose en tête", dit-elle d'un ton enjoué. "Nous nous marierons la semaine prochaine et vous conserverez les biens comme si de rien n'était. Personne ne connaît la vérité sur cette affaire, à part vos parents, et ils ne parleront pas."

"Mon père le fera, je connais sa nature vindicative."

"Ton père!" répéta-t-elle avec mépris. " Ne parlez pas de Basile Beaumont par ce nom. Il n'a pas été pour vous un père, et quant à parler, vous pouvez être tranquille. Il est venu chez moi ce matin, et j'ai vite tout réglé. "

"Il t'a appelé ?"

"Oui, avec beaucoup de mensonges dans la bouche, mais je l'ai menacé de le poursuivre en justice s'il ne quittait pas le village, donc à ce moment-là je pense qu'il est hors du quartier . Ne vous inquiétez pas, ma chérie, Beaumont tiendra sa langue pour lui-même.

"Et ma mère ?"

« Je suis passée chez Kossiter en passant, » répondit-elle, « et j'ai découvert que votre mère était montée à Londres ce matin. Nous devons la retrouver et lui donner un peu d'argent pour vivre, car après tout, quelle que soit la part qu'elle a prise dans cette conspiration, c'était par amour pour toi.

" Exactement ce que le Dr Larcher a dit. "

« Ainsi , vous voyez que tout est réglé, dit-elle joyeusement en se levant de ses genoux, nous nous marierons la semaine prochaine et vous serez maître de Garsworth Grange.

Reginald fut profondément affecté par sa noble conduite et, se levant, l'embrassa tendrement.

« Vous êtes une femme noble, dit-il les larmes aux yeux, mais puis-je accepter ce sacrifice ?

"Pourquoi utiliserez-vous un tel mot ? Il n'y a aucun sacrifice dans ce que je fais pour l'homme que j'aime."

"N'oubliez pas que je ne vous apporte rien."

"Tu m'apportes toi-même, c'est tout ce que je veux. Que le passé soit oublié. Quand nous serons mariés, tu oublieras tous les ennuis que tu as eu."

Il l'embrassa en souriant.

"Tu es mon bon ange", dit-il simplement.

CHAPITRE XLII.

L'AUBE D'UNE NOUVELLE VIE.

Sur la montagne et au simple clair de lune se trouvent
de faibles ombres voilent les cieux occidentaux, sur chaque ruisseau la
lumière des étoiles brille, et tout n'est que mystère et rêves. Mais
maintenant la nuit replie ses sombres ailes.
L'alouette chante son chant du matin, Une lumière rose brille sur la
pelouse, Et voilà ! dans la splendeur se lève l'aube.

Il y avait environ un an depuis le mariage d'Una avec Reginald, et ils se
tenaient sur la terrasse de leur hôtel de Salerne, qui dominait la mer. Loin en
contrebas s'étendait l'océan bleu avec sa frange de vagues blanches se brisant
sur un rivage qui s'étendait en courbe autour de la base des hautes montagnes,
dont les sommets se détachaient clairement sur le ciel opalin. Et quel ciel
merveilleux c'était, car le soleil couchant avait irradié l'éther pur des couleurs
les plus magnifiques . De grands nuages dorés à l'ouest, formant un dais sur
l'intolérable éclat du soleil couchant, se fondaient en une délicate couleur rose
, qui, s'élevant vers le zénith, se dissolvait insensiblement en un bleu froid et
clair, d'où sortaient quelques étoiles. Il y avait sur la mer des bateaux aux
larges voiles, et le jeune couple sur la terrasse entendait de temps en temps la
voix aiguë d'un ménestrel chantant un air populaire italien sur les notes aiguës
de la mandoline.

C'était une scène merveilleusement pittoresque et qui aurait enchanté l'œil
d'un artiste, mais M. et Mme Garsworth , penchés sur la terrasse, ne
regardaient pas les splendeurs de la mer et du ciel, étant occupés l'un à la
lecture et à l'autre. d'autres en écoutant une lettre qui semblait les intéresser
profondément.

Depuis plusieurs mois, ils erraient de manière décousue sur le continent,
explorant toutes sortes de villes anciennes, avec leurs trésors d'époques
révolues. Ils avaient contemplé les splendeurs de l'Alhambra à Grenade,
apprécié le scintillement de la vie parisienne, erré dans les paisibles vallées
suisses sous la crête blanche du Mont Blanc, vu le Festival Wagner à Bayreuth
et rêvé du Moyen Âge dans les rues étroites de Grenade. Nuremberg et
Francfort. Puis, en arrivant vers le sud , ils avaient contemplé avec des yeux
ravis le miracle blanc de la cathédrale de Milan, passé des heures enchantées
au clair de lune dans les canaux aux côtés des palais de Venise, flâné au milieu
des ruines impressionnantes de la Ville éternelle et, après avoir vu la crête

fumante du Vésuve s'élever au-dessus de la merveilleuse baie de Naples, était venu passer quelques jours à Salerne, cette ville merveilleusement pittoresque, qui rappelle à l'élève de Longfellow les souvenirs d'Elsa et de son amant princier.

Reginald était parfaitement heureux. Il avait, il est vrai, perdu toute la gaie insouciance de la jeunesse, mais à la place il avait retrouvé la joie plus profonde qui naît d'une grande douleur. Il n'y a jamais eu d'épouse plus dévouée qu'Una, ni de mari plus attaché que Reginald, et le chagrin amer qui leur avait montré à tous deux à quel point ils s'aimaient sincèrement avait porté de bons fruits, car ils avaient appris à se faire confiance, à s'aimer et à s'honorer . l'autre si implicitement qu'aucune ombre n'est jamais apparue entre eux pour assombrir leur vie conjugale. A Salerne, cependant, ils avaient trouvé une lettre de Miss Cassy, qui avait été chargée de Garsworth Grange, leur donnant toutes les nouvelles et les exhortant à rentrer chez eux. Cette demande n'était pas non plus importune, car, maintenant que sa blessure au cœur était dans une certaine mesure guérie, Reginald commençait à se lasser des paysages lumineux du sud de l'Europe et à aspirer à cette terre froide du nord, si fraîche et verte sous ses brumes et sa pluie.

Una lisait la lettre et Reginald, appuyant ses bras sur la balustrade du balcon, regardait distraitement les splendeurs fantastiques de la scène devant lui, écoutant avec avidité les nouvelles qui lui présentaient si vivement les longs marais, la morne Grange et la vie tranquille du village de Garsworth .

"J'aimerais vraiment que vous reveniez, Una", a écrit Miss Cassy, qui, d'ailleurs, a écrit exactement comme elle parlait, "cela semble si étrange depuis si longtemps que vous êtes absente. D'après vos instructions, la Grange a été joliment aménagé, et je suis sûr que vous verrez à quel point mon goût l'a amélioré. Ce n'est pas un peu morne maintenant, mais lumineux et chaleureux, et je suis sûr que vous et votre cher Reginald l'aimerez quand vous le reverrez. Je J'ai tellement hâte d'entendre parler de tes voyages, Rome et Santa Lucia, tu sais, c'est une chanson, n'est-ce pas ?

Curieusement, alors qu'Una lisait ceci, le ménestrel invisible en bas a fait irruption dans l'air bien connu avec son charmant refrain. Reginald et Una se regardèrent et rirent.

"Quelle merveilleuse coïncidence", dit Reginald en regardant par-dessus le balcon pour voir le musicien ; "Si nous disions cela à Miss Cassy, elle ne le croirait pas ; mais peu importe, continuez avec la lettre."

"J'ai reçu une lettre du Dr Nestley l'autre jour", a lu Una. "Bien sûr, vous savez qu'il a épousé Cecilia Mosser et qu'il est rentré chez lui, dans une ville du Nord - j'ai oublié son nom. Il est tout à fait réformé maintenant et fait un excellent mari. J'ai entendu dire qu'il fait un beaucoup d'argent, et Cecilia est organiste dans une église là-bas. Vous vous souvenez à quel point elle jouait magnifiquement ?

"Je suis content qu'ils soient heureux", interrompit chaleureusement Reginald. "La vie du pauvre Nestley a été presque ruinée par mon père vaurien."

"Je vois que tante dit quelque chose à son sujet", dit rapidement Una. « Elle écrit : « Dans la lettre que j'ai reçue du Dr Nestley , il dit avoir entendu dire que M. Beaumont – vous vous souvenez, Una ? – qui a séjourné à Garsworth – un homme charmant – est en Amérique et s'est marié. une dame très riche.'"

"Je lui souhaite la joie du marché", dit Reginald d'un air sombre. "Je suppose qu'il a complètement oublié ma pauvre mère."

"Peu importe, chérie", répondit Una. "Je suis sûr que ta mère est beaucoup plus heureuse maintenant."

"En tant que Sœur de la Miséricorde", dit Reginald d'un ton rêveur, "en fouinant dans les bidonvilles de Londres. C'est une vie curieuse pour elle d'entreprendre."

"Je pense qu'elle a toujours eu un penchant de cette façon", répondit Una avec un soupir; "et ça lui fera oublier le passé."

"J'aimerais qu'elle accepte un peu d'argent, pour qu'elle se sente à l'aise."

"Je ne pense pas qu'elle le fera", a déclaré Mme Garsworth en pliant la lettre ; "mais quand nous y retournerons, peut-être qu'elle abandonnera Londres et reviendra à Garsworth ."

"Je crains que non", répondit gravement Reginald. "Ma mère est une femme de forte volonté, et elle pense qu'elle a un péché à expier, alors elle va rester et travailler là-bas jusqu'à sa mort. Eh bien, que dit d'autre Miss Cassy ?"

"Rien de particulier", répondit Una en mettant la lettre dans sa poche. "Mme Larcher travaille toujours sous 'L'Affliction'. Le Dr Larcher est allé à Londres pour assister à une réunion archéologique . Dick Pemberton est venu chercher son argent et, pense Tante, il a l'idée de demander à Pumpkin d'être sa femme.

"Citrouille?" répéta Reginald, d'un ton choqué. "Non, Una, tu oublies... Eleanora Gwendoline."

Ils rirent tous les deux et Una continua à annoncer la nouvelle.

" Jellicks et Munks vont bien tous les deux, et Ferdinand Priggs va sortir un nouveau volume de poèmes. "

« Vraiment ? » dit Reginald d'un ton léger. "Ne plains pas le public mécontent ! Mais toutes ces nouvelles me donnent le mal du pays, Una."

"Je ressens exactement la même chose", répondit-elle en se levant et en glissant son bras dans celui de son mari. "Rentrons à la maison."

"Oui, je pense que nous le ferons," dit Reginald après une pause, "ça ne me dérange pas de vivre à Garsworth , maintenant tu es avec moi, Una."

"Et qu'en est-il de ta voix ?" dit-elle d'un ton enjoué. "Ta merveilleuse voix, ça allait faire ta fortune ?"

"Ah, c'est un rêve du passé", dit-il à moitié tristement. "Je vais m'installer chez un simple châtelain, Una, et le seul usage que je ferai de ma voix sera de te chanter Lady Bell."

Puis, l'entourant de ses bras, il chanta le dernier couplet de la vieille ballade pittoresque :

"Ma Lady Bell, en brocart d'or,
n'avait pas l'air d'une jeune fille aussi belle et douce, que lorsque, en robe
de laine de lin, elle quittait par amour la ville bruyante."

Sa voix semblait riche et pleine dans la douceur du crépuscule, tandis que le ménestrel en bas s'arrêtait de jouer, alors qu'il entendait la chanson flotter dans l'air sombre. Le soleil s'était enfoncé dans la mer et les étoiles brillaient brillamment. Une longue barre de lumière vive s'étendait au bord de l'horizon, et l'air était plein d'ombres et de parfums de fleurs invisibles.

"Voir!" dit Reginald en désignant la bande de lumière, c'est comme l'aube.

— Oui !... l'aube d'une vie nouvelle pour toi et pour moi, ma chère, murmura-t-elle ; puis ils erraient le long de la terrasse, à travers les ombres, avec le murmure rauque de la mer lointaine dans les oreilles, mais dans le cœur les sentiments nouveau-nés de joie et de contentement.

LA FIN.